Gregor Paul

Einführung in die Interkulturelle Philosophie

Die Deutsche Nationalbibliothek verzeichnet diese Publikation
in der Deutschen Nationalbibliografie;
detaillierte bibliografische Daten sind im Internet über
http://www.dnb.d-nb.de abrufbar.

© 2008 by WBG (Wissenschaftliche Buchgesellschaft), Darmstadt
Die Herausgabe dieses Werkes wurde durch
die Vereinsmitglieder der WBG ermöglicht.
Satz: Lichtsatz Michael Glaese GmbH, Hemsbach
Umschlaggestaltung: schreiberVIS, Seeheim
Gedruckt auf säurefreiem und alterungsbeständigem Papier
Printed in Germany

Besuchen Sie uns im Internet: www.wbg-darmstadt.de

ISBN 978-3-534-19690-6

Inhalt

Vorwort

Kulturfundamentalisten ausgenommen, bezweifelt kaum jemand, dass es nichts gebe, das alle Kulturen verbinden würde oder schließlich verbinden könnte, sind doch alle Kulturen auch Menschenwerk. Und kaum jemand akzeptiert einen Kulturimperialismus. Kaum jemand will Eurozentrismus oder Sinozentrismus. Aber so wichtig solch allgemeine Erklärungen für jede Art interkultureller Philosophie sind, so sehr bedürfen sie ausführlicher und detaillierter Entfaltung. Es geht darum, genau, unmissverständlich und in handhabbarer Weise anzugeben, wie Fehler zu vermeiden und Ziele zu realisieren sind. Wie sind kulturelle Gemeinsamkeiten und Unterschiede festzustellen und zu erklären? Welche Gemeinsamkeiten und Unterschiede sind wichtig? Welche nicht? Warum oder warum nicht? *Und vor allem: Was lässt sich aus solchen Feststellungen und Erklärungen folgern, ja lernen?*

Wie ist das wohl höchste Ziel jedes interkulturellen Engagements, eine gewaltfreie interkulturelle Verständigung, zu verwirklichen? Anders gesagt, das Ziel, eine Kultur zu etablieren, die die ganze Menschheit umfasst, Frieden erhält und den Menschenrechten genügt, ohne die berechtigten Ansprüche einzelner Kulturen auf Erhalt ihrer Besonderheiten zu vernachlässigen?

In meiner Einführung in die Interkulturelle Philosophie setze ich mich mit diesen und ähnlichen Fragen auseinander, und ich versuche, das in argumentativer, klarer und lesbarer Form zu tun. Jargon und Mystifizierungen waren und sind mir ein Gräuel, und wenn ich das vielberufene „Fremde" thematisiere, dann möchte ich es verstehen. Gelingt dies nicht, so gestehe ich dies ein. Aber so wenig ich aufgrund offener Fragen in der Physik auf eine geheimnisvolle „ganz andere" Physik hoffe, so wenig hat für mich Philosophie mit Geheimniskrämerei zu tun – denn in der Tat sind eben alle Menschen Menschen. Konfuzius und Menzius sahen dies so, Lessing und Goethe ebenfalls. Einige andere sahen es anders. Die Folgen kennen wir. Warum es also nicht mit Menander, Terenz oder Goethe halten, denen als Menschen, und wenn auch auf jeweils eigene Art, „nichts Menschliches fremd" war? Wir brauchen und sollten dabei nicht davon ausgehen, dass „alles verstehen" auch „alles verzeihen" impliziere.

Aber auch für diesen Ansatz – alles verstehen, aber nicht alles verzeihen zu wollen – *argumentiere* ich in meiner Einführung.

Summa summarum gibt vielleicht nichts meine Skepsis, Hoffnung und Absicht besser wieder als einige Strophen aus Heines Gedicht „Die Wahlesel", die ich denn auch immer wieder gern zitiere. Wie wohl kein Text sonst sprechen sie in brillanter Form die Probleme eines jeden Traditionalismus, Nationalismus, Ethnozentrismus, Kulturchauvinismus und die Fragwürdigkeit der Idee kultureller Identität an. Die „Esel" sagen es jedem, der nicht dem „Eseltume" treu ist:

„[…] Du bist ein Verräter, es fließt in dir
Kein Tropfen vom Eselsblute;
Du bist kein Esel, ich glaube schier,
Dich warf eine welsche Stute.

Du stammst vom Zebra vielleicht, die Haut,
Sie ist gestreift zebräisch;
Auch deiner Stimme näselnder Laut
Klingt ziemlich ägyptisch-hebräisch.

Und wärst du kein Fremdling, so bist du doch nur
Verstandesesel, ein kalter;
Du kennst nicht die Tiefen der Eselsnatur,
Dir klingt nicht ihr mystischer Psalter.

Ich aber versenkte die Seele ganz
In jenes süße Gedösel;
Ich bin ein Esel, in meinem Schwanz
Ist jedes Haar ein Esel. […]

Ich bin ein Esel, und will getreu,
Wie meine Väter, die Alten,
An der alten, lieben Eselei,
Am Eseltume halten."

Dank

Große Teile der Einführung habe ich während einer Philosophie-Gastprofessur geschrieben, die ich im Wintersemester 2005–2006 an der Universität Kyōto inne hatte. Für die Einladung bin ich Professor Dr. OGAWA Tadashi zu Dank verpflichtet. Vor allem aber haben die Gespräche, die ich mit ihm und den exzellenten Studenten EGUCHI Takeru, SHIMAMOTO Keita und UTA Hiroshi führen durfte, zur (selbst)kritischen Ausformung meiner Überlegungen beigetragen. Dafür mein ganz besonderer Dank.

0 Kultur, Kulturalität, Interkulturalität und Interkulturelle Philosophie. Orientierende Ziel- und Begriffsbestimmungen

Das unbestritten höchste Ziel Interkultureller Philosophie ist eine gewaltfreie interkulturelle Verständigung. Dieses Ziel ist am besten durch argumentative Qualität zu erreichen. Sie ist auch das beste Mittel, um den rassistischen, kulturalistischen und politischen Instrumentalisierungen des Kulturellen zu begegnen, die solch einer Verständigung in gefährlicher Weise entgegen wirken.

Dabei bezieht sich das Wort „Kulturelles" sowohl auf (1) Kulturen als auch auf (2) deren Kulturalität. Im Gegensatz zu allem, was als „Natur", „Natürliches", „Werk der Natur" oder „natürlich" bezeichnet wird, geht es um

(1) von Menschen geschaffene Lebensformen und
(2) deren Eigenschaften, und dabei um Merkmale, die für größere Gruppen, Zeitspannen und Lebensräume kennzeichnend sind.

Solche Eigenschaften schließen z.B. Essgewohnheiten, Bekleidungsregeln, Art und Weise des Wohnens, Ehekonventionen, Vorschriften der Höflichkeit, Sprachformen, Kunsttraditionen, Rechtssysteme, Philosophien oder mythische oder religiöse Überzeugungen ein. Dementsprechend bezeichnen Ausdrücke wie „Interkulturalität" und „interkulturell" Konzepte und Vorgänge, die sich auf mehrere Kulturen oder Merkmale mehrerer Kulturen beziehen. Ein interkultureller Philosophiebegriff gilt in mehreren Kulturen. An einem interkulturellen Ereignis – wie einem internationalem Musikfestival – nehmen Künstler mehrerer Kulturen teil.

Interkulturelle Philosophie setzt sich argumentativ mit Interkulturellem und insbesondere mit Philosophien verschiedener Kulturen auseinander. Anders als manchmal behauptet, kann sie dabei eine prononciert argumentative Disziplin bilden, ohne ethno- oder kulturzentrischen Vorurteilen zu folgen. Dies in stichhaltiger, überzeugender und gut lesbarer, jeder Mystifizierung fremder Form zu vermitteln, ist eines der wichtigsten Anliegen der *Einführung in die Interkulturelle Philosophie*.

1 Konzepte Interkultureller und Komparativer Philosophie. Mit ausführlicheren Analysen und Erläuterungen grundlegender Begriffe

1.0 Was ist zu tun, um Interkulturelle Philosophie zu rechtfertigen?

Man mag so etwas wie Interkulturelle Philosophie für schlichtweg überflüssig halten, eben für eine Modeerscheinung wie viele andere auch. Oder für einen akademischen Versuch, das eigene (Geld-)Geschäft zu pflegen. Aber man kann auch anderer Ansicht sein. Die Ausführungen zur Relevanz Interkultureller Philosophie (in 2) sollen denn auch zeigen, dass es sich um ein sinnvolles und unverzichtbares Unterfangen handelt. Voraussetzung ist dabei freilich, dass Interkulturelle Philosophie sich von (1.2) nicht-philosophischen und (1.3) von anderen philosophischen Disziplinen unterscheidet. Es muss klar werden, dass sie Notwendiges leistet und dass dies keine andere und dabei auch keine andere philosophische Disziplin zu leisten vermag.

1.1 Gemeinsamkeiten der Philosophie mit anderen Disziplinen: z. B. die Frage, was der Mensch tun solle

Wie insbesondere auch in Religion und Theologie geht es in der Philosophie vor allem um Fragen, die für uns von großer existenzieller Bedeutung sind. „Was kann ich wissen? Was soll ich tun? Was darf ich hoffen?" So formulierte Kant in seiner *Kritik der reinen Vernunft* (Kant, Bd. 4: 676 f.) diese Fragen. Näherhin setzt sich Philosophie wie auch Religion und jede Art Theologie mit Fragen nach Sinn, Wert und Zweck des Lebens und vor allem menschlichen Daseins auseinander. Soweit die Frage „Was soll ich tun?" behandelt wird, gilt dies natürlich auch für Disziplinen wie Politologie oder Rechtswissenschaft und für politisches Handeln und Rechtspraxis. Sicherlich lässt sich mehr über die Gemeinsamkeiten sagen, die Philosophie und Philosophieren mit anderen Disziplinen und Praktiken teilen. Doch für die Zwecke einer Einführung reicht das Gesagte aus – und dies zumal, da (z. B. mit Wimmers und meinen Erörterungen 2004 bzw. 1993: 4–14) bereits ausführlichere Erläuterungen vorliegen. Außerdem geht es im gegebenen Zusammenhang vor allem um die Unterschiede, denn sie rechtfertigen ja die Notwendigkeit spezifisch Interkultureller Philosophie. Demgemäß ist Philosophie, und auch Interkulturelle Philosophie, vor allem gegen Religion, konfessionelle Theologie, Politologie, Soziologie, Rechts- und Geschichtswissenschaft, aber auch gegen Politik und Recht abzugrenzen.

Philosophie, Religion, Theologie, Rechtswissenschaft usw.

1.2 Unterschiede: Philosophie als (selbst)kritische, gewaltfreie argumentative Auseinandersetzung

Die Unterschiede liegen weniger in den Gegenständen – den Sachverhalten, Themen, Problemen und Fragen – als in den Methoden der Disziplinen und Praktiken. Wie gesagt, geht es auch im religiösen Glauben, in Religionswissenschaft, Politik und Politologie häufig darum, was in bestimmten Situationen zu tun sei. Doch die Verfahren sind anders.

Philosophie, Natur- und Formalwissenschaften

Zwar gibt es auch Disziplinen, die sich von der Philosophie vor allem durch ihren Gegenstandsbereich unterscheiden, aber sie werden kaum für Philosophie gehalten. Eine explizite Abgrenzung ist deshalb weniger wichtig. Zu nennen sind vor allem die Naturwissenschaften – wie insbesondere Physik, Chemie, Biologie oder Medizin – und Formalwissenschaften wie die Mathematik und bestimmte Logik-Theorien. Deren Verfahrensweisen – grob gesagt, kritische Analyse und Argumentation – ähneln in mancher Hinsicht den philosophischen Methoden. Soweit es sich freilich um Experimentalwissenschaft handelt, besteht erneut ein signifikanter Unterschied. In bestimmten Fällen erforderte eine ausdrückliche Abgrenzung jedoch einigen Aufwand. In Formen angewandter Mathematik geht es z.B. auch um praktische Fragen wie etwa eine optimale Verkehrssteuerung. Dies ist durchaus ein Sonderfall der Frage, was der Mensch denn tun solle, und eine Entscheidung mag auch ethische Implikationen haben. Bekanntlich haben auch Forschungsprogramme der Atomphysik ethische Implikationen. Und außerdem existieren auch – im Grunde weithin philosophische und zwar epistemologische – Disziplinen wie die Metamathematik. Es gibt eben nicht jeden Wissenschafts- und Studienzweig in jeweils isolierter Reinkultur. Dies zu akzeptieren, heißt nur, sachgerecht zu urteilen.

Methoden der Philosophie

Nichtsdestoweniger ist es in erster Linie die unterschiedliche Methodik, die die problematischen Abgrenzungen ermöglicht. So lassen sich Philosophie und Philosophieren aufgrund ihrer Methodik in einfacher und klarer Form von Lehren und Praktiken beispielsweise religiöser, politischer und rechtlicher Art unterscheiden. Denn solche Lehren und Praktiken haben jedenfalls auch Zwangscharakter. Bestimmten religiösen Geboten, politischen Vorgaben und positiven Gesetzen muss man prinzipiell gehorchen; gleich, ob man sie nun einsieht und für richtig hält oder nicht. Wer überzeugt ist, dass – z.B. – ein bestimmtes Gesetz oder ein offenbartes religiöses Gebot Menschenrechte verletzt und wer dann den Mut dazu aufbringt, mag es zwar missachten. Aber dann handelt er aufgrund philosophischer Überlegungen, und schon dies Exempel weist bereits auf die Notwendigkeit philosophischer Reflexion hin. Anders als ein Priester, Politiker, Rechtsanwalt oder Richter hat der Philosophierende keine Möglichkeit, mit Zwangsmaßnahmen – von der ewigen Höllenqual bis zur Hinrichtung auf dem Elektrischen Stuhl – zu drohen, um Andere dazu zu bewegen, sich seiner Auffassung anzuschließen oder sich in bestimmter Weise zu verhalten. Ja, er will und – so die einzig akzeptable Einstellung – soll es auch nicht. Er besitzt nichts als Argumente.

Das folgende Beispiel mag dies illustrieren. Das vielleicht wichtigste Menschenrecht ist der Anspruch eines jeden Menschen, dass seine Würde gewahrt bleibe. Nun mag man meinen, die Todesstrafe verstoße gegen dieses Recht. Andere wiederum mögen sich auf die Bibel-Sentenz „Auge um Auge, Zahn um Zahn" berufen (vgl. das 2. und 3. Buch Moses', Kap. 21 bzw. 24) und die Todesstrafe als religiös geboten ansehen. Wer in Staaten, in denen das positive Recht die Todesstrafe einschließt, auf eine Änderung dringt, wird dies im Allgemeinen aufgrund philosophischer – ethischer – Überlegungen und Kriterien tun, die sich damit in der Tat als unverzichtbar erweisen. Dabei wird er sich mit der Unterschiedlichkeit kulturell und d. h. unter anderem auch religiös motivierter Auffassungen argumentativ auseinandersetzen (müssen). Ist er mit der Geschichte der Philosophie in Japan vertraut, wird er sich in seiner Argumentation auch auf die einschlägigen Ausführungen Nishi Amanes (1829–1897) und Tsuda Mamichis (1829–1903) stützen und so überdies Gegenbeispiele zu der verbreiteten Überzeugung bieten (können), dass „der Osten" ohnehin eine „andere" Vorstellung von Menschenwürde und Strafrecht pflege bzw. gepflegt habe.

Todesstrafe, Menschenwürde, Religion und Philosophie

Tsudas ausführliche und detaillierte Ablehnung von Folter und Todesstrafe (in seinen Beiträgen zur Zeitschrift *Meiroku zasshi* 1874 und 1875, Braisted 1976: 94 f., 127 ff. und 498 ff.) ist als Argumentation für die Rechte auf Achtung der Menschenwürde und auf Freiheit und Leben exemplarisch. In seiner Kritik der Todesstrafe führt er aus: (1) Niemand habe das Recht, menschliches Leben zu nehmen; habe doch kein Mensch „die Macht, Leben zu geben". Die Todesstrafe sei faktisch Mord. (2) Strafe habe den Zweck, Menschen zu korrigieren und zu bessern. Deshalb sei die Todesstrafe in Wahrheit gar keine Strafe. (3) Die Todesstrafe halte a) Menschen nicht von „Untaten" ab, dürfe b) kein Instrument der Rache sein (die in einer Zeit „der Zivilisation und Aufklärung" ohnehin und zu Recht „verboten" sei) und sei c) kein akzeptables Mittel, um die Gesellschaft gegen Kriminelle zu schützen. Tsuda zitiert auch das „alte chinesische Sprichwort", dass es „besser" sei, „das Gesetz überhaupt nicht anzuwenden, als Unschuldige zu töten". Tsudas Argumente sind nicht nur rational und systematisch, sondern beeindrucken zudem durch ihren humanen Tenor.

Gläubige Christen, die die Todesstrafe ablehnen, mögen sich freilich auch auf ihres Erachtens menschenrechtsverträglichere religiöse Überzeugungen als die Norm „Auge um Auge" berufen, so insbesondere auf das Wort der Bergpredigt (in Matthäus 5, 38), auch die andere Wange hinzuhalten, wenn man auf die rechte Wange geschlagen werde. Aber wie das Problem selbst dokumentiert, kann ein Christ sich selbst in solch einem Fall nicht auf etwas Religiöses überhaupt oder ein allgemeingültiges religiöses Gebot beziehen. Umgekehrt bleibt einem Vertreter der im gekennzeichneten Sinn von ihm interpretierten Norm „Auge um Auge" letztlich nichts übrig, als sie einfach zum unbedingten religiösen Gebot zu erklären. Natürlich könnte er dies Gebot auch anders interpretieren. Aber dann wäre es ihm nicht mehr möglich, damit die Todesstrafe zu rechtfertigen. Nutzt er das Gebot zur Begründung der Todesstrafe, muss er eine fundamentalistische Position beziehen. D. h. er muss sich auf eine unbedingte, nicht infrage stellbare bzw. nicht zur Diskussion stellbare Autorität (d. h. hier einen Gott bzw. eine göttliche Offenbarung) berufen oder tautologisch – „weil es eben so ist" – formulieren. Es geht im gegebenen Zusammenhang nicht darum, ob das Beispiel nicht allzu simpel sei. Die Überzeugungen der Bush-Administration

2000–2008 oder der islamischen Taliban sprechen eher dagegen. Wie gesagt, soll das Beispiel vor allem zeigen, worin die spezifische und unverzichtbare Leistung der Philosophie liegen kann, wenn wir es mit einem so wichtigen Problem wie der Todesstrafe zu tun haben: nämlich positives, religiöses oder „faktisches" Recht kritisch zu reflektieren und gegebenenfalls infrage zu stellen. Philosophische Ethik und Interkulturelle Philosophie werden dann zu unverzichtbaren Instrumenten.

- Philosophie und Philosophieren unterscheiden sich also von anderen Disziplinen und Praktiken, indem sie sich in ihren Mitteln der Meinungs- und Verhaltensbildung auf Argumente beschränken und auf jede Gewalt(androhung) verzichten. Sie setzen ausschließlich auf friedliche Problemlösungen.
- Dies ist letztlich vor allem Ausdruck ihres stets selbstkritischen Vorgehens. So ist es auch sinnvoll, von einer Philosophie der Philosophie zu sprechen. Dagegen wäre es z. B. unsinnig, von einer Religion der Religion, Theologie der Theologie oder einer Mythologie der Mythologie zu reden.

1.3 Unterschiede: Interkulturelle Philosophie als Auseinandersetzung mit den Spezifika einzelner Kulturen und der Möglichkeit einer allgemeinmenschlichen Kultur überhaupt, insbesondere aber mit den Philosophien, die in den einzelnen Kulturen formuliert wurden

In der Interkulturellen Philosophie ist das selbstkritische Moment geradezu unvermeidlich; denn ihre Gegenstände sind nicht nur Kulturen und Kulturalität – d. h., wie gesagt, die von Menschen geschaffenen Lebensformen und deren Eigenschaften – in ihren sozusagen unvermittelten Erscheinungen, sondern auch und mehr noch Philosophien aus verschiedenen Kulturen. Interkulturelle Philosophie ist insofern in der Tat Philosophie der

Interkulturelle Philosophie als kritische Philosophie der Philosophie

Philosophie und besitzt damit prononciert metaphilosophischen Charakter. In vielen Untersuchungen Interkultureller Philosophie ist dies vor allem der für sie kennzeichnenden Anstrengung abzulesen, bestimmte Reflexionsformen bestimmter Kulturen als Philosophien und Philosophieren auszuweisen, um damit allererst den Gegenstand der eigenen Überlegungen zu sichern (so etwa bei Murty 1976: Vorwort 11–21, Paul 1993: 1–20 und Wimmer 2004: 25–51). Aber natürlich geht es auch einfach aus der Tatsache hervor, dass Philosophien aus „fremden" Kulturen erörtert werden (wie z. B. bei Nakamura Hajime 1964 oder Halbfass 1981).

1.4 Unterscheidende Merkmale rein argumentativer Auseinandersetzung: Gewaltlosigkeit, Schwäche und Wirkungsmöglichkeiten

Über keine anderen Mittel als Argumente zu verfügen, hat freilich auch Nachteile. Der für reine Argumentation kennzeichnende Gewaltverzicht ist auch eine Schwäche. „Argumente sind notorisch schwach", heißt es denn auch treffend. Wir geben ungern Argumenten nach, die unseren Neigungen und Überzeugungen zuwiderlaufen. Dabei mag uns sogar bewusst sein, dass es sich um gültige Argumente handelt. Wir suchen nach Ausflüchten oder reagieren überhaupt nicht. Gern weisen wir auch darauf hin, dass der andere nicht berechtigt sei, „uns mit einem Argument zu kommen", da er ihm doch selbst nicht folge. Besonders beliebt ist dies Verfahren unter Politikern verschiedener Nationen, die über Menschenrechtsfragen streiten. Sie werfen dem Gegenüber doppelte Standards und damit mangelnde Legitimation zur moralischen Kritik vor. Die Sache und die Argumente mögen liegen, wie sie wollen. Sie sind gar kein Thema mehr. Auch die Flucht ins blinde Handeln – „nach mir die Sintflut!" – ist eine durchaus gängige Reaktion auf unliebsame Einsichten. Oft fühlen wir uns auch durch Argumente in die Enge getrieben. Empört wehren wir uns gegen gezielte schlüssige Fragen, deren ungünstiges Ende für uns wir schnell voraussehen. „Soll das etwa ein Kreuzverhör sein!?" Mitunter versuchen wir, selbst sachlichste Argumentation als Zwang zu diskreditieren.

Mögen wir uns also über die Gültigkeit eines Arguments noch so klar sein: wir folgen ihm häufig nicht oder nur unter großer Überwindung. Und noch schwieriger ist es natürlich, sich in interkulturellen oder internationalen politischen Kontexten argumentativ zu verständigen.

Doch sollten wir deshalb auf Argumente verzichten? Nein. Sie sind und bleiben das letztlich einzige gewaltlose Mittel zur Lösung von Problemen, das prinzipiell alle Menschen einsetzen können und dem prinzipiell alle Menschen zugänglich sind. Neben den vielen anderen Mitteln, die zur Verfügung stehen, sind sie damit unerlässlich. Sie können – z.B. über Berater – auch Politikern nahe gebracht werden, so dass Spitzenpolitiker verschiedener Staaten sie am Ende gar untereinander austauschen und, sei es noch spät, so zur Wirkung bringen.

Unverzichtbarkeit argumentativer Auseinandersetzungen

Der Einwand, dass die Gültigkeit eines Arguments von dessen kulturellen Voraussetzungen abhänge – sich also von Kultur zu Kultur unterscheide –, ist haltlos. Dies soll im Zuge der Ausführungen deutlich werden. Sich mit der Frage nach der Kulturabhängigkeit bzw. Unabhängigkeit von Argumenten und argumentativen Verfahren auseinander zu setzen, ist ohnehin Teil jeder Kulturphilosophie, wenn nicht gar jeder Analyse und Vergewisserung der Voraussetzungen kulturphilosophischer Reflexion überhaupt. Dazu gehört natürlich auch, zu beschreiben, was argumentative von nicht-argumentativen Äußerungen unterscheidet, und gegebenenfalls nachzuweisen, dass in der Tat alle Kulturen Argumente verwendeten und verwenden und deren Gültigkeit oder Ungültigkeit dabei in prinzipiell gleicher Weise beurteilten bzw. entscheiden und bewerten. Gleichwohl darf dies nicht dazu führen, die im Kontext solcher Überlegungen auch erkennbar werdenden kulturellen Unterschiede zu ignorieren oder zu bagatellisieren. Um einer zumindest vorläufigen Orientierung willen sei – vergröbernd – jedoch schon an dieser Stelle festgehalten, dass dabei zwischen

- der Gültigkeit und
- der Überzeugungskraft und Durchsetzungsfähigkeit

eines Arguments zu unterscheiden ist, und dass Allgemeingültigkeit logische Widerspruchsfreiheit, Vereinbarkeit mit Naturgesetzlichkeit und Erfahrung voraussetzt.

Wie ebenfalls deutlich werden soll, handelt es sich bei dieser Feststellung um keinerlei kulturzentrische, eurozentrische oder logozentrische Behauptung.

1.5 Die spezifischen Gegenstände: Kultur, Kulturen, Kulturalität, Interkulturalität und die einzelnen Philosophien in ihren kulturellen Kontexten und universalen Aspekten

Wir sprechen beispielsweise von bayrischer, deutscher, chinesischer, christlicher, muslimischer, mittelalterlicher und neuzeitlicher Kultur, reden von primitiven Kulturen, Hochkulturen, Schriftkulturen, städtischer und ländlicher Kultur. Für die Kulturphilosophie sind alle Formen thematisch. In der Interkulturellen Philosophie geht es dagegen letztlich um großkulturelle Erscheinungen, wie sie mit Ausdrücken wie „deutsche", „chinesische" oder „muslimische Kultur" angesprochen sind. Sie beziehen sich auf eine relativ große Menschenzahl, relativ große geographische Räume und relativ lange Zeitabschnitte. Außerdem geht es stets um Kulturen, die sich in signifikanter Weise erheblich voneinander unterscheiden, sei es, dass sie dabei große geographische Entfernungen, radikale Sprachdifferenzen oder – wie etwa griechische Antike und modernes Europa – große zeitliche Abstände voneinander trennen. Vergleichen wir mecklenburgische und schwäbische Kultur, so bezeichnen wir das nicht als interkulturelles Unterfangen.

Wie lassen sich die Kulturen, die Gegenstand Interkultureller Philosophie sein sollten, eindeutig identifizieren? Und wie lassen sie sich in allgemeiner Form charakterisieren? Das ist nicht so einfach. Denn auch für sie gilt jedenfalls:

Innere Heterogenität der Kulturen

(1) Kulturen sind keine in sich einheitlichen Phänomene. Sie sind vielmehr in sich heterogen. Das gilt insbesondere für die in ihnen vertretenen Philosophien und oft auch für die in ihnen vertretenen Religionen. In einem bewertenden Vergleich verschiedener Merkmale einer Kultur ist deshalb das Argument, dass ein Merkmal wichtig oder erhaltenswert sei, *weil es zu dieser Kultur gehöre*, unbrauchbar. Da alle Merkmale einer Kultur zu ihr gehören, wäre damit nämlich auch jedes Merkmal dieser Kultur erhaltenswert. Außerdem wären alle Merkmale aller Kulturen danach gleichwertige Auswahlkriterien. Kein Charakteristikum einer Kultur kann also damit verteidigt werden, dass es eben Eigenschaft dieser Kultur sei.

Kulturmerkmale nicht als solche erhaltenswert

(2) Kulturen sind keine reinen, in sich geschlossenen Entitäten. Jede Kultur ist auch Ergebnis „fremder" kultureller Einflüsse. „Autochthone" Kulturen gibt es nicht. So gibt es z. B. keine reine oder „wahrhaft" deutsche Kultur. „Fremde" Einflüsse lassen sich also nicht einfach mit einem Hinweis auf ihre „Fremdheit" abweisen.

Offenheit der Kulturen

Fremde Einflüsse nicht aufgrund ihrer Fremdheit abweisbar

(3) Kulturen sind auch keine Organismen, und schon gar keine lebenden Organismen. Sie gehen keinesfalls wie Pflanzen in natürlich-biologischer und determinierter Weise aus einem Samen oder einer Wurzel hervor. Sie sind Menschenwerk. Biologistische Redeweisen sind jedoch nicht nur unangemessen. Mitunter sollen sie auch suggerieren, dass Veränderungen blutigen Eingriffen vergleichbar und deshalb verbrecherisch seien. Totalitäre Staaten machten von diesem Bild Gebrauch. Der gerade während der Zeit des japanischen Imperialismus und Militarismus (ca. 1930 bis 1945) gebräuchliche Ausdruck *kokutai* bedeutet auch „Landesleib" und besitzt damit entsprechende Konnotationen. Natürlich durfte dieser *kokutai* von niemand verletzt werden. Nach dem „Revidierten Friedenserhaltungsgesetz" vom 29. Juni 1928 stand darauf die Todesstrafe. Doch wenn größere kulturelle Veränderungen auch sehr schmerzhaft sein können, so sind sie doch nicht von vornherein unzulässig. Freilich darf keine Kultur zu ihrem Glück gezwungen werden. Und Übel beseitigen zu wollen, indem man sie durch noch größeres Elend ersetzt, ist erst recht ethisch inakzeptabel. Wie ich verschiedentlich (2005: 57–74 und 2006a) zu zeigen suchte, ist der Irak-Krieg, den die von George Bush jr. geführte US-Regierung in Jahr 2003 begann, ein Beispiel für ein solch unverantwortliches Unterfangen.

Kulturen: keine Organismen, sondern Menschenwerk

Das Gebot des kleineren Übels

Er illustriert denn auch, wie wichtig die Unterscheidung zwischen Gültigkeit (Geltung) einerseits und Akzeptabilität und Überzeugungskraft andererseits ist, und wie sehr es, und darauf ist zurückzukommen, Aufgabe Interkultureller Philosophie sein kann, historische, rechtliche, soziopolitische und psychologische Analysen in ihre Überlegungen einzubeziehen. Auch wenn die Bush-Administration mit ihrem Glauben recht hatte, dass das totalitäre Regime Saddam Husseins (1937–2006) geringeren ethischen (oder moralischen) Wert besaß als ein demokratisches System, d. h. selbst, wenn es kein einziges Gegenargument gegen diese allgemeine Einschätzung von Demokratie und Totalitarismus gibt, so war doch schon vor Kriegsbeginn klar, dass sich diese Überzeugung nicht „durchsetzen" ließ, ohne noch größeres Leid hervorzurufen, als es schon unter Saddam bestand. Akzeptabilität und Überzeugungskraft der Argumente für eine Demokratie waren einfach zu gering, und dies ungeachtet jeder eventuellen Gültigkeit.

Gültigkeit und Akzeptabilität

Das Beispiel ist überdies geeignet, zwei weitere terminologische Unterscheidungen einzuführen und zu erläutern, die in der Interkulturellen Philosophie von Belang sind. Dies sind die Unterscheidungen zwischen (1 a) dem Allgemeinen und (1 b) Besonderen oder Spezifischen und (2 a) dem Abstrakten und (2 b) Konkreten, die vor allem im Alltag immer wieder durcheinander gebracht werden. Gegensatz des Allgemeinen, z. B. des Monotheismus, ist nämlich nicht das Konkrete, sondern das Spezifische, wie etwa der christliche Monotheismus. So gibt es denn auch allgemeine Konkreta wie z. B. die Vorstellung eines Gartens überhaupt. In der Interkulturellen

Die Relevanz von spezifischen und konkreten Merkmalen einer Kultur

Philosophie ist nun Folgendes zu beachten: Was Fragen der Akzeptabilität und „Durchsetzbarkeit" angeht, sind Spezifika häufig wichtiger als allgemeine Konzepte. Muslims und Juden sind zwar Monotheisten, aber diese Gemeinsamkeit wiegt nicht so schwer wie die jeweiligen Spezifika, nämlich einmal an Allah, das andere Mal an Jahwe zu glauben. Entsprechendes gilt für die Relevanz des Konkreten. Friedlichkeit überhaupt ist eine von so gut wie niemand infrage gestellte Sache. Frieden in einer bestimmten Situation ist eine andere.

Gemeinsamkeiten aller Kulturen

(4) Verschiedene Kulturen haben notwendiger Weise auch gemeinsame Merkmale; denn wie gesagt sind alle Kulturen Menschenwerk. Alles, was Menschen gemeinsam haben (anthropologische Konstanten, Orientierung an logischen Gesetzen und alltäglichen Regeln von Ursache und Wirkung usw.), geht bestimmend in Kulturen ein. Dazu kommen prägende Gemeinsamkeiten in den jeweiligen Umwelten. Dass unabhängig voneinander in altägyptischen, chinesischen und mittelamerikanischen Kulturen Pyramiden gebaut wurden, ist z.B. durch Gemeinsamkeiten auch des Baumaterials mitbedingt, aber natürlich auch durch Gemeinsamkeiten der ebenfalls unabhängig voneinander entwickelten Handwerkszeuge und Techniken zu erklären. An wichtige Gemeinsamkeiten kann bei transkulturellen Diskursen angeknüpft werden.

Veränderlichkeit aller Kulturen

(5) Kulturen sind keine statischen Phänomene. Sie sind veränderliche, dynamische Erscheinungen. Jeder Versuch, den „Ist-Zustand" einer Kultur zu erhalten, scheitert. Es ist deshalb argumentativ fragwürdig und einfach fruchtlos, sich ganz allgemein und unspezifisch gegen Veränderungen zu wehren.

Kultur, Sprache und Ethik

(6) Sprachen sind distinktive Merkmale von Kulturen oder doch größeren Teilkulturen wie z.B. der baskischen Kultur in Frankreich und Spanien oder der Miao-Kultur in China und Thailand. Aber sie *bedingen* keine unterschiedlichen Wertauffassungen. Die Norm „Du sollst nicht töten" ist nie ein Resultat spezifischer *Sprach*merkmale. Sie ist keine Funktion des Baskischen oder der Sprache der Miao. Freilich kann ein Wort wie „töten" unterschiedliche spezifische Bedeutungen besitzen.

(7) Erscheinungen wie „die chinesische Kultur" lassen sich vielleicht eindeutig kennzeichnen. D.h., sie lassen sich vielleicht aufgrund der Angabe einiger Merkmale eindeutig identifizieren. So weiß man ja auch, dass Napoleon gemeint ist, wenn ein französischer Kaiser erwähnt wird, der die Schlacht bei Waterloo verlor. Und so mag man „chinesische Kultur" kennzeichnen, indem man vom Komplex all der kulturellen Ereignisse und Erscheinungen spricht, zu dessen bekanntesten Personen der Reichseiniger und „Terrakotta-Kaiser" Qin Shihuangdi (–210 v.u.Z.) gehört und der seine

Problematik umfassender inhaltlicher Unterscheidungen von Kulturen

größte Ausdehnung unter den Mongolen erreichte. Aber man wird kaum eine allgemeine inhaltliche Beschreibung chinesischer Kultur abgeben können, die nicht zugleich Beschreibung menschlicher Kultur überhaupt wäre. Wie u.a. von Holenstein (1998: 265), Wimmer (2004: 144f.) und andernorts auch von mir (1998a) ausgeführt, ist es einfacher, menschliche Kultur überhaupt zu charakterisieren, als eine spezifische Kultur inhaltlich von allen anderen Kulturen zu unterscheiden.

(8) Die den Alltag bestimmenden distinktiven Kulturmerkmale sind relativ spezifischer Art. Sie liegen nicht auf der Ebene fundamentaler ethischer

oder moralischer Normen. Oft sind sie sogar extrem spezifischer Art. Es geht dann um Höflichkeitsformen, Essgewohnheiten, Bekleidungskonventionen oder etwa Frisuren. In bestimmten Kulturen reicht man sich zur Begrüßung die Hände, während man es in anderen vermeidet. Für beide Konventionen gibt es dabei gute Gründe. In manchen Kulturen ist der Genuss von Rindfleisch, in anderen der von Schweinefleisch verboten. In bestimmten Kulturen dürfen sich Frauen nicht in Miniröcken zeigen. Afghanische Männer, die keinen Bart trugen, liefen in der Geschichte vielfach Gefahr, bestraft zu werden. Das letzte Beispiel ist besonders wichtig.

Es kommt immer wieder vor, dass der fragwürdige *Versuch, die eigene Kultur in Form einer Auszeichnung radikal gegen andere Kulturen abzugrenzen*, zu einer mehr oder weniger willkürlichen Betonung eines hochspezifischen Merkmals führt. So trägt eben der gläubige Mann einen Bart, während der ungläubige und deshalb minderwertige Mann an seiner Bartlosigkeit zu erkennen ist. Aus der Sicht mancher Japaner sind Koreaner (stinkende) Knoblauchfresser. Aus der Sicht mancher Deutschen galt oder gilt dies für Menschen auf dem Balkan. Rein logisch gesehen ist es stets möglich, ein spezifisches Merkmal zu finden, das radikale Abgrenzung erlaubt, mag es objektiv betrachtet noch so unbedeutend sein. Denn welcher Hahn kräht schon danach, dass sich auch zwei Hühnereier unterscheiden lassen? Deshalb ist jede Angabe (angeblich relevanter) kultureller Unterschiede und Gemeinsamkeiten zu erläutern und zu begründen. Warum hält man einen Unterschied oder eine Gemeinsamkeit für wichtig? In welcher Hinsicht? Und ist die Einschätzung gerechtfertigt?

Um es erneut an einem Beispiel zu illustrieren: Ist es letztendlich berechtigt, dass man Menschen einer Kultur gering schätzt und sich etwas besseres dünkt, weil diese Menschen Nudelsuppen schlürfen?

Fazit ist jedenfalls, dass allgemeine Kulturbegriffe – Konzepte, die sich etwa auf „die japanische" oder „die italienische Kultur" überhaupt beziehen – ungeeignet sein dürften, um treffende Einsichten über eine bestimmte Kultur zu gewinnen oder zu vermitteln. Sind sie nicht überhaupt unmöglich, so haben sie – wie dogmatische Begriffe römisch-katholischer Religiosität, die an der Historizität der leiblichen Auferstehung Jesu festhalten – fundamentalistischen Charakter oder sind derart unscharf und verworren, dass sie kaum zu intersubjektiver argumentativer Auseinandersetzung taugen. Ich habe das (1998 a) auch im Detail nachzuweisen versucht.

In geeigneteren Zusammenhängen ist auf die angesprochenen acht Punkte ausführlicher zurückzukommen. Doch war eine zumindest vorläufige Skizze des in der Interkulturellen Philosophie verwendbaren – und in ihr auch weithin verwendeten – Kulturbegriffs unumgänglich, um ein hinreichendes Verständnis der weiteren Überlegungen zu ermöglichen. Außerdem ist schon die bloße Skizze selbst ein Beispiel Interkultureller Philosophie. Wie angedeutet, implizieren die Punkte überdies wichtige methodische Regeln Interkultureller Philosophie.

Und wie beabsichtigt, verdeutlichen sie auch, worin eines der distinktiven Merkmale Interkultureller Philosophie liegt, wenn man sie mit Kulturphilosophie überhaupt vergleicht: in ihr geht es um relativ große, allgemein schwerlich fassbare, veränderliche und in sich heterogene Kulturkomplexe, die sich in der ein oder anderen Hinsicht signifikant von anderen großen

Belanglosigkeit und Relevanz von Merkmalen kulturellen Alltagslebens

Gefährliche Beliebigkeit von Abgrenzungsversuchen

Begründungsbedarf bei Feststellung kultureller Unterschiede und Gemeinsamkeiten

Problematik allgemeiner, umfassender Begriffe einer Kultur

Kulturkomplexen unterscheiden. Letztlich geht es um Mittel und Wege zu einem alle Menschen einschließenden kulturellen Miteinander, das nichtsdestoweniger jeder Kultur, ja jedem Einzelnen seine – dann wohl begründete – spezifische Kulturalität lässt.

Entsprechend ist in einer Auseinandersetzung mit einzelnen Philosophien auch zu untersuchen, wieweit sie solch ein Anliegen begünstigen. Bestimmte Auffassungen sind eben argumentativ und dann oft auch ethisch oder politisch fragwürdig: gleich, in welcher Kultur sie entwickelt wurden. Philosopheme, die nicht nur mit den philosophischen Konzepten einiger weniger anderer Kulturen vereinbar sind, sind da prinzipiell geeigneter. Dies gilt umso mehr, sofern sie zudem (weitere) Verallgemeinerungen zulassen, so dass ihre (potentielle) Reichweite – ihr Umfang – relativ groß ist, und sie – wichtiger noch – Spezifizierungen erlauben (anders gesagt: Ausdifferenzierungen gestatten), die nicht nur logisch konsistent sind, sondern auch *reale* Möglichkeiten bzw. Wirklichkeiten *und dabei Wünschenswertes* charakterisieren. Das Beispiel des Gottesglaubens kann als Illustration dienen. Christliche Theologen wie Thomas von Aquin oder der China-Missionar Matteo Ricci hielten einen philosophischen Gottesbegriff – d.h. ein argumentativ gültiges Gotteskonzept, wie es etwa Aristoteles zu entwickeln meinte – für verallgemeinerungsfähig. Ist jedoch jeder Versuch eines Gottesbeweises bzw. eines argumentativen Nachweises der Existenz eines Gottes prinzipiell zum Scheitern verurteilt, so sind alle entsprechenden Verallgemeinerungsbemühungen fraglich. In der Tat waren und sind viele der Ansicht, dass dem so sei. Auch Kant hielt ja Gottesbeweise für unmöglich. Konfessionelle Gottesbegriffe mögen zwar *logisch* verallgemeinerungsfähig sein oder doch scheinen. Die Gottesbegriffe von Judentum, Christentum und Islam sind z.B. monotheistische Konzepte. Aber dies genügt nicht; denn ein gläubiger Katholik wird das Merkmal der Dreifaltigkeit als *notwendiges* Merkmal Gottes betrachten und deshalb keinen Gottesbegriff akzeptieren, dem dieses Merkmal fehlt. Ein solches Konzept wäre für ihn kein Begriff eines *existierenden* Gottes. Ist er kein Fundamentalist, so mag er ihn freilich tolerieren. Noch einmal anders gesagt: in der Auseinandersetzung mit Philosophien unterschiedlichster Kulturen *in kulturellen Kontexten* – bzw. *unter Anwendung des umrissenen Kulturbegriffes* – geht es also letztlich um logisch und empirisch gültige optimale Verallgemeinerungen und Ausdifferenzierungen, und gegebenenfalls (auch) um normative Gültigkeit und Fragen der Toleranz oder Intoleranz. Im Grunde überrascht dies kaum, denn jede umfassende kritische Auseinandersetzung mit einer Philosophie aus der eigenen Kultur dürfte bereits Ähnliches implizieren. Interkulturelle Philosophie hat es insofern eben „nur" mit mehr und in mancherlei Hinsicht schwerer zugänglichen Gegenständen zu tun.

1.6 Interkulturelle und Komparative Philosophie

Statt des Ausdrucks „Interkulturelle Philosophie" wird auch die Bezeichnung „Komparative Philosophie" verwendet. Oft ist dasselbe gemeint. Vom Wortsinn her ergeben sich jedoch zumindest unterschiedliche Akzentuierungen. Im zweiten Fall liegt die Betonung auf dem *Vergleich* verschiedener

Kulturen oder, enger noch, von *Philosophien* verschiedener Kulturen. Das mag zu dem Missverständnis führen, dass es mit der Feststellung und Erklärung von Gemeinsamkeiten und Unterschieden auch schon getan sei. Dabei verlangt eine philosophisch befriedigende Auseinandersetzung auch nach einem normativen Urteil über diese Sachverhalte, und sie schließt den Versuch ein, transkulturell gültige – deskriptiv wie normativ gültige – Konzepte der Kulturalität und des kulturellen Miteinanders zu entwickeln. Bloße Beschreibungen von Gemeinsamkeiten und Unterschieden besitzen kaum philosophischen Charakter. Erklärungen tun dies schon eher. Aber sie lassen sich auch als rein historische und soziopolitische Erläuterungen durchführen. Ohne eine Auseinandersetzung mit Fragen der Gültigkeit – und d. h. ohne normatives Engagement – fehlte z. B. die argumentative ethische Reflexion und damit eines der wichtigsten philosophischen Momente auch der Komparativen Philosophie. Die Bezeichnung „Interkulturelle Philosophie" legt das Missverständnis einer Beschränkung auf bloße Vergleiche weniger nahe. Außerdem begünstigt sie die – treffende – Vorstellung, dass nicht nur jeweils zwei, sondern prinzipiell möglichst viele Kulturen Gegenstand von Vergleichen und – letztlich eben auch normativen – hypothetischen Schlussfolgerungen seien.

Auf die Wichtigkeit derart breit angelegter Vergleiche macht insbesondere Wimmer (2004: 66ff.) aufmerksam. Dabei überschätzt er freilich die normative Relevanz der von ihm im Gegensatz zum Dialog als Polylog bezeichneten und geforderten sozusagen multikulturellen Philosophie. Die Gültigkeit einer Auffassung ist ja nie von der Zahl ihrer Vertreter abhängig, so dass es, anders als Wimmer (auf S. 67) nahe legt, auch richtig sein kann, eine *„philosophische These für gut begründet"* zu halten, *„an deren Zustandekommen nur Menschen einer einzigen kulturellen Tradition beteiligt waren"*. Von Belang bleibt jedoch, dass eine Zustimmung über viele Kulturen hinweg ein entsprechendes empirisches Indiz abgeben mag.

Die Bezeichnung „Komparative Philosophie" wiederum besitzt gegenüber dem Ausdruck „Interkulturelle Philosophie" den Vorteil, deutlicher darauf zu verweisen, dass in ihr (primär) Philosophien thematisch sind.

Aber auch in anderer Hinsicht ist der Begriff des interkulturellen Vergleichs bzw. der Komparation instruktiv.

Im ein oder anderen Sinn dürfte nämlich jedes oder fast jedes Erkennen, Verstehen und Erklären Vergleiche einschließen oder als Vergleich explizierbar sein. Dabei hängen die Resultate von den Inhalten ab, die in den Vergleichen aufeinander bezogen werden. Will ich S erkennen, so kann ich es etwa mit P_1, P_2 oder irgendeinem anderen P_i vergleichen. Natürlich sind auch Vergleiche mit mehreren P möglich. Das Resultat hat dann, grob gesagt, die Form, dass S in dieser oder jener Hinsicht P gleiche oder mit P übereinstimme, während es in anderen Hinsichten von P abweiche. Um die anderen Hinsichten zu charakterisieren, werden etwa bestimmte Q ins Spiel gebracht. In der Tat ist dies auch das Muster Komparativer Philosophie. So lautet zum Beispiel eine in der Komparativen Philosophie diskutierte Hypothese, dass die von dem chinesischen Philosophen Zhu Xi (1130–1200) formulierte Ontologie von *li*, „Struktur", „Prinzip", und *qi*, „stofflicher Energie" (S), einen ähnlich dualistischen Charakter besitze wie die Platonische Ontologie von Ideen und konkreten Gegenständen (P), als Ontologie des Wer-

Erkennen, Verstehen und Erklären als Formen des Vergleichens

dens aber eher Whiteheads Prozess-Konzept (Q) gleiche als der Platonischen Ontologie unveränderlichen Seins (P) [vgl. dazu Paul 1990a: 120–164 und 1996a: 140–153 und die im selben Heft (1996) publizierte Diskussion zwischen Mao Yihong und Paul]. Die Ergebnisse der Komparatistik hängen vor allem davon ab, wie ähnlich sich S und P sind, und näherhin davon, wie weit zeitliche, räumliche, kausale und begriffslogische Übereinstimmungen und Zusammenhänge reichen.

Auch Interessen und Perspektiven beeinflussen die Resultate. So mag man sich stärker für historische als begriffslogische Zusammenhänge interessieren und ein Philosophem eher im Kontext seiner Zeit betrachten, als es aus logischer Perspektive analysieren und rekonstruieren wollen. Im ersten Fall dürfte es dann auch eher um Fragen des Verstehens einer bestimmten Epoche oder Kultur als um Fragen der Gültigkeit einer Konzeption gehen.

Komparative *Philosophie* unterscheidet sich von anderen Formen vergleichenden Erkennens vor allem in zwei Punkten: einmal in ihren Gegenständen, den Philosophien oder philosophischen Konzepten, und zweitens in der großen Distanz, die diese Gegenstände voneinander haben. Wie angesprochen, sind es Philosopheme und Philosophien, die kulturell relativ weit entfernten Bereichen angehören. So bezeichnet man Vergleiche zwischen den Systemen Kants und Hegels und selbst zwischen Theorien Kants und Nietzsches weder als Komparative noch als Interkulturelle Philosophie. Nur wenn die infrage stehenden Lehren, Strömungen, Systeme, Texte oder Konzepte kulturell und insbesondere zeitlich, räumlich und/oder sprachlich extrem unterschiedlicher Herkunft sind, spricht man von Komparatistik.

Nicht jeder Titel einer Veröffentlichung lässt freilich erkennen, dass es sich um eine komparative Arbeit handelt. So schließt etwa Glasenapps *Philosophie der Inder* (1974) auf den Seiten 1–21 auch Vergleiche mit der „abendländischen Philosophie" ein.

In der Tat werden die Bezeichnungen „Interkulturelle" und „Komparative Philosophie" weithin uneinheitlich verwendet. Im Folgenden werden sie synonym gebraucht. Dabei sind alle in den Erläuterungen beider Ausdrücke aufgelisteten Merkmale eingeschlossen. Letztendlich gaben begriffspragmatische Erwägungen – Einfachheit und Unmissverständlichkeit einer solchen Terminologie – den Ausschlag für diese Entscheidung. Natürlich spräche etwa das Argument, nicht zwei Bezeichnungen für denselben Begriff zu gebrauchen, gegen diese Wahl. Jedenfalls aber ist stets zu erklären, wie man die zwei Bezeichnungen verstanden wissen will, wenn man selbst von Interkultureller oder Komparativer Philosophie spricht.

2 Die Relevanz Interkultureller Philosophie als unverzichtbarer Beitrag zur Lösung interkultureller Konflikte

Schon eine Skizze Interkultureller Philosophie impliziert Hinweise auf deren Wichtigkeit oder Unwichtigkeit. Indem man sich über Konzeption, Ziele, Methoden und Inhalte äußert, und sei es auch noch so kursorisch, äußert man sich auch über die (Ir)relevanz der Disziplin. Und dies ist denn auch bei den oben gegebenen Begriffsbestimmungen der Fall. Eine Illustration mag hilfreich sein. Erkläre ich, dass es mir darum geht, alle Arten von Glasmurmeln zu klassifizieren, so dürften Zweifel an der Wichtigkeit des Unterfangens aufkommen. Behaupte ich, mit meinen Überlegungen den Weltfrieden herbei zu führen, so mag man zwar die Erfolgsaussichten bezweifeln, die Bedeutung des Anliegens aber kaum infrage stellen. Nun soll Interkulturelle Philosophie dem friedlichen Miteinander in einer allumfassenden menschlichen Kultur dienen, die gleichwohl kulturelle Spezifika bewahrt und gelten lässt. Anders gesagt, dient sie der argumentativen Entwicklung ethischer Universalien und einer argumentativ gerechtfertigten Toleranz kultureller Besonderheiten. Das ist jedenfalls ein erstrebenswertes Ziel. Und sollte Interkulturelle Philosophie dazu einen unverzichtbaren, weil durch keine andere Disziplin ersetzbaren und bei aller Skepsis jedenfalls nicht wirkungslosen Beitrag leisten, so besäße sie Relevanz, ja sogar politische Relevanz. Dem aber dürfte trotz aller Bedenken so sein. Rekapitulieren wir noch einmal: Sie ist ein gewaltloses Vorgehen. Damit ist sie weder durch Religionen noch etwa durch Politik zu ersetzen. Sie thematisiert Großkulturen und Philosophien aus Großkulturen. Damit ist sie auch durch keine eher auf lokale oder zeitlich eng begrenzte Phänomene beschränkte Kulturphilosophie zu ersetzen. Und sie wirkt in ihrem argumentativen Charakter – und sei es über noch so viele Instanzen, Berater, Freunde, Gremien, internationale Institutionen und überdies noch so langfristig – tatsächlich positiv auf politische Entwicklungen ein. Sie ist ein Katalysator. So war *Die Allgemeine Erklärung der Menschenrechte* auch ein Resultat philosophischer Reflexion. Im Übrigen ist Interkulturelle Philosophie – ähnlich wie Rechtsphilosophie und Ethik überhaupt – auch als Richtmarke und Kriterium positiven Rechts unentbehrlich, und zwar gleich, in welcher Kultur.

Balkan-Kriege, Kosovo-, Afghanistan- und Irak-Kriege, Völkermord in Afrika, Terrorismus und „Krieg gegen den Terrorismus" kosteten zwischen 1990 und 2006 Millionen Menschenleben. All diese Ereignisse reflektieren auch kulturellen Fundamentalismus. Die Behauptungen Huntingtons über einen „Krieg der Kulturen" scheinen sich bestätigt zu haben. Selbst Kruzifix- und Kopftuch-Politik in Deutschland schmecken nach kulturellem Fundamentalismus. Doch schon die erstgenannten Beispiele belegen ja zur Genüge, dass Interkulturelle Philosophie ein unverzichtbares Problemlösungsmittel ist. Denn wer wollte behaupten, dass man nicht alles, aber auch alles tun müsse, um das Elend zu beseitigen oder zu mindern, dass sich die Menschen antun? So ist in ihrer Relevanz unbestrittene Menschenrechtsphilosophie stets auch Interkulturelle Philosophie. Dabei sollten die Beispiele nicht missverstanden werden. Es fragt sich insbesondere, ob Huntingtons allgemein gefasste Behauptung, Kulturunterschiede könnten bewaffnete Auseinandersetzungen bedingen, nicht in bedenklicher Weise missverständlich formuliert ist – trotz des beachtlichen Umfangs seines einschlägigen Buches. Aus meiner Sicht (Paul 1998a) spricht jedenfalls vieles dafür, dass Huntington sich faktisch nur auf kulturelle Fundamentalismen bezieht.

3 Die Ziele Interkultureller Philosophie: eine die ganze Menschheit einschließende und der Menschlichkeit verpflichtete Kultur, die die berechtigten Besonderheiten der einzelnen Kulturen wahrt

Die wichtigsten Ziele Interkultureller Philosophie sind bereits zur Sprache gekommen. Sonst wäre auch gar keine Begriffsklärung möglich gewesen. Doch ist das Gesagte zu ergänzen und in systematischer Übersicht darzustellen. Dementsprechend zielt Interkulturelle Philosophie also auf:

- Beschreibungen kultureller Erscheinungen und möglichst sachgerechte Rekonstruktionen von in einzelnen Kulturen entwickelten Philosophien und Philosophemen,
- Feststellungen von Gemeinsamkeiten und Unterschieden solcher Erscheinungen, Philosophien und Philosopheme,
- ein Verstehen und Erklären insbesondere der festgestellten Unterschiede und
- eine dabei möglichst klare, von Exotismus, Esoterik und Mystifizierung freie Ausdrucksweise.

Dies wiederum mit den weitergehenden Zielen

- der Korrektur von Vorurteilen und Klischees,
- der Entwicklung philosophischer Universalien und/oder der Begründung von Toleranz (insbesondere aufgrund der jeweils festgestellten und erklärten Gemeinsamkeiten und Unterschiede) und
- eines humanen Miteinanders in einer allumfassenden menschlichen Kultur, in der Frieden und Menschlichkeit verpflichtete kulturelle Besonderheiten weiter bestehen und Geltung besitzen.

Toleranz ist dabei ein besonders wichtiges Ziel. Denn es ist so gut wie auszuschließen, dass am Ende einer noch so konvergenten Entwicklung aller Traditionen auf eine einzige Kultur hin sozusagen Uniformität erreicht wird. Das wäre auch gar nicht erstrebenswert. In Kunst, Literatur und Musik würde sich Langeweile ausbreiten; um gar nicht weiter davon zu reden, dass das ästhetische Niveau zwangsläufig sinken würde. Und noch weniger ist zu erwarten, dass Milliarden Menschen sich auf einen einzigen religiösen Glauben verständigen. Ohne brutale Gewalt und Indoktrination erscheint dies undenkbar. Menschen sind eben auch Individuen und haben als Individuen ihre Rechte. Lässt sich aber in existenziell relevanten Fragen keine Einigkeit bzw. Übereinstimmung erzielen und sollen nichtsdestoweniger Frieden und Menschenrechte gewahrt bleiben, so ist wechselseitige Toleranz unabdingbar. Wie ist sie am besten zu erreichen? Sie sollte ja keine Standpunktlosigkeit, keinen leichtfertigen Verzicht auf die eigene Überzeu-

Toleranz

gung und schon gar kein unreflektiertes Ja und Amen zu allem und jedem einschließen. So bleibt erneut nur, sie auf Argumente und entsprechende Einsichten zu gründen. Das aber setzt voraus, dass man auch die Überzeugung, die man nicht teilt, so weit wie möglich versteht, und dies wiederum verlangt, dass man (sich) die spezifische Differenz zumindest erklären kann. Dazu benötigt man oft gediegene Kenntnisse der „anderen" Kultur oder Tradition. Um ein einfaches Beispiel zu geben: deutsche und japanische Höflichkeitskonventionen unterscheiden sich, grob gesagt, u. a. darin, dass Deutsche Kritik nicht „hintenrum" vorbringen und Japaner anderen „die Wahrheit" nicht geradezu „ins Gesicht sagen" sollten. Für beide Regeln gibt es gute, fast evidente Gründe, und beide Regeln lassen sich auf ein und dasselbe allgemeinere Prinzip, nämlich den Mitmenschen so wenig wie möglich zu verletzen, zurückführen. So erklärt, wird einem Deutschen auch die japanische Konvention verständlich, mag er auch weiterhin „deutsche" Gewohnheiten vorziehen. *Mutatis mutandis* gilt das Gleiche auch für religiöse Überzeugungen, handelt es sich bei ihnen auch um komplexere Erscheinungen. Keine Konvention ist reine Willkür, und jede lässt sich zumindest historisch erläutern. Aber natürlich ist nicht jede Auffassung tolerierbar. Dann freilich ist die Intoleranz zu begründen.

Von Zielen wie Weltfrieden, Menschlichkeit und Toleranz zu sprechen, klingt pathetisch und allzu anspruchsvoll. Aber alle wohlbegründete Skepsis sollte nicht über die Berechtigung dieser Ziele und ihre – wenn auch nur mühsame, durch Hindernisse erschwerte und In absehbarer Zukunft nur partielle – Erreichbarkeit hinwegtäuschen. Wenn denn die Menschheit überleben will, werden diese Ziele einmal Wirklichkeit werden müssen. Egoismus und Pragmatik – sprich Selbsterhaltungstrieb und faktische Möglichkeiten – sichern am Ende ihre Alternativlosigkeit.

Randnotiz: Erklärungen der Unterschiede kultureller Konventionen

4 Methodologie und Methoden: informierte, (selbst)kritische *argumentative* Auseinandersetzung

1. Allen Bedenken zum Trotz dürften die genannten Ziele denn auch unbestritten sein. Das gilt insbesondere für die leicht fasslichen Ziele, Gemeinsamkeiten zu identifizieren und explizit zu machen, Unterschiede festzustellen, zu beschreiben und zu erklären, Vorurteile auszuräumen und sich stets so klar wie möglich auszudrücken. Manche Zielangabe ist dabei auch ein methodologischer Hinweis: so kann die Aufgabe, sich klar auszudrücken, sowohl ein Ziel als auch eine Methode bezeichnen. In der Tat führen die gegebenen Begriffsbestimmungen, Relevanz-Erklärungen und Zielsetzungen auf eine bestimmte Methodologie bzw. bestimmte Methoden. Doch bleibt dabei ein gewisser Spielraum. Gerade einige Fragen der Methodologie sind deshalb Gegenstand von Kontroversen.

2. An erster Stelle ist dabei die Frage nach der Berücksichtigung universal gültiger formallogischer Prinzipien und Schlussregeln zu nennen. Folgen die Menschen aller Kulturen prinzipiell denselben logischen Gesetzen? Oder gibt es signifikante oder relevante Ausnahmen? Galten und gelten bestimmte logische Gesetze prinzipiell für alle Menschen aller Zeiten und Kulturen? Obwohl die letzte Frage zu bejahen ist, tragen viele interkulturelle oder komparative Ansätze der Allgemeingültigkeit dieser Gesetze nicht oder nur unzureichend Rechnung. Zwar zeichnet sie lediglich normative Geltung aus. Wie z. B. auch mathematische Prinzipien oder Verkehrsregeln können sie missachtet oder verletzt werden und unterscheiden sich insofern von den notwendigerweise faktisch gültigen Naturgesetzen. Aber dies beeinträchtigt ihre Geltung nicht. Insbesondere Vertreter kulturrelativistischer Positionen, d. h. Anhänger der Überzeugung, der zufolge sich bestimmte Kulturen in wichtiger Hinsicht radikal voneinander unterscheiden und wechselseitiges Verstehen ausschließen, lassen die Allgemeingültigkeit bestimmter logischer Prinzipien außer Acht. (Mildere Formen des Relativismus, die die Möglichkeit letztendlichen Verstehens einräumen, sind im Grunde unproblematisch.) Soweit er sich nicht auf Fundamentalismen bezieht, ist freilich selbst jeder deskriptive Kulturrelativismus unhaltbar. Dies dürften bereits die anschließenden Überlegungen deutlich machen.

Jeder Beitrag zur Komparativen Philosophie, der Anspruch auf Gültigkeit erhebt, ja auch nur intersubjektiv diskutabel sein will, muss von der Universalität bestimmter logischer Gesetze und Regeln ausgehen; denn entgegen anders lautenden Behauptungen wurden und werden formallogische oder formale metalogische Prinzipien wie die Sätze der Identität, der Widerspruchsfreiheit und des ausgeschlossenen Dritten sowie das Transitivitätsprinzip in keiner Kultur signifikant häufiger oder entschiedener negiert, verletzt oder bestritten als in den europäischen Traditionen. Den meisten Vergleichen, die von kulturspezifischer Logik sprechen, mangelt es an Unterscheidungen zwischen

(a1) formallogischen und (a2) materialen Prinzipien,

(b1) allgemein-logischen (metalogischen) und (b2) in spezifischen Logiken (besonderen Theorien) in spezifischer Weise formulierten Prinzipien,

(c1) logischen Prinzipien und (c2) der Anwendung dieser Prinzipien,

(d1) der Relevanz der Logizität und (d2) der relativen Irrelevanz expliziter logischer Theorie,

(e1) logischen Prinzipien und (e2) „logischem Denken" sowie

(f1) präzisen Begriffen von „Logik" und „logisch" und (f2) vagen, metaphorischen Verwendungen.

Zu diesen Mängeln kommt die Weigerung, sich überhaupt um einen (begriffspragmatisch) akzeptablen Gebrauch der Ausdrücke zu bemühen. Gängige Resultate sind dann – bestenfalls irreführende – Hypothesen über eine angeblich „ganz andere" östliche, chinesische, japanische, buddhistische oder afrikanische Logik.

In der Tat setzen sich nur wenige, die sich für Philosophie oder gar für Interkulturelle Philosophie interessieren, ausführlich und im Detail mit der Frage nach der Existenz universal gültiger logischer Prinzipien auseinander. Die Materie ist kompliziert, technisch und trocken. Jede hinreichend gründliche Auseinandersetzung ist mühselig und aufwendig. Dessen ungeachtet finden sich zahlreiche kühne Behauptungen über kulturell bedingte fundamentale Differenzen logischen Denkens und die Anerkennung oder Nicht-Anerkennung logischer Prinzipien. Insbesondere Ausdrücke wie „spezifisch östliche Logik", „japanische Logik" oder „buddhistische Logik" sind weitverbreitet. Aber auch von „ganz anderer Logik" ist oft einfach die Rede. Beispiele derartiger Auffassungen und Formulierungen finden sich bei Ziegler (1922), Lüth (1944: 11), Takakusu (1947), Schinzinger/Magnus (1963), Nakamura (1964: 531–567, und 1980: 249), Löwith (1971: 15–19), Moore (1973: 290ff.), Yamauchi (1974), Suzuki (1978 und 1990), Katō (1979, I: 2), Brüll (1989: 28), Weinmayr (1989), Shimomura (1990: 376), Becker (1991), Pörtner/Heise (1995: 136 und 180), Frankenhauser (1996), Garfield/Priest (2003) und vielen anderen.

Obwohl entsprechende Untersuchungen von Freytag-Löringhoff (1972 und 1985), Lorenzen (1962), Lenk (1973), Paul (1990a, 1993, 1994, 1998b, 1999d, 2003, 2004d und 2004e), Sturm (1996), Tillemanns (1999) und Aoyama u. a. (2004) vorliegen, die – abgesehen von den ersten vier Studien – zudem Auseinandersetzungen mit Logik-Theorien und Formen logischen Denkens einschließen, wie sie in indischen, sinoasiatischen und arabischen Kulturen entwickelt wurden, sind die Argumente für die Unumgänglichkeit der Voraussetzung allgemeingültiger logischer Prinzipien in der Interkulturellen oder Komparativen Philosophie in den unten stehenden Ausführungen über Interkulturelle Logik noch einmal zusammengefasst. Um jedoch das vorläufige Verständnis für die Regel, (auch) in der Interkulturellen Philosophie von der „Universalität der Logik" auszugehen, zu erleichtern, seien einige spezifische Punkte bereits hier angesprochen.

Vor allem der Mangel an Differenzierung zwischen (b1) allgemeingültigen formallogischen Prinzipien und (b2) spezifischen Formulierungen logischer Gesetze in spezifischen Theorien ist ein fataler Fehler. Denn die Berufung auf den spezifischen Charakter spezifischer Theorien ist für die Frage nach der Existenz allgemeingültiger logischer Prinzipien irrelevant. Schon zur selben Zeit am selben Ort – etwa an der mittelalterlichen Sorbonne – entwickelte Logiken können sich in einzelnen Hypothesen widersprechen. Auch die Argumente, dass etwa „die buddhistische Logik" ein Teil größerer und vor allem pragmatischer Kontexte sei, während die aristotelische Logik „theoretischen" und „isolierten" Charakter besitze, und dass ein Wort wie „Logik" erst spät in Asien gebräuchlich geworden sei und deshalb vorher dort kein Logikkonzept existiert haben könne, sind irrig. Denn auch die aristotelische Logik war mindestens bis ins 18. Jahrhundert Teil entsprechender Kontexte. Und das Wort „Logik" wurde wohl erst im 12. Jahrhundert zur Bezeichnung von isolierten (aristotelischen) Theorien logischer Konsistenz und Schlussfolgerung. Aber welcher Komparatist, der sich gegen die Anwendung des Terminus Logik auf Ausschnitte etwa der buddhistischen Begründungstheorie (skt. *hetuvidyā*, chin. *yingming*, jap. *immyō*) verwahrt, weigerte sich, diesen Ausdruck auf Ausschnitte des Aristotelischen *Organons*, des „Werkzeugs", zu beziehen?

3. Weitere, insbesondere für die Arbeiten Suzuki Daisetz' (1870–1966) [z.B. 1990] charakteristische Fehler im Umgang mit Termini und Konzepten wie Logik sind Kategorienkonfusion, fehlerhafte Exemplifizierung und Übergeneralisierung. Suzukis Konfrontation von Zen und „westlicher Logik" ist schon im Ansatz fragwürdig. Denn sie entspricht einem Vergleich zwischen Reisbrei (einer bestimmten Art von Zen) und Zahnstochern (einer spezifischen Theorie der Logik), gleicht der Identifikation des in einer Gegend üblichen Reisanbaus (einer bestimmten Art von Zen) mit der dort verbreiteten Landwirtschaft (Getreide, Obst, Gemüse usw.) überhaupt und ähnelt in ihrer Form der These, dass die spezifischen Eigenschaften von Reis (besagtem Zen) allen Pflanzen (sämtlichen philosophischen und intellektuellen Schulen und Strömungen Japans, ja „des Ostens") zukämen. Dass der Einfluss von Suzukis Schriften in professionell mit Philosophie aus Asien befassten Kreisen im deutschsprachigen Raum seit etwa 1990 zurückgeht, ist einer mittlerweile entschiedenen Kritik (etwa seitens Dale 1986, Paul 1987, Heisig/Maraldo 1994, Lopez 1995, Hubbard/Swanson 1997 und Victoria 1997) an seinen Auffassungen zu verdanken, die Jahrzehnte geradezu tabu schien. All diese Untersuchungen schließen i. Ü. auch kritische Auseinandersetzungen mit Nishida Kitarō (1870–1945) und der Kyōto-Schule ein.

Zu den method(olog)ischen Grundregeln der Interkulturellen Philosophie und philosophischen Komparatistik sollten also die Prinzipien gehören, **Method(olog)ische Grundregeln I**

1. Gemeinsamkeiten festzustellen und explizit zu machen,
2. Unterschiede zu identifizieren, zu beschreiben und zu erklären,
3. Vorurteile auszuräumen,
4. Mystifizierungen, Exotismus und Exotik zu vermeiden und dabei
5. von der Existenz allgemeingültiger formallogischer Gesetze auszugehen,
6. nur „Gleiches mit Gleichem" zu vergleichen, das heißt Kategorienfehler auszuschließen,
7. Übergeneralisierungen zu vermeiden und
8. begrenzte Erscheinungsformen einer philosophischen Kultur nicht als das Ganze dieser Kultur zu betrachten oder gar auszugeben (Zen nicht mit „östlicher Philosophie" zu identifizieren).

Allgemeingültigkeit des Kausalitätsprinzips

4. Des Weiteren ist von der Allgemeingültigkeit des Kausalitätsprinzips zumindest als heuristischen Erkenntnisprinzips auszugehen. Grotesk ist dagegen die (etwa von Pörtner/Heise 1995: 20 ff. vertretene) Behauptung, die japanische oder östliche Philosophie gehe von einem Prinzip des unzureichenden Grundes aus, messen doch (wie z.B. auch von mir 1999b zu zeigen gesucht) die meisten Schulen des philosophischen Buddhismus dem Kausalitätsprinzip geradezu überragende Bedeutung bei. Die Rede ist selbstverständlich nicht von verstiegenen spezifischen Formulierungen des Kausalitätsprinzips, sondern von Überzeugungen, die sich in Erkenntnissen wie der Einsicht äußern, dass es nass wird, wenn es regnet, dass Wasser heiß wird, wenn man es kocht, und dass jedes Leid seine Ursache hat usw.

Anthropologische Konstanten

5. Auch anthropologische Konstanten wie die von Kulturrelativisten als uninteressant bezeichnete Eigenschaft, dass alle Menschen zwei Hände haben, können für Vergleiche wichtig werden.

Von fundamentalen Übereinstimmungen und Unterschieden – wie etwa der Unterschiedlichkeit einzelner menschlicher Sprachen – abgesehen, ist es freilich gar nicht so einfach, wirklich wichtige Gemeinsamkeiten und Differenzen auszumachen und darzustellen. Denn rein logisch betrachtet, lassen sich stets Gemeinsamkeiten und Unterschiede behaupten. Wie erwähnt, kann man selbst dann zwei Hühnereier unterscheiden, wenn kein Hahn danach kräht. Andererseits können an sich lächerliche Unterschiede auch wichtig genommen werden. So stellt Swift in „Gullivers Reisen" dar, wie es über die Frage, ob Eier am spitzen oder stumpfen Ende aufzuschlagen seien, zum Bürgerkrieg kommt. Deshalb sei noch einmal betont: Beiträge zur Komparativen Philosophie sollten erklären, warum sie bestimmte Sachverhalte als Gemeinsamkeiten oder Unterschiede namhaft machen. Insbesondere sollten sie, und auch das sei bewusst wiederholt, begründen, warum und in welcher Hinsicht es sich um Erscheinungen handelt, die so wichtig sind, dass sie die ausdrückliche Rede von Übereinstimmungen und Differenzen rechtfertigen.

Begründungsbedarf bei der Feststellung von Unterschieden und Gemeinsamkeiten

Damit ergeben sich als weitere methodische Regeln philosophischer Komparatistik:

Method(olog)ische Grundregeln II

9. die universale Gültigkeit des alltäglich-pragmatischen Kausalitätsprinzips als zumindest heuristisch-pragmatisches Prinzips anzuerkennen,
10. sich an der Existenz anthropologischer Konstanten zu orientieren und
11. die Identifizierung (Auswahl, Namhaftmachung, Charakterisierung) bestimmter Sachverhalte (Fragen, Probleme, Methoden, Philosopheme etc.) als Gemeinsamkeiten oder Unterschiede explizit zu begründen, insbesondere aber eine explizite Erläuterung der Relevanz dieser Identifizierung zu formulieren.

Der wichtigste Sonderfall der methodischen Regel der Identifizierung und Explikation von Gemeinsamkeiten und Unterschieden ist die Beantwortung der Frage, ob in einen Vergleich ein und derselbe Philosophiebegriff eingehen bzw. ob ein Vergleich von einem ganz bestimmten Philosophiebegriff geleitet werden darf. In einer ihrer elementaren Formen besitzt diese Frage die Gestalt, ob eine „fremde" Kultur, Schule, ein „fremdes" System oder ein „fremder" Text überhaupt Philosophie ist oder als philosophisch bezeichnet

Wahl und Explikation eines Philosophiebegriffs

werden sollte. Oft ist damit auch eine implizite Warnung vor Ethno- oder Kulturzentrismus im Spiel. Generell gesagt, sollte man jede komparative Studie mit einer Explikation des Philosophiebegriffs einleiten, den man benutzt. Dies dient nicht nur der Verständlichkeit. Eine solche Explikation kann auch heuristischen Charakter besitzen und zur Klarheit beitragen. Gerade sie erlaubt es nämlich, auszumachen, ob ein bestimmter Philosophiebegriff – eben der eingeführte Philosophiebegriff – auch dann treffend ist, wenn man tatsächlich über eine andere Kultur spricht, oder, falls nicht, festzustellen, ob er zu eng, zu weit oder überhaupt problematisch ist. Dabei lassen sich dann die Probleme meist recht deutlich fassen. Wie dargelegt, wird hier von einem Begriff ausgegangen, demzufolge Philosophie (selbst)-kritische, an logischer Konsistenz und allgemeiner Erfahrung orientierte argumentative Auseinandersetzung mit Problemen ist, die für uns Menschen wichtig sind. Diese Probleme sind bekannt und werden wohl stets in mancher Hinsicht offen bleiben. Kants zusammenfassende Fragen sind zitiert. Andere Formulierungen wichtiger Fragen sind: Hat die Welt einen Anfang? Hat das Leben einen Sinn? Und wenn ja, worin liegt er? Diese Fragen stellten und stellen sich Menschen aller Kulturen. Wie ebenfalls angesprochen, sind sie keinesfalls ausschließlich philosophischen Charakters. Sie können auch aus mythischer, religiöser und theologischer Perspektive formuliert sein. Aber wenn man überhaupt in instruktiver Weise von Philosophie reden will, dann muss man Philosophie von ähnlichen oder ähnlich scheinenden Disziplinen unterscheiden. Und dieser Unterschied lässt sich eben am besten als methodologischer Unterschied fassen: in dem spezifisch kritisch-rationalen Moment, das als distinktives Merkmal der Philosophie und des Philosophierens bezeichnet werden kann.

Selbstverständlich ist nicht auszuschließen, dass ein Beitrag zur Komparativen Philosophie zur Korrektur des angesetzten Philosophiebegriffs führt. Dies hängt eben davon ab, wie relevant die in Vergleichen identifizierten übereinstimmenden und unterscheidenden Merkmale sind. Wie man sich nach der Entdeckung großer schwarzer Vögel, die bis auf ihre Farbe in Allem den bekannten weißen Schwänen glichen, dafür entschied, Weißheit nicht länger als notwendiges Merkmal von Schwänen einzustufen, und damit den geltenden Schwan-Begriff zu erweitern, so mag die in der Auseinandersetzung etwa mit chinesischen Texte gewonnene oder gefestigte Erkenntnis, dass Philosopheme sich in der Tat auch in lyrischer Form artikulieren lassen, dazu führen, den Streit um das Philosophische oder Nicht-Philosophische der philosophischen Gedichte Schillers ein für alle Mal zu begraben – und d. h. auch so manch implizites Argument als Argument gelten zu lassen.

Aber verfährt man nicht ethno- oder kulturzentrisch, wenn man in seinen Vergleichen von dem umrissenen Philosophiebegriff ausgeht? Kaum. Denn auch in indischen und sinoasiatischen Kulturen finden sich genug Philosophien, die ihm gerecht werden. Erinnert sei lediglich an die Ontologien zahlreicher scholastischer buddhistischer Schulen, die Bewusstseinsphilosophie des *Vijñaptimātratā* oder der *Hossō-shū*, die buddhistischen Begründungstheorien, an mohistische Ethiken, an Xunzis (313?–238?) Sprachphilosophie und ähnliche Theorien. Erweist sich ein relativ enger Philosophiebegriff als anwendbar, so gilt dies natürlich erst recht für weitere

Philosophiebegriffe, denen zufolge z. B. philosophische Erkenntnis auch – wie im Einzelnen auch immer verstandene – intuitive Erkenntnis sein kann.

Generell ist die Sorge, ethnozentrisch oder kulturzentrisch und damit unsachlich vorzugehen, schlecht begründet. Sie ist zwar verständlich. Komparative und Interkulturelle Philosophie sollte in der Tat keine Fortsetzung von Imperialismus, Kolonisation und Mission sein, und sei diese Fortsetzung auch noch so milde oder raffiniert. Aber das heißt nicht, dass transkulturelle Kritik unmöglich oder verboten wäre. Man braucht nur drei Regeln zu beachten.

Vermeidung von Kultur- und Ethnozentrismus

(a) Kritisiert man Philosophien einer anderen Kultur, so sollte man ähnliche Philosophien der eigenen Kultur ebenfalls kritisieren.

(b) Zweitens sollte man Vertreter der anderen Kultur referieren oder zitieren, die die fragliche Philosophie genauso kritisieren wie man selbst. Wegen des Reichtums philosophischer Kulturen ist dies kein Problem. Oft finden sich Beispiele viel schärferer Kritik, als man selbst sie zu äußern gewillt ist. So kritisierte Dai Zhen (1724–1777) die *lixue*, die auf Zhu Xi zurückgehende „Schule des Prinzips", nach der alles Seiende und Gute letztlich *li* sein soll, wohl entschiedener als jeder westliche „Rationalist". Ihm zufolge entzieht sich der Begriff *li* jeder intersubjektiven Erkenntnis und unterliegt in seinen (willkürlichen) Bestimmungen der Interpretationshoheit herrschender Eliten, die ihn deshalb sogar zur ideologischen Rechtfertigung von Mord nutzen können. Sie können bestimmen, wer schlecht und uneinsichtig ist und gegebenenfalls den Tod verdient.

(c) Drittens kann der Vorwurf des Ethno- und Kulturzentrismus höchst problematisch sein, ja einen performativen Widerspruch einschließen. Behauptet etwa ein Europäer, ein Asiate könne die europäische Kultur gar nicht treffend beurteilen, weil er als Asiate zwangsläufig aus asiatischer Perspektive und damit voreingenommen und parteiisch urteile, so sagt der Europäer damit im Allgemeinen auch, dass sein eigenes Urteil von vornherein verfehlt sei, wird es doch aus europäischer Sicht über Asiatisches abgegeben.

Das Verstehen fremder Kulturen

Es lohnt sich, dieser Problematik an ein paar Beispielen weiter nachzugehen. Selbst extreme Behauptungen wie „Nur Japaner können Japan verstehen" oder „Nur, wer Zen praktiziert, kann Zen verstehen" sind keine Seltenheit. Der Sinologe Wolfgang Kubin (1999) führt das Schema mit der rhetorischen Frage *ad absurdum*, ob nur die Nazis Nazis verstehen können bzw. verstehen konnten. Er bezieht sich dabei auf Chinesen, die Europäern die Kompetenz absprechen, über chinesische Wertvorstellungen und Kultur zu urteilen, und zwar weil sie einer anderen Kultur angehörten. Selbstverständlich schließt das Grundmuster einen performativen Widerspruch ein. Denn wenn ein Chinese über einen Fremden sagt, er sei unfähig, ihn bzw. Chinesisches zu verstehen, dann müsste er (der Chinese) auch unfähig sein, dies überhaupt festzustellen. Warum sollte dann ein Chinese noch Germanist werden (wollen)? Es sei denn, einem Chinesen eignete, aus welchen Gründen auch immer, größere transkulturelle Kompetenz als einem „Westler".

Muss man also an der heiligen Eucharistie der römisch-katholischen Kirche teilgenommen haben, um Jesu' Verwandlung von Brot und Wein in Jesu' Leib und Blut verstehen zu können? Schreien, um einen Schrei zu verstehen? Morden, um einen Mord zu verstehen? Können nur Nazis Nazis verstehen? Muss man Kaffee getrunken haben, um zu wissen, wie Kaffee schmeckt?

Gilt also ganz allgemein die Regel (R), dass nur Teilnehmer einer Tradition oder Praxis in der Lage sind, diese Tradition oder Praxis zu verstehen? Muss man selbst bestimmte Handlungen vollzogen haben, um sie verstehen zu können? Kaum. Zwar dürfte niemand bestreiten, dass man in der Tat einmal Tee getrunken haben müsse, um zu wissen, wie er schmeckt. Aber viele verstehen sogar einen Mord. Sie können Situation, Motive und Art und Weise der Durchführung nachvollziehen, ohne je selbst einen Mord begangen zu haben, und auch viele Gerichtsverfahren gehen davon aus, dass dies möglich sei.

Bei R handelt es sich also um kein allgemeingültiges Prinzip. Aber für welche Praktiken und Handlungen gilt R, und für welche nicht? Für Zen? Aber nicht für die Eucharistie? Und für kein islamistisches Kopftuch-Gebot? Die Problematik wird durch folgenden Sachverhalt verschärft. Geht es bei den entsprechenden Praktiken und Handlungen um heilsrelevante oder religiöse Verhaltensweisen, so können sie für die Handelnden von großer existenzieller Relevanz sein. Was, wenn ein Zen-Übender an keiner Eucharistie und ein römisch-katholischer Christ an keiner Zen-Übung teilnehmen will *oder darf*? Verstehen sie dann nie, was Zen und was katholischer Glaube ist? Und falls sie es nie verstehen können, bliebe ihnen dann im besten Fall etwas anderes als blinde Toleranz? Das allein würde ihre Überzeugung, dass nur die Teilnehmer einer Tradition diese Tradition verstehen könnten, noch von einer fundamentalistischen Haltung unterscheiden. Adäquate Argumentationsmöglichkeiten jedenfalls würden von beiden Seiten ausgeschlossen. Und was, wenn ein „Zennist" immer wieder an Eucharistie-Feiern teilnimmt und nichts versteht? Oder umgekehrt? Bestehen überhaupt Falsifikationsmöglichkeiten?

Wie ist es zu beurteilen, wenn nur der, der Zen praktiziert, Zen verstehen kann, und andererseits aber jeder, der es jahrelang ernsthaft versuchte, aber nichts verstand, ja, jemand, der dabei zu dem Ergebnis kam, dass die Übungen sinnlos seien, einfach „versagt" hätte? Bliebe da in der Tat nicht nur blinder Glaube?

Natürlich hängt eine Einschätzung auch davon ab, was jeweils mit „verstehen" gemeint ist. Im Zen, so mag ein philosophisch eingestellter Anhänger erläutern, gehe es letztlich um eine Erleuchtung und damit um eine Erfahrung, die sich einer Beschreibung entziehe. Diese Erfahrung sei nicht an schulmäßige Übungen gebunden, sondern bestehe eher in der Haltung, sich bei allen täglichen Verhaltensweisen (liegen, stehen, gehen und sitzen ...) „der grundlegenden Realität voll bewusst zu sein". Und in Abwehr der Zumutung „blinden Glaubens" mag er an das bekannte Zen-Wort erinnern: „Triffst du unterwegs (einen) Buddha, so töte ihn".

Die Beispiele sollen Folgendes illustrieren. Bestimmte – fälschlicherweise – für allgemeingültig gehaltene Regeln, dass nur Teilnehmer einer Praxis diese Praxis verstehen könnten, bieten keine akzeptable Möglichkeit, Ethno- oder Kulturzentrismus zu vermeiden. Sie sind nicht nur logisch und empirisch problematisch, sondern überdies moralisch inakzeptabel. Außerdem können sie in – jedenfalls unphilosophischen – Irrationalismus münden. Das Beispiel Zen zeigt freilich auch, dass sorgfältig zu differenzieren ist. Schulgerechte Übungen – „Sitzungen" etwa – sind von einem Zen zu unterscheiden, der womöglich nur in einer tagtäglich selbstkritischen, reflektierten und infolge dessen schließlich habituell souveränen Lebensführung besteht. Soweit die Überlegungen, die diese Art Zen oder Lebensführung bestimmen oder ausdrücken, intersubjektiv diskutabel sind, und sei es auch nur in so genannter pragmatischer oder vorläufiger Form (wie sie insbesondere Nāgārjuna in seinen *Kārikā* 22:11 zulässt; vgl. meine Explikation 2004e: 49f.), sind sie Philosophie. Ob das freilich für eine Erleuchtung gilt, die mehr sein soll, als Befreiung von Leiden, ist fraglich. Gewiss prägt der eigene Lebenskontext. Entscheidend ist jedoch, dass kein Handeln auf einen bestimmten Lebenskontext reduziert werden kann, es sei denn, man sehe jeden Menschen und jede Situation als im strengsten Sinn einmalig an.

Auf die Problematik, ja letztliche Undurchführbarkeit eines solchen Ansatzes ist an geeigneterer Stelle (S. 41) zurückzukommen. Wie zu zeigen versucht, vermag zudem keine Übereinstimmung mit einer Tradition oder mit Merkmalen dieser Tradition – als solche – ein Denken und Handeln zu rechtfertigen. Dazu sind notwendiger Weise letztlich stets traditionsexterne Kriterien erforderlich.

Externität der Kriterien zur Bewertung einer Kultur

Im Übrigen aber gewinnen Ausführungen über Philosophiebegriffe, Ethno- und Kulturzentrismus signifikant an Klarheit, wenn statt von europäischer, westlicher, griechischer oder chinesischer Philosophie etwa von *in Europa* oder *in China* entwickelter Philosophie gesprochen wird. Der Ausdruck „deutsche Philosophie" erinnert in fataler Weise an den Ausdruck „deutsche Physik". Spricht man von griechischer Philosophie, so läuft man Gefahr, die Existenz eines griechischen Wesens zu insinuieren, das für den einzigartigen Charakter griechischer Philosophie verantwortlich sein soll. Ähnlich problematisch sind Vergleiche, die sich solch weiter Ausdrücke wie „Ost" und „West" bedienen. Das ist bereits angesprochen. Freilich sollte man nicht päpstlicher als der Papst oder beckmesserisch sein. Hat man einmal erläutert, was man mit „europäischer Philosophie" meint, so mag man die Wendung als Abkürzung benutzen. Ohne solch eine Möglichkeit würde manche Darstellung unzumutbar umständlich.

Philosophische Komparatistik sollte also auch folgenden Anforderungen genügen:

Method(olog)ische Grundregeln III

12. den ihr zugrunde liegenden oder sie leitenden Philosophiebegriff zu explizieren,
13. Ethno- und Eurozentrismus zu vermeiden, indem sie
    (a) an Philosophien aus einer anderen Kultur prinzipiell nur das kritisiert, was sie an Philosophien aus der eigenen Kultur kritisiert,
    (b) eine der eigenen Kritik vergleichbare interne Kritik aus der anderen Kultur wiedergibt,
    (c) auf die Symmetrie und Unzulässigkeit (pragmatische oder performative Selbstwidersprüchlichkeit) bestimmter Ethno- und Kulturzentrismus-Vorwürfe hinweist, und
14. Ausdrücke wie „deutsche Philosophie" und „Ost" und „West" nur als Abkürzungen für „in Deutschland entwickelte und/oder formulierte Philosophie" oder „in Asien (und/oder in einer asiatischen Sprache) formulierte Philosophie" verwendet.

Die 13. Regel ist dabei noch um eine Komponente (d) zu erweitern. Und bei entsprechenden Voraussetzungen empfiehlt sich zudem eine Ergänzung um eine zusätzliche Komponente (e).

Soweit möglich und sinnvoll, sollten (d) zentrale Begriffe der jeweils thematisierten Kulturen und Philosophien auch in der Originalsprache eingeführt und entsprechend erläutert werden. Dabei sollte man auch deren Schrift oder doch diakritische Zeichen verwenden. Deutsche Leser goutieren es auch nicht, wenn sie statt „äsen" und „Düssel" stets „asen" und „Dussel" lesen. Das heißt ganz und gar nicht, wie viele Heideggerianer über Heidegger nur im Heideggerschen Jargon zu reden; erbringt doch so etwas kaum nennenswerten Erkenntnisgewinn. Um festzustellen, dass jemand schreit, braucht man in der Tat nicht selbst zu schreien. Konsequent zu Ende gedacht, führt die oft geäußerte Forderung, einen Text „selbst" oder „für sich selbst sprechen" zu lassen und keinen – wie man meint, als solchen entstellenden – ihm fremden („westlichen") Kategorien zu unterwerfen, auf die Norm, nur zu rezitieren. Wie schon Wimmer (2004: 20) ironisch anmerkt, wären dazu prinzipiell auch Papageien fähig. Zu weit geht auch die Forderung, auf Übersetzungen und Sekundärliteratur zu verzichten, wenn man sich ein akzeptables Bild machen wolle. Selbst der radikalste nicht-chinesische Sinologe tut dies nicht, und schon gar kein Kulturwissenschaftler, der so genannte Kommentare wie chinesische Studien über das *Lunyu*, die Konfuzius zugeschriebenen „Gesammelten Worte", nutzt, um das *Lunyu* zu „verstehen". Und kein deutscher Goethe-Spezialist würde auch nur einer Diskussion für würdig befunden, wenn er die einschlägige Sekundärliteratur nicht verwertete. Er würde als inkompetent und überheblich gelten. In der Tat sollte man nicht versuchen, das Rad neu zu erfinden.

Soweit möglich *und sinnvoll*, ist eine Orientierung an Originaltexten bzw. einschlägigen kritischen Ausgaben ohnehin wünschenswert. Das gilt insbesondere, wenn man eine wichtige Interpretation durch einen Stellenhinweis oder ein Zitat belegen will. Um die Gültigkeit einer in einem Text formulierten Hypothese angemessen erörtern zu können, muss man sie ja zunächst angemessen verstanden haben. Dies ist *prima facie* am besten möglich, wenn man sich (auch) mit der Originalfassung auseinandersetzt.

Dies darf nicht missverstanden werden. Oft fehlen die Sprachkenntnisse, um sich mehr als die Schlüsselbegriffe einer fremdsprachigen Philosophie anzueignen. Das gilt bereits, wenn wir uns auf Auseinandersetzungen mit im europäischen Raum entwickelten Philosophien „beschränken". Ja, letztendlich dürfte jeder umfassendere Versuch interkulturellen Philosophierens Texte einbeziehen, die man nicht im Original lesen kann. Deshalb jedoch auf ein eigenes Engagement zu verzichten, wäre falsch. Wie unten (S. 93) ausgeführt, sprechen zumindest Plausibilitätserwägungen gegen einen solchen Verzicht. Freilich sollte man sich dann möglichst vieler vorhandener Übertragungen bedienen. Selbst wenn man der fraglichen Originalsprache nicht mächtig ist, wird man nämlich oft gut begründete Vergleiche anstellen können. Selbstverständlich ist auch, dass einschlägiger Sekundärliteratur dann zusätzliche Bedeutung zukommt.

Im Übrigen gilt freilich auch für die Interpretation eines fremdsprachigen Texts Entsprechendes wie für die eines Textes der eigenen Sprache. So wird man z.B. das *principle of benevolence* anwenden und davon ausgehen, dass der Text Sinn macht – was auch erneut die Annahme einschließt, dass er in irgendeiner Weise an Gesetzen der Logik orientiert ist. Außerdem wird man (wie angedeutet) bereits vorliegende Interpretationen zu Rate ziehen – also *unbedingt* auch Übersetzungen. Und schließlich wird man sich um eine möglichst umfassende und detaillierte Kenntnis des Kontexts bemühen, in dem der Text entstand. Dazu können biographische, psychologische oder etwa soziopolitische Faktoren gehören. In der Hauptsache aber sollte man sich so weit wie möglich mit der Philosophie bzw. der Philosophiegeschichte der fraglichen Kulturen vertraut machen. Freilich setzen Pragmatik und Naturgesetzlichkeit (!) auch all dem ihre Grenzen, und so sollte man sich der Lückenhaftigkeit, Unabgeschlossenheit und Vorläufigkeit Interkultureller Philosophie um so selbstkritischer bewusst bleiben. Aber die Alternative wäre eben: „es überhaupt zu lassen". Im Übrigen ließe sich noch Manches hinzufügen, doch dürfte das Fazit so oder so klar sein:

Method(olog)ische Grundregeln IV

13(d) Soweit möglich und sinnvoll, sind Schlüsselwörter *(keyterms)* der jeweiligen Texte auch in der Originalsprache anzugeben. Dabei sind sie zu erklären. Dies darf freilich weder zu Tautologien noch zu unverständlichem Bramarbasieren führen. Die erklärende Sprache muss sich hinreichend von der Sprache des zu Erklärenden unterscheiden. Bei aller Orientierung an Originalen kann und darf auch auf eine kritische Nutzung von Übersetzungen und Sekundärliteratur – insbesondere philosophischer Texte – nicht verzichtet werden. Generell gilt für das Verstehen bzw. die Interpretation fremdsprachiger Texte dasselbe wie für den Umgang mit Texten eigener Sprache, so vor allem die Anwendung des *principle of benevolence* und die Inanspruchnahme möglichst vieler einschlägiger externer (transeunter) Informationen (wie sie nicht zuletzt kommentierte Übersetzungen bieten).

Damit zu der angesprochenen zusätzlichen Komponente 13(e). Sie kann dann ins Spiel gebracht werden, wenn dem Vorwurf eines bestimmten Kultur-Zentrismus, z.B. eines Eurozentrismus in der Interpretation einer Kultur K oder eines Bereichs dieser Kultur ein Beispiel einer Interpretation von K oder des fraglichen Bereichs durch Vertreter einer nicht-europäischen, z.B. der japanischen Kultur, entgegen gehalten werden kann. Ein einfaches Exempel soll dies illustrieren. Wird etwa die Behauptung, die „chinesische" Kultur sei im Großen Ganzen genau so „rational" wie die „europäische" als eurozentrischer Logozentrismus zu diskreditieren versucht, so kann man darauf hinweisen, dass einige der einflussreichsten Gelehrten Japans über Jahrhunderte hinweg „chinesische" Kultur als geradezu extrem rational auffassten. Ich habe diesen Sachverhalt in einer Studie (2006b) nachgezeichnet. Selbst wenn die „europäische" Einschätzung „chinesischer" Rationalität also verfehlt sein sollte: Ergebnis eines Eurozentrismus wäre sie nicht. Auch Interpretationen bestimmter buddhistischer Richtungen als rationaler atheistischer Philosophien werden mitunter als eurozentrisch bezeichnet. Aber viele „asiatische" Buddhisten charakterisierten buddhistische Überzeugungen, nach denen dem *nirvāṇa* keinerlei Existenz zukomme, als „nihilistisch" – und damit in durchaus vergleichbarer Weise wie die angeblichen Eurozentriker.

Spezifische methodische Regeln

Für einzelne Teildisziplinen wie die Komparative Logik und die Komparative Ethik gelten weitere, spezifischere methodische Regeln. So sei daran erinnert, dass in der Komparativen Logik zwischen (1 a) formallogischen und (1 b) materialen Strukturen und Prinzipien zu unterscheiden ist.

Die wichtigsten spezifischen methodischen Prinzipien der Komparativen und Interkulturellen Ethik sind die Unterscheidung von Sein und Sollen (und die Vermeidung naturalistischer Fehlschlüsse, der Schlüsse vom Sein aufs Sollen) sowie die Unterscheidung zwischen Genesis und Geltung. Man mag kontextualisieren und historisieren, wie man will: Sowenig aus der *bloßen Tatsache*, dass ich Fahrrad fahre, folgt, dass dies gut ist und ich auch in Zukunft Fahrrad fahren sollte, so wenig folgt aus der *bloßen Tatsache*, dass in einer bestimmten Kultur eine spezifische moralische Tradition besteht, dass dies gut ist und dass diese Tradition fortbestehen sollte. Und so wenig die Gültigkeit des Satzes des Pythagoras davon abhängt, dass ihn Pythagoras zur Zeit Z am Ort O formulierte, so wenig ist etwa eine moralische Norm deshalb gültig, weil sie von P und aus der Epoche E der Kultur K stammt. Ohne in die Details gehen zu müssen, heißt dies jedenfalls, dass prinzipiell nie ausgeschlossen werden kann, dass eine kulturelle Tradition *nicht* erhaltenswert ist, und sei diese Tradition noch so alt und mächtig.

Wer an kulturellen Besonderheiten interessiert ist, mag sich fragen, wieweit eine Methodologie, wie sie mit den Regeln 1 bis 14 und den zwei Regeln komparativer Ethik skizziert ist, auch spezifischen Differenzen gerecht zu werden vermag. So sei daran erinnert, dass die Aufgabe, *Unterschiede* auszumachen und sie zu beschreiben und zu erklären, Teil der Methodologie ist. Sofern eine Erklärung freilich die Gründe (Ursachen, Motive, Prämissen usw.) für spezifische Differenzen angibt, entzaubert sie sozusagen diese Differenzen. Wir verstehen dann nämlich, warum etwas anders ist. Von der „fremden" Philosophie bleibt nichts Mysteriöses übrig. Ist man einmal nicht in der Lage, etwas zu erklären, so sollte man dies schlichtweg eingestehen. Kann man einen physikalischen Vorgang nicht erklären, so orakelt man ja auch nicht herum. Insbesondere spricht man nicht von etwas „ganz Anderem" oder fordert eine „ganz andere" Physik. Man räumt lediglich ein, dass man den Vorgang nicht oder noch nicht (völlig) begreift. Warum sollte man in der Komparativen oder Interkulturellen Philosophie anders verfahren?

Im Übrigen besteht das Maß der Unterschiedlichkeit, die ein Beitrag zur Interkulturellen Philosophie feststellt, kaum in allgemeineren begriffslogischen Differenzen und nie in einer unterschiedlichen Gültigkeit (Wahrheit, Trefflichkeit) der jeweils thematischen Hypothesen. Es besteht vielmehr in der Relevanz, die diesen Begriffen und Thesen in unterschiedlichen historischen, soziopolitischen und religiösen Kontexten zukommt oder zugesprochen wird, und in der Glaubwürdigkeit, Akzeptabilität und Überzeugungskraft, die sie in diesen Kontexten besitzen. Das heißt, es besteht in *nichtphilosophischen* Aspekten.

Merkmale der Relevanz kultureller Unterschiede

Diese nicht-philosophischen Aspekte sind für unser alltägliches Leben im Allgemeinen wichtiger als Fragen der Gültigkeit und insbesondere der logischen Konsistenz. So wird begreiflich, dass, wer seine Analysen und Wertungen auf Philosophie und dann gar noch auf systematische Philosophie einschränkt, auf Unverständnis und empörten Widerstand stoßen kann. Er erscheint als jemand, der gerade das Lebenswichtige vernachlässigt und damit in einem wortwörtlichen Sinn als weltfremd. Er scheint kein Verständnis für das aufzubringen, was Menschen bewegt.

Dass es vor allem *nicht-philosophische* Faktoren sind, die immer wieder dazu veranlassen, in Komparatistik und Interkultureller Philosophie von kulturell bedingten und kulturspezifischen Philosophien zu reden, ist auch dafür verantwortlich, dass die umrissene Methodologie der Identifikation philosophischer Differenzen abträglich *scheint*. Sie ist es, wie gesagt, nicht; denn gerade präzise Begrifflichkeit – ein genaues Maß sozusagen – ermöglicht die Feststellung von Abweichungen.

Aber wären nicht zumindest Prinzipien wie die (etwa von Pörtner/Heise 1995: 4f. artikulierte) Überzeugung, dass „die japanische Philosophie" nur aus dem Ganzen der japanischen, ja der östlichen Kultur heraus zu verstehen sei, anzuführen? Oder die heuristische Regel, der zufolge man davon ausgehen müsse, dass jede Philosophie Funktion der Sprache sei, in der sie formuliert ist? Beide Prinzipien sind fragwürdig. Holistische oder auch nur annähernd holistische Ansätze sind aus zahlreichen Gründen undurchführbar. Und worin sollten die *relevanten* Unterschiede einer Erkenntnis liegen, die sämtliche Kulturen, Sprachen, Regimes, Dynastien, Religionen „des Ostens", aber nicht die „des Westens" einbezieht? Schon Behauptungen über „die östliche Kultur" als Ganzes sind ja zwangsläufig so allgemein, dass sie in jeder wichtigen Hinsicht Behauptungen über menschliche Kultur überhaupt sein dürften. Doch auch der sprachliche Relativismus ist implausibel. Eine spezifische Sprachphilosophie mag Reflex der Sprachkultur sein, in der sie formuliert wurde. Aber das bereits zitierte Verbot „Du sollst nicht morden"? So ist lediglich zu fordern, von Fall zu Fall zu prüfen, wieweit ein philosophisches Konzept von einer spezifischen Sprache abhängt.

Problematik holistischer Ansätze

Problematik des sprachlichen Relativismus

Das Interesse am kulturell Besonderen

Das Interesse am kulturell Besonderen – eingeschlossen das Interesse am jeweils spezifischen Charakter einer Philosophie aus einer „anderen" Kultur – braucht freilich nicht oder nicht nur der Enttäuschung über die eigene Lebensform – wie z. B. der Abneigung gegen einen, freilich nur irrigerweise behaupteten, „westlichen" Logozentrismus – und einer entsprechenden Sehnsucht nach Alternativen oder einem Hang zu Exotik oder Esoterik zu entspringen. Es kann in der Tat sehr ernste Hintergründe haben, und dies ist auch häufig der Fall. Die angesprochenen Bedenken gegen einen „Kulturimperialismus" sind solch ein Motiv. Die wohl berechtigte Überzeugung, dass man niemand zu seinem Glück zwingen dürfe, kann es noch verstärken. Dazu mag das Gefühl kommen, in einem allzu allgemeinen, abstrakten, ja akademischen Bereich der Philosophie zu verbleiben. Immerhin soll es in der Interkulturellen Philosophie ja auch um wichtige ethische Fragen und letztlich um Perspektiven für ein friedliches, sinnvolles und menschenwürdiges Dasein eines jeden Menschen gehen. So steht es ihr wohl an, sich in der Tat auch auf primär politologische, soziologische, psychologische, religionswissenschaftliche, historische oder ökonomische Fragen einzulassen.

Kontextualisierung

Oft ist dann von einer Kontextualisierung die Rede: der Beschreibung, Analyse, Erklärung und Bewertung eines bestimmten Sachverhalts, Textes oder Ereignisses im Zusammenhang der jeweiligen Situation. Auch darauf wird zurückzukommen sein. Eine solche Vorgehensweise stärkt jedenfalls Überzeugungskraft und Glaubwürdigkeit eines interkulturellen Ansatzes. Sie dokumentiert das Interesse am konkreten Menschen. Ungeachtet der oben formulierten Einschränkungen ist sie jedoch auch sachlich bedingt und hat dann auch wichtige (meta)philosophische Implikationen. Erst Kontextualisierung mag das treffende Verstehen eines Philosophems ermöglichen. Zudem kann gerade eine Kontextualisierung die Auffassung bestätigen, dass es sehr wohl allgemeingültige ethischen Regeln oder allgemeinen Züge allen Philosophierens überhaupt gebe. Dies ist insbesondere dann der Fall, wenn – wie fast ausnahmslos zu erwarten – im aufgedeckten mikroskopischen Kontext ersichtlich wird, dass eine bestimmte Philosophie gerade *nicht* exemplarisch für die Situation ist, in der sie entstand, da zugleich und sozusagen in der Nachbarschaft auch gegensätzliche Philosophien existierten. Auch der *Hexenhammer* und Friedrich von Spees Verurteilung der Folter in seiner *Cautio criminalis* existierten ja nebeneinander. Wie (1988a und 2006b) zu zeigen versucht, enttäuschen gerade detaillierte Kontextualisierungen die Hoffnung, einzigartig Kulturpezifisches namhaft zu machen. Natürlich kann man jedes Beispiel bis zur Vereinzelung kontextualisieren, d.h. logisch gesehen, spezifizieren. Aber dies dürfte dann so gut wie stets der erwähnten Unterscheidung von Hühnereiern vergleichbar sein. Als allgemeine Regel wäre so eine Norm ohnehin nicht brauchbar. Denn dann bestünden nur noch individuelle Entitäten nebeneinander. Nicht eine Verallgemeinerung, nicht ein Allgemeinbegriff wären gestattet. Würde ein Mensch tatsächlich so denken und dann entsprechend handeln, könnte er nicht überleben.

Außerdem kann eine Kontextualisierung zeigen, dass es sich in bestimmten Fällen um eine Konfusion normativer und deskriptiver Probleme handelt, oder dass eine bestimmte philosophische Forderung in der Tat unsinnig, weil schlechthin unrealistisch war oder unrealistisch ist. Auch während Zeiten der Hexenverfolgung konnte Spee allgemeingültigen Regeln der Menschlichkeit folgen; bestimmte Verhaltensweisen haben jedoch in bestimmten Situationen zwangsläufig die eigene Hinrichtung zur Folge gehabt. Selbst dann bliebe freilich Schillers „Gedankenfreiheit". Generell gesagt, kann die Qualität eines philosophischen Argumentes außerdem von der Sachkenntnis anderer Disziplinen abhängen. So ergeben sich als weitere allgemeine Regeln:

Method(olog)ische
Grundregeln V

15. Interdisziplinarität und
16. Kontextualisierung wichtiger Beispiele.

5 Inhalte: Typen und exemplarische Beispiele Interkultureller Philosophie

5.1 Kulturgeographische Ansätze und „Große Kulturen"

5.1.1 Frühe philosophische Ansätze in Mesopotamien, Ägypten, griechisch-römischer Antike, Indien und China

Schon vor dem Jahr Null unserer Zeit entstanden Texte, die Vergleiche von Philosophemen aus zwei verschiedenen Kulturen einschlossen. Ja, man mag sich fragen, wieweit der 1259 v. u. Z. zwischen Hethitern und Ägyptern Frühe komparative vereinbarte Friedensvertrag (http://touregypt.net/peacetreaty.htm) transkul- Texte turelle philosophische Implikationen besaß. Jedenfalls war er auch durch Ideen der Gleichwertigkeit und einer entsprechenden Gerechtigkeit be- stimmt, die von beiden Vertragspartnern geteilt wurden. Und selbst der dip- lomatische Schriftverkehr, der bereits im 2. Jahrtausend v. u. Z. zwischen Staaten in Kleinasien, Mesopotamien und Ägypten stattfand, wäre daraufhin zu prüfen. Wegen seiner grundsätzlichen Relevanz wäre das Problem eine eigene Untersuchung wert. Allerdings dürfte der Philosophiebegriff dabei nicht überdehnt werden. Eher wäre eine negative Antwort in Kauf zu neh- men. Ein unstrittiges Beispiel für einen frühen Vergleich ist das *Milinda- pañha* (Nyanaponika 1995) aus dem 2. Jh. v. u. Z. Es beschreibt eine Diskus- sion zwischen einem hellenistischen König und einem indisch-buddhisti- schen Gelehrten. In ihr geht es um die Frage, ob es so etwas wie eine ewige unveränderliche Entität, eine Seele oder Substanz, gebe. Im Laufe der Jahr- hunderte wuchs die Zahl komparativer Texte. Zu ihnen zählen solch unter- schiedliche Schriftstücke und Werke wie chinesische Reiseberichte aus dem 5. bis 7. Jh. (Deeg 2005 und Xuanzang 1996), arabische Darstellungen indischer Kultur aus dem 11. Jh. (Halbfass 1981), jesuitische Briefe aus Ja- pan aus dem 16. Jh., kommentierte jesuitische Übersetzungen chinesischer Klassiker aus dem 17. Jh., Leibniz' Interpretationen chinesischer Philoso- phie und Wolffs Antrittsrede über chinesische Ethik aus dem 17. und 18. Jh. (Malek 1998, Leibniz 1979, 2006 und Wolff 1985). Interesse verdienen auch die Einschätzungen chinesischer Philosophie, die deutsche und euro- päische Philosophen unabhängig von der Jesuitenmission vornahmen (Roetz 1984, Hsia 1985, Lühmann 2003 und Lee 2003), sowie Äußerungen – etwa – deutscher Philosophen über indische Philosophie (Glasenapp 1960).

Seit ungefähr 100 Jahren schließlich existieren außerdem solch groß an- gelegte Versuche wie Deussens *Allgemeine Geschichte der Philosophie*. Die meisten Texte blieben und bleiben freilich auf Vergleiche von Philoso- phien oder Philosophemen nur zweier Kulturen beschränkt oder setzen doch entsprechende Schwerpunkte. Das hat vor allem zwei Gründe.

Einmal dürfte es nur wenig größere kulturelle Räume gegeben haben, in denen mehr oder weniger selbständig philosophische Traditionen entstanden oder sich wenigstens signifikante Tendenzen herausbildeten. Dazu gehörten – vielleicht seit dem 3. Jahrtausend v.u.Z. – Mesopotamien und Ägypten, seit dem 7. Jh. v.u.Z. das antike Griechenland – das freilich stark durch Ideen beeinflusst wurde, die aus dem Zweistromland und Ägypten kamen – sowie seit Ende des 2. Jahrtausends v.u.Z. „Indien" und „China". Zu den ältesten Texten, die vielleicht philosophische Relevanz besitzen, zählen die *Lehre des Ptahhotep* Ende des 3. Jahrtausends v.u.Z., mesopotamische Rechtskodizes aus dem 3. und 2. Jahrtausend, der *Kodex Hammurabi* (um 1700 v.u.Z.) und der bereits erwähnte Friedensvertrag. Im gegebenen Zusammenhang geht es dabei primär um die Frage, ob die Texte überhaupt Philosopheme artikulieren und erst in zweiter Linie darum, ob sie auch interkulturelle Vergleiche einschließen. Jedenfalls wären solche Texte einmal sorgfältig auf eventuelle philosophische Implikationen zu untersuchen.

Die ältesten philosophisch relevanten Texte

Dies dürfte übrigens nicht so schwierig sein, wie man vermuten mag. So existieren beispielsweise zahlreiche Übersetzungen der so genannten Weisheitslehren Alt-Ägyptens, zu denen auch der Ptahhotep zugeschriebene Text gezählt wird (wie die Übertragungen Bissings 1955 und Hornungs 1979). Bei den von Ägyptologen (wie Assmann 1975 und Hornung 1993) ausführlich und detailliert analysierten Hymnen Echnatons – oder, mit anderem Namen, Amenophis IV., reg. 1365–1348, – ließe sich fragen, wieweit der mit ihnen artikulierte universalistische Monotheismus einen argumentativ begründeten und insofern philosophischen Gottesglauben impliziert. Englischsprachige Übersetzungen des kompletten Hammurabi-Kodexes finden sich selbst im Internet. Erneut sei freilich betont, dass bei allem Interesse daran, philosophische Passagen früher Kulturen auszumachen, an einem Philosophiebegriff festgehalten werden sollte, demzufolge Philosophieren Kritik, Argumentation und Begründung einschließt. Eine wichtige Frage wäre dabei, wieweit Schreib-Materialien und -Techniken sowie soziopolitische Umstände zu impliziter Argumentation zwangen bzw. wieweit scheinbar einfach aneinandergereihte Behauptungen seinerzeit Zusammenhänge erkennen ließen und auf identifizierbaren Erfahrungen gründeten. Sind entsprechende Nachweise nicht möglich, so sollte man bei allgemeineren Begriffen wie „Denken" oder „Weisheit" oder Konzepten wie „Mythos" oder „Religion" bleiben. Besonders schwierig, wenn nicht gar sachlich verfehlt kann es sein, Philosopheme zu isolieren, die in religiösen Kontexten stehen. Man mache sich nur bewusst, wie ein solcher Versuch im Fall des Alten Testaments aussähe. Andererseits behauptet ein Ägyptologe wie Hornung (1993: 241): „Echnaton war gewiss kein ‚Schwärmer', sondern ein konsequenter Rationalist [! …] Weltfremd ist dieser Philosoph [!] auf dem Pharaonenthron sicher nicht gewesen". Solche fachwissenschaftliche Hypothesen verdienen auch deshalb besondere Aufmerksamkeit, weil sie zur kritischen Überprüfung des eigenen Philosophiebegriffs dienen können. Andererseits mag man zu dem Ergebnis kommen, dass ein Fachwissenschaftler allzu lax oder unreflektiert mit Ausdrücken wie Philosophie umgeht. Hornung gebraucht z.B. die Bezeichnung „abendländische Logik" in unangemessener Weise. Ihm zufolge steht diese „zweiwertige Logik" im Gegensatz zu einer „mehrwertigen" (alt)ägyptischen Logik. Dabei bringt er logische Form und inhaltliche Unterscheidungen durcheinander und insinuiert nicht beste-

Philosophiebegriff, Denkweisen, Weisheitslehren, Mythen und religiöse Texte

Interdisziplinarität

hende fundamentale Gegensätze (1993: 233 ff.). Fast evidenter Weise irrig ist denn auch seine Behauptung (S. 235 f.), dass „jede Anwendung der zweiwertigen, auf Ja/Nein-Entscheidungen und auf dem Satz vom ausgeschlossenen Dritten beruhende Logik [...] im philosophischen und theologischen Denken der Ägypter sogleich zu unlösbaren Widersprüchen [führt ...] Entweder setzen wir logisches Denken mit zweiwertiger Logik gleich, dann ist ägyptisches Denken unleugbar ‚unlogisch' oder ‚prälogisch' oder wir geben die Möglichkeit einer andersgearteten, aber in sich widerspruchsfreien Logik zu, die dann nur eine mehrwertige sein kann". Hornung lässt außer Acht, dass einzelne Teile der ägyptischen Götterlehren aus unterschiedlichen Aspekten heraus formuliert sind und insofern in sich widerspruchsfrei sein können. Außerdem berücksichtigt er nicht, dass jede Theorie einer mehrwertigen Logik eine Theorie zweiwertiger Logik voraussetzt oder impliziert. Doch wie dem auch sei: Jedenfalls verdienen altägyptische und frühmesopotamische Texte auch aus der Sicht Interkultureller Philosophie eine gründlichere Auseinandersetzung.

Seit etwa 1000 bis 800 v. u. Z. entwickelten sich dann, grob gesagt, drei größere, in sich natürlich extrem heterogene, Strömungen, die sich – unter Berücksichtigung ihrer Rezeptionsgeschichte – vor allem folgenden geographischen Räumen zuordnen lassen:

(1) griechisch-römisch-europäisch-arabisch-nordafrikanischer, amerikanischer und australischer Welt,
(2) der indischen und
(3) der sinoasiatischen Welt.

Und natürlich existiert längst eine große Zahl gemischter Traditionen. Ein Untersuchungsgegenstand, der instruktive Einsichten und fruchtbare Anregungen verspricht, wäre denn auch eine *philosophische* Auseinandersetzung mit der transkulturellen Philosophiegeschichte. Die wohl wichtigsten Beispiele dürften dabei der Einfluss „mesopotamischen" und „ägyptischen" Denkens auf die Herausbildung „griechischer" Philosophie, die „chinesische" Adaption des „indischen Buddhismus" zwischen dem 1. und 7. Jahrhundert (Zürcher 1972 und Tsukamoto 1985), die Übernahme „chinesischer" Philosophie in „Korea" (*Korean Philosophy* 2004, Choi 1978 und *Main Currents of Korean Thought* 1983) und „Japan" (Paul 1993) seit dem 3. Jahrhundert, die Rezeption des Buddhismus in Tibet insbesondere zwischen 8. und 12. Jahrhundert (Snellgrove 1987, Snellgrove/Richardson 1980, Tillemans 1999 und Aoyama u. a. 2004), die „arabische" oder „muslimische" Aneignung des Aristotelismus seit dem 7. Jahrhundert (Walzer 1970), der Einfluss islamischer Philosophie auf die europäische Scholastik (Butterworth/Kessel 1994; Daniel 1997 und Schneider, al-Fārābī 2006) und die Aneignung „westlicher" Philosophie im sinoasiatischen Raum seit etwa 1700 sein. Einschlägige historische und vielfach auch philosophie*historische* Untersuchungen dazu gibt es in Hülle und Fülle. Doch fehlen weithin Versuche, historische Entwicklungen als *philosophische* Entscheidungen zu rekonstruieren und entsprechend zu bewerten.

Im Übrigen dürfte es philosophisches Denken auch in den weithin schriftlosen vorkolonialen Kulturen Amerikas, Schwarzafrikas, Australiens und Ozeaniens gegeben haben. Doch liegen dazu weniger Studien vor. Genannt

seien immerhin Tempels 1956, Kimmerle 1991, Koloss 1999, 2000, Hountondji 1983 und Coetzee/Roux 1998 – wobei sich freilich nur Koloss ausführlich und im Detail mit Weltauffassungen in vorkolonialen Kulturen
Schwarzafrikas auseinandersetzt.

Die gängige und eingängige Sicht über die drei Ursprünge der Philosophie – und das Wissen um die Schriftlichkeit und Großartigkeit der entsprechenden Kulturen – dürfte ein Grund dafür sein, dass die meisten komparativen Untersuchungen sozusagen dual angelegt sind: es werden „westliche"
mit „indischen" und „chinesischen" Philosophien verglichen, oder doch
philosophische Traditionen, die sich historisch entsprechend zuordnen lassen: z. B.

(1) „griechische", „deutsche", „angloamerikanische", „arabische", „persi-
sche",

(2) „indische", „tibetische",

(3) sinoasiatische bzw. „chinesische", „koreanische" oder „japanische" Entwicklungen.

Zweitens aber setzt der schiere Umfang des Gegenstands jedem Versuch
enge Grenzen. Niemand auf der Welt kann alle buddhistischen Texte kennen. Und ähnliches gilt für andere Textgruppen. So ist es schon schwierig,
über allgemeine und in mancher Hinsicht spekulative und unsichere Hypothesen hinaus zu kommen, wenn man auch nur Philosophien aus dem europäischen, arabischen, indischen, chinesischen und japanischen Raum vergleicht. Wie mehrfach betont, entstanden ja in jedem dieser Räume selbst
die unterschiedlichsten Strömungen. Andererseits bleibt eine interkulturelle
Philosophie, die sich auf nur zwei Kulturen bezieht, wenig zufriedenstel-
lend. Die Problematik lässt sich wohl nur durch ein themen- oder proble-
morientiertes Philosophieren entschärfen. D. h. man wählt bestimmte Fragen wie z. B. die nach der Allgemeingültigkeit logischer Regeln oder nach
allgemeingültigen Menschenrechten aus und beschränkt sich in seinen
Untersuchungen auf einschlägige Texte – nun freilich aus möglichst vielen
Kulturen. Auch da wird man sich jedoch auf bereits vorliegende Studien
stützen müssen; denn niemand kann den gesamten Korpus (mutmaßlich)
philosophischer Texte einer Kultur durchgehen, um nun selbst alle einschlägigen Beiträge ausfindig zu machen. Wie vielleicht kein anderer Zweig
der Philosophie ist Interkulturelle Philosophie so in der Tat nur als „Team-
work" und als Prozess steter Ergänzung und Korrektur möglich. Aber darin
liegt ja auch ein intellektueller Reiz – vom Ideal des philosophischen Dia-
logs oder – in diesem Fall mit Wimmer gesprochen – Polylogs nicht weiter
zu reden.

Themen- oder
problemorientierte
Philosophie

Wer sich für Interkulturelle Philosophie interessiert, sollte deshalb getrost
mit der Lektüre der grundlegenden Untersuchungen und Anthologien beginnen, die es zu allen drei Ursprungsräumen gibt. Sie sind in den jeweiligen tabellarischen Übersichten (unten, S. 125 ff.) aufgelistet.

Das sollte freilich nicht missverstanden werden. Sich anhand umfassender Philosophiegeschichten und Anthologien einen historischen und systematischen Überblick zu verschaffen, darf nicht dazu verführen, sozusagen
primär philosophie-geographisch orientiert weiter zu machen, und dies
womöglich in weitgesteckten Grenzen. *Philosophie ist keine Funktion der*

Philosophie keine
Funktion der
Geografie

Geografie. Bezeichnungen wie „Indien", „ferner Osten" oder „Mesoamerika" haben zudem schier unabweisbare exotische Konnotationen. Wie gesagt, fördern sie Vermutungen über etwas „ganz Anderes". So ist ein problemorientierter Ansatz auch deshalb vorzuziehen, weil er weder Verfremdungen noch Mystifizierungen begünstigt. Dem mag man entgegen halten, dass er ebenfalls vergleichbar schwerwiegende Nachteile habe. So mag man befürchten, dass Formulierungen wie „Philosophie der Menschenrechte" einer („westlichen") Vereinnahmung „fremder" Denkweisen gleichkämen. Wie betont und wie z. B. in den Erörterungen über Logik und Menschenrechts-Philosophie berücksichtigt, sollten deshalb auch einschlägige Schlüsselbegriffe aus den jeweiligen Originalsprachen eingeführt werden. Erneut ist auch dabei freilich Vorsicht geboten. Termini wie „Brahmanismus", „Konfuzianismus", „Daoismus" oder „Buddhismus" verunklaren eher, als dass sie zur Klärung beitragen. *Es kommt auf die Begriffe an, die die Probleme und Argumente charakterisieren, um die es jeweils geht und die, wie man meint, eben auch innerhalb dieser Strömungen thematisch sind.* Zwei in dieser Hinsicht musterhaft problemorientierte komparative Studien sind Glasenapps *Philosophie der Inder* und Nakamura Hajimes *A Comparative History of Ideas.* Ersterer gliedert seine Übersicht u. a. in die Teile Geschichte, Systeme und – eben – Hauptprobleme indischer Philosophie, wobei er z. B. die Gottesfrage thematisiert. Letzterer untersucht etwa Konzepte des Absoluten oder erkenntnistheoretische Skepsis in westlichen, indischen und sinoasiatischen Philosophien.

5.1.2 Heilskulturen und religiöse Kulturen

Problematik
allgemeiner
Ausdrücke wie
„Konfuzianismus"

Schon Bezeichnungen und Begriffe wie „Konfuzianismus" dokumentieren, dass neben – oft weit gefassten – philosophie-geographischen Einteilungen auch vergleichbar weit gefasste inhaltliche Kategorisierungen üblich sind. Aufgrund ihrer Allgemeinheit können sie ähnlich wertlos und irreführend wie die geographisch orientierten Unterscheidungen sein. Viele von ihnen sind zudem durch eine problematische Besonderheit gekennzeichnet. Sie beziehen sich auf Heilslehren und dabei oft auf Religionen. Bekannte Beispiele sind „Brahmanismus", „Hinduismus", „Buddhismus", „Christentum", „Judentum", „Islam", aber eben auch – wenn auch in extrem irreführender Weise – „Konfuzianismus" und „Daoismus", die nicht selten als „chinesische Religionen" bezeichnet werden. All diese Ausdrücke sind gängig, um *inhaltlich* zwischen Kulturen zu unterscheiden. Aber sind sie geeignete Instrumente Interkultureller Philosophie? Wohl nur in sehr eingeschränktem Sinn. Selbstverständlich können Heilslehren Philosophie sein. Die von Aristoteles, al-Fārābī oder Leibniz formulierten Gottesbegriffe sind phi-

Philosophische und
unphilosophische
Gottesbegriffe

losophische Konzepte. Ähnlich wie Leibniz unterschied schon al-Fārābī in der Sache zwischen philosophischer und glaubensbestimmter Theologie (Schneider, al-Fārābī 2006: 90 ff.). Entsprechend wird – manchmal (ob zu Recht oder nicht, muss offen bleiben) unter Bezugnahme auf Thomas von Aquin – zwischen rationaler, natürlicher Theologie einerseits und konfessioneller Theologie andererseits unterschieden. Irrig oder nicht, entwickelten Aristoteles, al-Fārābī oder Leibniz ihre Gottesbegriffe jedenfalls in geradezu extrem argumentativer Weise. Ja, selbst die meisten theologischen Gottesbegriffe besitzen zumindest philosophische Aspekte. Dies gilt insbesondere, soweit theologische Erklärungen in argumentativer Weise um Konsistenz und empirischen Gehalt bemüht sind. Selbst Hinweisen auf die Begrenztheit menschlicher Erkenntnis, die prinzipielle Unzugänglichkeit der Ratschlüsse Gottes oder angeblich gesicherte Zeugnisse – sprich, die Empirizität – göttlicher Wunder oder menschlicher Wiedergeburten ist ein solches Bemühen nicht ohne Weiteres abzusprechen. Und auch viele buddhistische *atheistische* Heilslehren sind Philosophien. Aber der Glaube an einen persönlichen Gott Person Brahmā? An Śiva? An die Heilskraft des *Lotos-Sūtra*? Die römisch-katholische Dogmatik der leiblichen Auferstehung Jesu Christi? Der islamische Höllen-Glaube? Kaum. Es geht nicht um irgendeinen Wortstreit. Man mag Ausdrücke wie „Glaube", „Religion" und „Philosophie" verwenden, wie man will. Ist man einmal gezwungen, ausführlich zu erläutern, was man meint, so wird explizit deutlich, welche Auffassungen oder Systeme *grundsätzlich* argumentativ verfasst sind und welche nicht. Die – derart explizierte – *Grundsätzlichkeit* ist entscheidend. Man braucht sich dann nur noch auf die ausdrücklichen Erläuterungen zu beziehen und kann auf die Wörter „Glaube", „Religion" und „Philosophie" verzichten. Es zählen allein die Erläuterungen und d. h. die Sachverhalte – wie immer man sie *bezeichnen* mag.

Eine gängige Hypothese lautet, dass anders als „im Westen" „in Asien" nicht klar zwischen Philosophie und Religion unterschieden worden sei oder unterschieden werde. Die Hypothese ist unhaltbar. Ihre Existenz dürfte nicht zuletzt auf den Gebrauch – vom Wortlaut her – nivellierender Bezeichnungen wie „Buddhismus" und „Konfuzianismus" zurückzuführen sein. In der Tat gibt es unter den zahlreichen, oft fundamental unterschiedlichen Richtungen, Schulen und Lehren, die als „buddhistisch", „konfuzianisch" oder „daoistisch" bezeichnet werden, religiöse Strömungen. Aber sie lassen sich in denkbar einfacher Weise von den ebenso gängigen philosophischen Traditionen unterscheiden. Grob gesagt, ist aus philosophischer Sicht jede Behauptung fragwürdig, die – im jeweils gegebenen Horizont kritischer Erkenntnis – logisch widersprüchlich ist, Naturgesetzen widerspricht oder allgemeiner alltäglicher Erfahrung zuwider läuft. So ist etwa Dignāgas *Nyāyamukha* (Übers. Tucci 1930), eine Darstellung seiner Begründungstheorie, ein philosophischer Text, während das *Lotos-Sūtra* (Übers. Hurvitz 1976), wie ich (1993: 90–118) zu versucht habe, das Produkt teilweise fanatischer Religiosität ist. Und so besitzt das daoistische *Zhuangzi* (Übers. Wilhelm 1969) philosophischen Charakter, während die daoistischen Han-zeitlichlichen Bewegungen, deren Anhänger Laozi als Gott verehrten, mitunter vor religiöser Inbrunst glühten (Bokenkamp 1997, Kaltenmark 1979: 19–52, Yates 1997 und Seidel 1969). Manch katholische Fundamentaltheologie – wie sie insbesondere im Anschluss an Aristoteles geübt wurde und wird – ist Philosophie. Katholische Dogmatik, die auf der leiblichen Auferstehung Christi besteht, dagegen ist, wie gesagt, religiöser Fundamentalismus. Dabei sei noch einmal ausdrücklich betont, dass solche Einstufungen unabhängig von der Frage sind, ob die entsprechenden Theorien oder Behauptungen gültig sind oder nicht. Das letzte Beispiel sollte zudem verdeutlichen, dass man auch innerhalb einer Schule, Strömung und Theorie unterscheiden kann. Zwar mag man behaupten, dass die Fundamentaltheologie nur Weg-

Philosophie und
Religion „in Asien"

bereiter der Dogmatik sei und so auf einer ganzheitlichen Sicht beharren wollen, doch welche Gründe hat man für solch einen Holismus? Dass es Katholiken so sehen? Das ist, wie deutlich geworden sein sollte, kein stichhaltiges Argument. Und sonst? Ist Fundamentaltheologie als solche ein Wegbereiter katholischer Dogmatik? Logisch gesehen, nicht ohne Weiteres – mag das auch die Intention katholischer Fundamentaltheologen sein.

5.1.3 Säkulare Kulturen: „konfuzianische", „daoistische", atheistische, agnostische Kulturen

Atheistische Lebensformen wie marxistische und bestimmte buddhistische und „konfuzianische" Orientierungen sind Beispiele dezidiert säkularer Kulturen. Das traditionell Nagārjūna zugeschriebene *Śata-śāstra* (Übers. Cheng Hsueh-li 1982; vgl. auch meine Analysen 1995) und das Buch *Xunzi* sind Dokumente solcher Weltauffassungen. Agnostische Richtungen, wie sie meines Erachtens (Paul 2001) wohl das *Lunyu* exemplifiziert, mag man dazu rechnen. Gewiss sind solche Strömungen und Lehren allein aufgrund ihres kritischen Charakters eher der Philosophie zuzuschlagen als einer Religion. Sie weisen auch ein interessantes kulturübergreifendes Moment auf, das jedem religiösen Gottesglauben einfach schon deshalb abgeht, weil für ihn nicht der Glaube an Götter als solche, sondern der Glaube an bestimmte Götter, und nur an sie, (heils)relevant ist. Ein Christ wird nie sagen können, dass er an Allah (im Sinne konfessioneller muslimischer Theologie) glaube. Aber jeder Atheist wird getrost behaupten, dass er an gar keinen Gott glaubt. Nichtsdestoweniger sind auch Kategorien wie säkular, atheistisch oder agnostizistisch mitunter zu weit, um besonders instruktiv zu sein.

5.1.4 Mischkulturen

Nur der systematischen Vollständigkeit halber sei noch einmal explizit darauf hingewiesen, dass solch generelle Bezeichnungen wie „Buddhismus" sich auf Mischkulturen beziehen. Sie schließen philosophische wie nichtphilosophische Lebensformen und Denkweisen ein. Wie gesagt, sollte in der Interkulturellen Philosophie das eine vom anderen getrennt werden. Natürlich heißt das nicht, auf eine Klärung der Relationen zu verzichten. Im Gegenteil. Möglichst scharfe Analysen und Differenzierungen sind im Allgemeinen geeignet, das Philosophische der philosophischen Komponenten besonders deutlich werden zu lassen. Das Unphilosophische dient dabei sozusagen als Kontrastfolie.

5.1.5 Gegenwartskulturen

Soziopolitische Entwicklungen haben dazu geführt, dass Anfang des 21. Jahrhunderts Bezeichnungen wie „Islam", „Arabismus" oder „muslimische Welt" für viele zu scharf konturierten Begriffen von Großkulturen geworden sind. Harmloser sind Bemühungen, gegenwärtige meso- oder südamerikanische Kulturen als – jedenfalls auch – signifikant indigen-indianische Kulturen zu rekonstruieren (vgl. dazu etwa Fornet-Betancourt 1997). In jedem

Fall aber dokumentieren derartige Ansätze ein Bedürfnis nach so genannter kultureller Identität – sei es primär in Form einer affirmativen Selbstidentifikation oder einer radikalen Abgrenzung. Auch die Ende des 20. Jhs. vehement geführte Diskussion um so genannte asiatische Werte – die es in der gemeinten Form weder gab noch gibt (http://paul.dcg.de/asiawerte.pdf) – war ein Beispiel dafür. Wie angesprochen, sind viele Konzepte kultureller Identität ohnehin problematisch, ja überdies ethisch und politisch bedenklich. Nichtsdestoweniger ist es eine Aufgabe Interkultureller Philosophie, sich soweit wie möglich auch mit brennenden Gegenwartsfragen auseinander zu setzen. Erneut geschieht dies freilich am besten in systematischer, problemorientierter Weise. Geht es um Themen wie „asiatische Werte", „islamische Prinzipien" oder „indigenes" südamerikanisches oder schwarzafrikanisches Denken, so kann dies z.B. im Rahmen einer Philosophie der Menschenrechte oder als Teil einer Interkulturellen Logik geschehen.

Kulturelle Identität

5.2 Systematische Ansätze

5.2.1 Einzel- oder Teildisziplinen

Wie zu zeigen gesucht, sind philosophie-geographische Ansätze und Ansätze, die sich an soteriologisch oder religiös akzentuierten Kategorien wie Hinduismus orientieren, in mancher Hinsicht problematisch. Systematische – problem- oder themenorientierte – Zugänge sind einfacher und fruchtbarer. Dabei bedeutet systematisch wohl stets auch disziplinbestimmt. Fragen der Logik sind nun einmal primär Gegenstände der Philosophie der Logik, Fragen der Moral primär Gegenstände der Ethik. Im Folgenden sollen drei Beispiele illustrieren, was solche Vorgehensweisen charakterisiert und sie nahe legt. Wie angesprochen, sind dies u.a.

(1) die relative Beherrschbarkeit der Materie, die mit der inhaltlichen Einschränkung ermöglicht wird,
(2) die Klarheit der Auseinandersetzung, die aufgrund der *sachlichen* Begrenzung erreichbar ist,
(3) die Option, nichtsdestoweniger Philosopheme aus mehreren Kulturen zu thematisieren, und
(4) die erzwungene Sachlichkeit, die sowohl Mystifizierungen wie Vereinnahmungen ausschließt.

5.2.1.1 Interkulturelle Logik: Universalität und Sprachunabhängigkeit grundlegender logischer Gesetze und Regeln

5.2.1.1.1 Der Stand der Dinge

Ausführliche und detaillierte philosophische Auseinandersetzungen mit der Frage nach allgemeingültigen – für alle Menschen gültigen – Prinzipien und Regeln der Logik sind bislang kaum Teil Interkultureller Philosophie. Bei der großen Zahl kühner Behauptungen über (schier) unüberbrückbare Unterschiede zwischen „westlicher" und „östlicher" Logik dokumentiert auch dieser Mangel die Fragwürdigkeit der Behauptungen. Die Argumente für die Existenz solcher Unterschiede – pragmatisch-religiöser Kontext „östlicher" Logik, angebliche Abhängigkeit logischer Gesetze von den spezifischen Merkmalen einzelner Sprachen, „östliche" Texte, die angeblich die Gültigkeit des *Tertium non datur* relativieren oder widerlegen, Kritik „östlicher" Kulturwissenschaftler am angeblichen Zwangscharakter „westlicher" Logik, angebliche Vernachlässigung oder gar Missachtung logischen Denkens im östlichen Kulturen, Hinweise auf die angebliche Existenz „anderer", mit logischen Regeln unvereinbarer Erkenntnismittel usw. –, sind unhaltbar. Das soll im Folgenden erneut deutlich werden. Vergeblich sucht man nach Auseinandersetzungen mit Theorien allgemeingültiger logischer Prinzipien wie denen von Freytag-Löringhoff, Lorenzen, Lenk oder auch von mir. Sie finden kaum Erwähnung. Relativisten haben auch keine einzige komparative Studie über in verschiedenen Kulturen entwickelte Logiktheorien oder Logikkonzepte vorgelegt, die über recht grobe Vergleiche zwischen „West" und „Ost" oder etwa „Aristoteles" und „Zen" (!) hinausginge. Aber auch von universalistischer Seite existieren nicht all zu viel Beiträge, die mehr als Konzepte oder Theorien aus zwei Kulturen vergleichen. Dabei wurden Logikkonzepte und Theorien der Logik nicht nur im alten Griechenland, sondern davon unabhängig auch in China und Indien, und – unter Aristotelischem Einfluss – in der arabischen Welt entwickelt. Nichtsdestoweniger ist vielleicht kein methodologisches Wissen wichtiger als das um die Allgemeingültigkeit grundlegender logischer Prinzipien und Regeln, wenn man denn fundiert und erfolgversprechend Interkulturelle oder Komparative Philosophie betreiben will. Auch das soll gezeigt werden. Im Interesse der Sache seien deshalb die wichtigsten Überlegungen zur „Universalität der Logik" noch einmal wiedergegeben.

5.2.1.1.2 Zur Relevanz der Frage nach der Existenz allgemeingültiger logischer Gesetze

Gibt es also logische Gesetze, die unabhängig von Zeit, Ort und Kultur für alle Menschen gelten? Die – in entscheidender Hinsicht dem Satz des Pythagoras vergleichbar – unabhängig von ihrer Entdeckung und spezifischen Formulierung jederzeit und überall gültig sind? Die dieselbe Notwendigkeit und Verbindlichkeit besitzen, die der Satz des Pythagoras für jeden besitzt, der Behauptungen über ebene rechtwinklige Dreiecke aufstellt? So grob die Fragen auch formuliert sind: sie sind klar genug, um sie ohne wenn und aber bejahen zu können. So scheint es überflüssig, sich überhaupt gegen die Ansicht zu wenden, dass keine universal gültigen logischen Gesetze existierten. Das gilt insbesondere in bezug auf die grundlegende affirmative Antwort. Danach gibt es allgemeingültige logische Gesetze (wie z. B. das Prinzip der Widerspruchsfreiheit), weil sie notwendige (unumgängliche) Bedingungen der Möglichkeit jedes menschlichen Verstehens, jeder Kommunikation, ja jedes eigenen Gedankengangs und vor allem jeder Argumentation sind. Wer über irgendetwas nachdenkt oder etwas mitteilen will, *muss* sich an diesen logischen Gesetzen orientieren. Das heißt, dass der *Homo sapiens sapiens,* gleich wo, wann und in welcher Kultur, fähig war und ist, logisch zu denken und dies immer wieder tat und tut. Diese Feststellung bleibt davon unberührt, dass ein Mensch logische Gesetze verletzen kann, sie häufig verletzt, und dass er – etwa aus Verdruss über das, was er als böse rationale Kultur und zivilisatorische Gewalt ansieht – gar zum Misologen werden mag. Ist das Argument stichhaltig, so mögen chinesische und japanische Philosophen weniger Logiktraktate geschrieben haben als europäische Scholastiker, und die Logik-relevanten Lehren der *mingjia* und *Mojia*, der „Schule der Bezeichnungen" und der „Mohistischen Schule" (aus dem 4. bis 3. Jh. v. u. Z.), oder der (japanischen) Nara-zeitlichen (710–794) buddhistischen Gelehrten mögen kaum Wirkung gezeitigt haben. Solche Erscheinungen ändern nichts daran, dass man in chinesischen und japanischen Kulturen – und selbstverständlich auch in afrikanischen Kulturen – genauso logisch oder unlogisch dachte und denkt wie in europäischen Kulturen. Jede Rede von einer unlogischen oder alogischen Kultur, von einer eher ästhetischen denn logischen Kultur, die „logisch" in einem Sinn verwendet, der die angesprochenen logischen Gesetze einschließt, ist absurd, ja von vornherein gegenstandslos. Dies im Übrigen auch deshalb, weil logische Konsistenz auch nicht davon abhängt, ob man sich nüchtern oder „poetisch" artikuliert. Kein kompetenter Leser wird Goethes Verse „Grau, lieber Freund, ist alle Theorie, / und grün allein des Lebens goldner Baum" für widersprüchlich halten. Er wird sie nicht wortwörtlich nehmen, sondern sogleich als Bilder identifizieren.

Genau genommen ist die Frage, ob es allgemeingültige logische Gesetze gebe, so dass alle Menschen aller Zeiten und Kulturen logisch denken konnten und wiederholt logisch dachten, mit diesem grundlegenden Argument beantwortet. Sie ist in dem Sinn „erledigt", dass gar nicht weiter gefragt und untersucht zu werden braucht, ob – etwa – chinesische oder japanische Gelehrte Logiktraktate schrieben, ob sie logische Gesetze explizit formulierten und ob sie damit auf großes Interesse stießen oder bemerkenswerte Wirkung zeitigten. Wenn die Frage nach der Existenz allgemeingültiger logischer Prinzipien im Folgenden dennoch weiter erörtert wird, dann vor allem deshalb, weil das grundsätzliche Argument nur von wenigen Kulturwissenschaftlern geteilt *und/oder ernst genommen* wird.

So trivial es freilich sein mag, und so trivial die Tatsache ist, auf die es sich bezieht, so relevant und konsequenzenreich ist es doch. Ernst genommen, erweist es nämlich zahlreiche Versuche, in fundamentaler Weise zwischen Kulturen zu unterscheiden, als von vornherein verfehlt. Warum es so selten ernst genommen wird, ist nicht leicht zu sagen. *Der Grund mag eben darin liegen, dass die angesprochene Konsequenz unwillkommen ist.* Es mag aber auch auf seinen allgemeinen und abstrakten (oder, in bestimmten Sinn verstanden, transzendentalen) Charakter zurückzuführen sein, der als wenig überzeugend empfunden wird. Jeder Methodologie zum Trotz verlangt man, dass das, was bereits gezeigt ist, noch durch konkrete und/oder spezifische Argumente bestätigt werde, und dies, obwohl sie prinzipiell weniger leisten.

Außerdem glauben viele, dass es tatsächlich so etwas wie eine östliche, indische, chinesische, japanische oder buddhistische Logik gebe, die sich in signifikanter Weise von der, wie *sie* sagen, westlichen oder aristotelischen Logik unterscheidet. Sie schließen damit an eine lange, immer noch wirksame Tradition ethnologischer Theorien an, die das Denken ganzer Kulturen als Reflex einer „anderen Logik" oder als protologisch oder prälogisch charakterisieren (vgl. Schöfthaler 1983 und oben, S. 30 und 44). Sofern es sich dabei nicht um einen irreführenden und schädlichen, weil Verständnis erschwerenden Gebrauch von Wörtern wie „logisch" handelt, gründet der

Glaube in der Überzeugung, dass bestimmte logische Gesetze wie insbesondere das *Tertium non datur* negiert würden. Dieser Glaube wird auch von manchen Indologen, Sinologen, Japanologen und Buddhologen (wie Frankenhauser 1996: 10 und 233 und anderen, oben, S. 30 genannten Autoren) geteilt. Er ist also auch ein faktisches fachwissenschaftliches Problem, es sei denn, man halte ihn für derart abwegig, albern oder irrelevant, dass sich seine Erörterung erübrige. Aber der Glaube ist zu einflussreich und der Klärung wichtiger – auch philosophisch relevanter – spezifischer Fragen zu abträglich, als dass man es dabei belassen sollte. Zu den relevanten Fragen gehört zum Beispiel das Problem, wie 即 (chin. *ji*, jap. *soku*) in bestimmten buddhistischen Texten zu übersetzen sei. Verbreitete Übersetzungen wie „[S] ist *nichts anders als* [P]" oder „[S] *ist identisch mit* [P]" (wobei S und P offensichtlich *nicht* identisch sind) suggerieren – fälschlicherweise – geradezu, dass in den gegebenen Kontexten Widerspruchsfreiheit keine Rolle spiel(t)e. Darauf ist zurückzukommen.

Selbst Artikel in deutschen Tageszeitungen implizieren, dass es so etwas wie eine spezifisch östliche Logik gebe. Wie Suzuki Daisetz' missionarische Pamphlete gegen logisches Denken indiziert dies die Breitenwirkung und Popularität misologischer Bekenntnisse – und seien sie noch so haltlos. In der *FAZ* vom 11. 1. 1997 schrieb Detlef Horster gar, „dass die Argumentation eine genuin abendländische [!] Veranstaltung darstellt, die seit jeher mit dem Verfahren unserer [!] formalen Logik verbunden ist".

Sinologen wie Roger Ames drücken sich aus, als konnten sie die ganze chinesische (oder, ähnlich sinnlos, konfuzianische) Kultur als (mehr oder weniger) ästhetisch charakterisieren und sie so fundamental von einer, wie sie meinen, im großen ganzen logischen westlichen Kultur unterscheiden. Bestenfalls bleibt ungeklärt, ob es sich dabei um einen unkonventionellen (irreführenden) Wortgebrauch, um eine in sich widersprüchliche Darstellung oder einfach um Unsinn handelt (vgl. Hall/Ames 1987 und meine Kritik 1990 a).

Ein sinologisches oder japanologisches Problem besteht auch in dem Glauben, dass die späte Einführung von Wörtern wie „Logik" ins Chinesische und Japanische, für die es vorher kein Äquivalent in diesen Sprachen gab, auf dem Weg der Übersetzung (chin. *luoji* und jap. *ronri* 論理) für die Erörterung der Frage relevant sei, ob etwa im vor-Qin- oder im Tang-zeitlichen China oder der japanischen Welt vor der Meiji-Ära (1868–1912) Logik-Theorien entwickelt worden seien. Dies Problem ist ein Reflex der unter Kulturwissenschaftlern verbreiteten – irrigen und der Komparatistik ungemein abträglichen – Ansicht, dass, wo das Wort fehle, auch die Sache mangele. Dies kann, muss aber nicht zutreffen. So mag eine exemplarische Erörterung der Problematik hilfreich sein.

Die in den Auseinandersetzungen um die Leitfrage gängigen Konfusionen verschiedener Bedeutungen von Wörtern wie „logisch" verlangen nach einer systematischen, zusammenfassenden Klärung.

5.2.1.1.3 Präzisierung der Fragestellung

Die Frage nach der Existenz universaler logischer Gesetze lässt sich in mehrere Einzelfragen gliedern. Sie ergeben sich aus den unterschiedlichen

Bedeutungen, in denen der Ausdruck „logische Prinzipien" verstanden wird. Es geht dabei ausschließlich um solche *Form-Gesetze wie die Prinzipien der Identität, Widerspruchsfreiheit, des ausgeschlossenen Dritten und der Transitivität*. Aus stilistischen Gründen ist im Folgenden auch von Regeln die Rede, doch sollen damit keine Bedeutungsunterschiede insinuiert werden. Im Übrigen wird nicht behauptet, dass die genannten Gesetze die einzigen Kandidaten allgemeingültiger logischer Regeln seien, sondern lediglich zu zeigen versucht, dass *sie* jedenfalls universelle Gültigkeit besitzen. *Gesetze* heißen sie, sofern sie – wie der Satz des Pythagoras – notwendigerweise und für alle Menschen gelten. Sie besitzen dabei normativen Charakter, sind aber nicht in dem Sinn zwingend, dass man sie nicht – bewusst oder unbewusst, absichtlich oder unabsichtlich – verletzen könnte. Weitere der Klarheit dienliche Differenzierungen der Leitfrage ergeben sich, indem man den Ausdruck „logische Gesetze"

(1) auf alltägliches logisches Denken, und/oder
(2) auf explizite Theorien logischer Strukturen (auf Logiken) und/oder auf
(3 Anwendungen von logischen Gesetzen in Texten

bezieht.

Dabei schließt (1) zumindest Aspekte der Fälle (2) und (3) ein. Eben deshalb reicht eine affirmative Antwort auf die Frage, ob sich alle Menschen in ihrem Denken an den genannten Gesetzen der Logik orientierten, aus, um die Ansicht, es gebe – etwa – eine *gültige* spezifisch östliche Theorie der Logik, die die Hypothese von einer universalen Logik falsifiziere, als haltlos zu erweisen, und dies selbst dann, wenn diese Theorie – wie eine „westliche" konstruktivistische (oder intuitionistische) Logiktheorie (vgl. Hilbert/ Ackermann 1972: 30–36) – die Allgemeingültigkeit des *Tertium non datur* in gewisser Hinsicht infrage zu stellen sucht.

Gewiss sind noch weitergehende Differenzierungen möglich. Einige kommen im Folgenden zur Sprache. Aber die formulierten Unterscheidungen sollten genügen, um alle relevanten Aspekte der Leitfrage zu erfassen und Probleme, die außerhalb der Leitfrage liegen, auszuschließen.

So kann es zum Beispiel nicht darum gehen, das Bestehen *inhaltlicher* Besonderheiten einer bestimmten Denkform – wie etwa die römisch-katholische Besonderheit eines Glaubens an einen allmächtigen und allgütigen Gott oder die neokonfuzianische Besonderheit eines Glaubens an ein *li*, ein ontologisch-ethisches Prinzip, das mit einem *taiji* 太極, einem Höchstletztem, identisch sein soll – zu bestreiten. Genauso wenig geht es darum, die inhaltlichen Besonderheiten zu bestreiten, die sich auf der Grundlage solcher Vorstellungen als formallogische Konsequenzen ergeben. Und auch die *Relevanz* solch inhaltlicher Besonderheiten – wie groß oder gering sie immer sein mag – steht nicht zur Diskussion. Inhaltlich bestimmte Überzeugungen können von größerer faktischer Relevanz sein als jedes logische Gesetz. Außer Diskussion steht auch, dass formallogische Prinzipien, anders als Erfahrung, keine Quelle (neuer) inhaltlicher Erkenntnisse sind. Und schließlich geht es im Folgenden auch nicht darum, Behauptungen einer spezifisch östlichen oder spezifisch chinesischen Logik zurückzuweisen, die sich gar nicht auf formallogische Gesetze, sondern in diffuser Weise auf irgendein inhaltlich determiniertes Denken beziehen. Sie gehen einfach an der Fragestellung vorbei. Hier zielte und zielt die, freilich entschiedene, Kritik auf die bestenfalls irreführende, im Allgemeinen jedem (und insbesondere jedem interkulturellem) Verständnis äußerst hinderliche Verwendung der Ausdrücke „Logik" und „logisch".

5.2.1.1.4 Das allgemein-methodologische Argument für die Existenz allgemeingültiger logischer Gesetze und das Problem der Zirkelhaftigkeit

Das Argument, dass es logische Gesetze gebe, die unabhängig von Zeit und Ort für jeden Menschen Gültigkeit besäßen und an denen sich jeder orientieren müsse, der irgendetwas verstehen, mitteilen oder auch nur zusammenhängend bedenken wolle, sei allgemein-methodologisches Argument genannt. Prägnant gefasst, besagt es, dass die Existenz allgemeingültiger logischer Prinzipien notwendige Bedingung der Möglichkeit menschlichen Verstehens überhaupt ist, Selbstverstehen eingeschlossen. In pragmatischer Form findet sich dieses Argument bereits bei Aristoteles (*Metaphysik*, 1005b, 1006a, 1006b, 1007b, 1008b, Bonitz 1966: 72–80), aber auch im mohistischen Kanon (Graham 1978: 446f.). Allgemein gesagt, läuft es dort auf die Hypothesen hinaus, dass ohne die durchgängige Identität einer Vorstellung in einem Gedankengang (Satz, Urteil, Argument usw.) und damit ohne die Möglichkeit, Identisches durch Identisches zu ersetzen und so eine Kette fortschreitender Vorstellungen zu entwickeln, gar kein Selbstverstehen und keine Mitteilung möglich seien, und dass etwa eine Vorstellung, die ineins (in identischer Weise) sowohl Mensch als auch Nicht-Mensch bedeute, von vornherein jedes Verstehen unmöglich mache. Es lässt sich aber auch transzendentalpragmatisch begründen: Jeder, der die Allgemeingültigkeit der logischen Gesetze *begründet* bestreitet (und sie nicht nur schlicht und einfach leugnet), muss sich dabei auf eben diese Gesetze stützen. Der mohistische Kanon impliziert auch diese Begründung, wenn auch nur in exemplarischer Form.

Will man zum Beispiel einen Text interpretieren oder übersetzen, so muss man davon ausgehen, dass er (auch) in Orientierung an den allgemeingültigen Gesetzen der Logik formuliert ist. Damit ist natürlich nicht gemeint, dass davon auszugehen sei, dass ein jeder Autor kontinuierlich und in bewusster Absicht bemüht (gewesen) wäre, den Gesetzen der Logik zu folgen. Es soll auch nicht behauptet werden, dass stets solch ein Bemühen anzunehmen sei. Denn da viele Texte logische Widersprüche aufweisen, wären derartige Annahmen absurd. Es ist lediglich davon auszugehen, dass ein Text *in irgendeiner Weise* durch allgemeingültige logische Prinzipien mitbestimmt ist, sei es nun bewusst oder unbewusst, absichtlich oder unabsichtlich, in dieser oder in jener Hinsicht, auf der Ebene der Formulierungen selbst *und/oder auf irgendeiner Metaebene.* Sonst könnte man dem Text auch keinerlei Sinn abgewinnen. Anders als es scheinen mag, heißt dies nicht, Logik in den Text hineinzulesen oder gar unerlaubt zirkelhaft vorzugehen. Denn es ist ja nicht nur möglich, sondern geradezu alltäglich, dass man zu dem Ergebnis kommt, dass der fragliche Text in sich widersprüchlich sei. Anders gesagt, schließt der – ohnehin unumgängliche – Ansatz es in keiner Weise aus, Inkonsistenzen zu identifizieren oder gar zu dem Resultat zu gelangen, dass der Text in bewusster Aversion gegen den Gültigkeitsanspruch logischer Regeln geschrieben sei. Ja, der Ansatz *ermöglicht allererst* solch eine Entdeckung (die im Übrigen ein Beispiel dafür sein kann, dass ein paradoxer und/oder in sich widersprüchlicher Text auf metatextlicher Ebene die allgemeingültige logische Regel impliziert, die er angreift). Ist ein Übersetzer ehrlich, so wird er einräumen, dass in die Wahl seiner Wendungen auch logische Reflexionen eingehen, die insbesondere Konsistenzerwägungen einschließen. Dennoch darf er zu Recht darauf bestehen, damit – mit seiner Orientierung an allgemeingültigen logischen Gesetzen – keine Logik in den Text zu lesen.

Der Wichtigkeit halber sei es noch einmal betont: die bei jedem Versuch, einen Gegenstand zu interpretieren (zu verstehen, begreifen, erklären) notwendige Orientierung an allgemeingültigen logischen Prinzipien schließt – als solche – keinerlei Hypothese über die spezifische logische Struktur des Gegenstandes selbst ein oder nimmt sie vorweg. Ja, auch die *im wortwörtlichen Sinn* verstandene Annahme, dass ein infrage stehender Text *in irgendeiner Form* an diesen Gesetzen orientiert formuliert sei, ist methodologisch unproblematisch. Denn auch sie, *und gerade sie*, erlaubt die *sie falsifizierende* Interpretation, dass der Text *völlig* unverständlich sei. Nur solch ein Ergebnis ließe ja den Schluss zu, dass der Text einer „ganz anderen Logik" folge. Abweichungen und selbst absichtliche, bewusste Verstöße reichen dazu, um es ein weiteres Mal zu unterstreichen, nicht aus. Die Regeln dieser „ganz anderen Logik" (wenn es denn welche wären) müssten uns freilich ein Geheimnis bleiben.

5.2.1.1.5 Trivialität und Relevanz des allgemein-methodologische Arguments

Auf einem sinologischen Kongress, der am 18. und 19. April 1997 an der Universität Leipzig stattfand, hielt Huang Chün-chieh einen Vortrag über „Chinese hermeneutics". Dabei charakterisierte er sie als „self-cultivation", „political pragmatics" und/oder „apologetics". Als exemplarisch betrachtete er die chinesischen Menzius-Interpretationen. Seine Hypothesen (Huang 1998 und 2001) stießen auf bereitwillige, unkritische Zustimmung. Die Diskussionen ergaben, dass weder ihm noch vielen Zuhörern bewusst war, dass selbst solche Kriterien – die in der Tat die Auseinandersetzung vieler chinesischer Philosophen mit jeweils älteren Texten mitbestimmten – die fundamentale Relevanz nicht beeinträchtigen, die ein universales logisches Gesetz auch für „die chinesische Hermeneutik" besitzt. Der Vortrag ließ diese Relevanz gar nicht in den Blick kommen und insinuierte so einen „ganz anderen" chinesischen Umgang mit Texten. Meines Erachtens ist er ein erhellendes Beispiel dafür, wie sehr die Missachtung der Trivialität, die in der Unumgänglichkeit und konstitutiven Funktion allgemeingültiger logischer Prinzipien liegt, Andersartigkeitsideen begünstigt.

Da die Frage, ob es nicht doch eine „andere Logik" gebe (die ja nur eine andere Form der Leitfrage ist), wichtig ist, lohnt es sich, ihr aus unterschiedlichen Perspektiven nachzugehen. Was hieße es eigentlich, wenn – etwa – zwei gleichermaßen gültige, miteinander unvereinbare Klassen logischer Gesetze existierten? Was hieße es, wenn zwei Menschen, die von inhaltlich identischen Prämissen ausgingen und auch sonst inhaltlich identische Informationen ins Spiel brächten, dabei zu gleichermaßen gültigen unterschiedlichen Schlussfolgerungen kämen? Angenommen, einer von ihnen schlösse in gültiger Form aus den von beiden *inhaltlich übereinstimmend konstatierten* Tatsachen „A ist kürzer als B" und „B ist kürzer als C", dass A länger als C sei. So grob das Beispiel ist, so leicht ließe es sich im Detail durchformulieren. Es sollte jedenfalls ausreichen, um zu zeigen, dass die Menschen zweier Kulturen, deren Denken *gleichermaßen gültigen logischen Gesetzen* folgte, *die miteinander inkompatibel* wären, selbst bei identischen inhaltlichen Prämissen nur in sehr glücklichen Zufällen zu denselben Konklusionen kämen. Erneut mag die Trivialität der Feststellung und des Beispiels auffallen. Doch zugleich dürfte deutlich werden, dass Triviales höchst relevant sein kann.

5.2.1.1.6 Das empirische (philologisch-historische) Argument, dass ein Text Formulierungen allgemeingültiger logischer Gesetze enthalte, und das Problem der Identifikation solcher Formulierungen

Die Relevanz des Arguments
Wie gesagt, behaupten einflussreiche Kulturwissenschaftler, dass es eine besondere östliche, indische, chinesische, japanische, buddhistische und/oder auch afrikanische Logik gebe. Sofern sie die Wörter „logisch" und „Logik" nicht in einer diffus-inhaltlichen Weise verwenden, die sich auf ein irgendwie material bestimmtes Denken bezieht, begründen sie ihre Hypothese, indem sie auf Passagen – etwa – aus sinoasiatischen buddhistischen Texten verweisen. Dabei heißt es insbesondere, dass die Texte Stellen enthielten, die das *Tertium non datur* negierten. Fast routinemäßig wird dann auf das *Tetralemma* (skt. *catuṣkoṭi*, chin. *siju fenbie*, jap. *shiku fumbetsu* 四句分別) verwiesen, dessen drittes und viertes Lemma geradezu als methodische Negation des *Tertium non datur* zitiert werden.

Ein vollständiges *Tetralemma* ist dabei eine Verbindung von vier Aussagen, die in ihrer Gesamtheit alle kombinatorisch möglichen Behauptungen erfassen soll. Es wird oft in folgender allgemeiner Form wiedergegeben: (1) S ist P. (2) S ist Nicht-P. (3) S ist P und Nicht-P. (4) S ist weder P noch Nicht-P. In entsprechenden Anwendungen werden alle vier Behauptungen dann häufig zu negieren versucht. Berufungen auf das *Tetralemma*, mit denen eine spezifisch östliche Logik nachgewiesen werden soll, gehen mitunter sehr weit. Geradezu grotesk ist der (etwa von Hamada 1994: 105 ff. skizzierte) Versuch Yamauchis, zwischen einer europäischen Logik des Logos und einer asiatischen Logik der Lemmata zu unterscheiden. Ich habe sowohl die allgemeinen Formalisierungen des *Tetralemmas* als auch die Auffassung, dass das *Tetralemma* bzw. dessen Gebrauch die Gültigkeit des *Tertium non datur* infrage stelle, wiederholt (z. B. 2004 d und 2004 e) kritisiert.

Doch nicht nur eine Negation des *Tertium non datur* durch das *Tetralemma* soll östliche Logik charakterisieren. Selbst der Satz der Identität soll einigen Sinologen (wie Frankenhauser 1996: 91, 228 und 233) zufolge in der chinesischen oder buddhistischen Logik negiert werden. Die Hypothesen berücksichtigen das allgemein-methodologische Argument überhaupt nicht. Dabei werden sie, sofern sie sich (1) generell auf logisches Denken beziehen, durch dieses Argument falsifiziert. Sofern sich jedoch ihre Hypothesen (2) allein auf eine bestimmte Theorie oder ein bestimmtes Theorem über Logik beziehen, sind sie entweder nachweislich falsch oder für Kulturvergleiche völlig irrelevant. Im Allgemeinen bleibt es freilich unklar, ob der Bezug auf bestimmte Textstellen oder Schemata dazu dienen soll, die Existenz eines spezifisch östlichen oder chinesischen Logik überhaupt und das heißt spezifisch östlicher oder chinesischer formallogischer Gesetze oder einer spezifischen bzw. spezifisch östlichen Theorie der Logik zu dokumentieren. So besteht, gelinde gesagt, die Gefahr, dass die Reichweite der mit diesen Hinweisen verbundenen Hypothesen überschätzt wird.

Es ist jedoch nicht nur wichtig, diese Hypothesen explizit aus der Perspektive des allgemein-methodologischen Arguments zu sehen und zu bewerten. Es ist auch wichtig zu zeigen, dass sie, sofern sie sich (2) nur auf bestimmte Theorien oder Theoreme über Logik beziehen, falsch oder für Kulturvergleiche irrelevant sind. Denn hier geht es ja (a) auch um die schlichte philologisch-historische Frage, ob ein bestimmter Text in akzeptabler Weise interpretiert oder rekonstruiert sei. Außerdem ist es (b) für jede „fremdkulturelle" Heuristik von Bedeutung, die Relevanz Logik-bezogener Theorien der fremden Kulturen treffend einzuschätzen. Die aber ist recht gering, denn Theorien der Logik unterscheiden sich im Allgemeinen auch dann vielfältig voneinander, wenn sie auf engstem gemeinsamen kulturellem Raum entwickelt werden. Das illustriert nicht nur die große Zahl kontroverser aristotelischer Logiktheorien der europäischen Scholastik, sondern auch die Zahl und Vehemenz der theoretischen Kontroversen, die im Anschluss und unter Bezugnahme auf Xuanzangs (600?–664) Übersetzungen von *Nyāyamukha* und *Nyāyapraveśa* – zwei begründungstheoretischen Traktaten, die sich auch mit Fragen logischer Widerspruchsfreiheit und korrekter Schlussfolgerung auseinandersetzen – entstanden und sich dann über Jahrhunderte hinzogen. Ich habe das andernorts (1993: 164–193 und 349–365) näher ausgeführt. Unterschiede zwischen einzelnen Theorien der Logik sind zwar oft nur spezifischer Art, aber das muss auch so sein, denn sonst wäre das allgemein-methodologische Argument kaum gültig. Soweit es östliche Theoreme logischer Dreiwertigkeit gibt, brauchen sie nicht zu irritieren. Solche Theoreme existieren seit alters her in vergleichbarer Zahl und Relevanz auch in westlichen Traditionen. Außerdem beruhen auch sie letztlich auf den allgemeingültigen logischen Gesetzen.

Besonders wichtig aber ist es, darzustellen, dass es (c) auch – etwa – indische und chinesische Texte gibt, die explizite Formulierungen allgemeingültiger logischer Prinzipien einschließen. Vielfach sind diese Formulierungen die überzeugendsten Gegenbeispiele zu der Hypothese, dass besagter Text oder die durch ihn exemplifizierte Doktrin ein bestimmtes allgemeingültiges logisches Gesetz infrage stellten. Beispiele solcher Formulierungen finden sich z. B. in meiner Untersuchung 1993 (S. 168 ff.) und unten, S. 63.

Dazu kommt, dass entsprechende Zitate auch von jenen ernst genommen werden müssen, die das allgemein-methodologische Argument nicht zur Kenntnis nehmen wollen oder gar ablehnen, weil sie, aus welchen Gründen auch immer, auf einem strikten, am Spezifischen orientierten Empirismus bestehen. Doch auch wenn solche Zitate nur als Bausteine empirisch-induktiver Argumente dienen können, sind sie wichtig. Ja selbst als bloße Information, dass eine Reihe bedeutender indischer und chinesischer Theoretiker die oben genannten logischen Gesetze als allgemeingültige Prinzipien betrachtete und dabei, soweit man weiß, auf keinerlei Widerspruch stieß, besitzen sie Wert.

Sollte mein Versuch (1994), die deduktive Äquivalenz einer Klasse aristotelischer, buddhistischer (indischer und chinesischer) und mohistischer Formulierungen der genannten vier allgemeingültigen logischen Gesetze nachzuweisen, stichhaltig sein, so würde er ein starkes empirisch-induktives Argument für die Existenz allgemeingültiger logischer Prinzipien liefern. Denn der Nachweis besagt ja, dass aller Unterschiedlichkeit der sprachlichen Fassungen ungeachtet dieselben Grund- und Folgerungsregeln formuliert sind und dass deren Anwendung auf identische Prämissen zu identischen Schlussfolgerungen führt. Bezieht man zudem entsprechende Anwendungen aus indischen, chinesischen, japanischen und arabischen Texten ein, und stellt heraus, dass wichtige mathematische Prinzipien, deren Formulierung die Anerkennung dieser Gesetze impliziert, nicht nur in Griechenland, sondern eben etwa auch im vor-Qin-zeitlichen China schriftlich fixiert wurden, so gewinnt das empirisch-induktive Argument weiter an Kraft.

Das Problem der Identifikation von Formulierungen logischer Gesetze

Unbestreitbar ist die Identifizierung einer Passage als Formulierung eines logischen Gesetzes ein Problem. Besteht nicht die Gefahr, dass ein Europäer einfach „seinen Aristoteles" in einen buddhistischen Text liest? Glaubten nicht brillante Jesuiten, in alten chinesischen Texten Erwähnungen Gottes entdeckt zu haben? Wie insbesondere Matteo Ricci (1552–1610) waren sie überzeugt, dass Ausdrücke wie *tian* 天, „Himmel", und *shangdi* 上帝, „Oberer Herr", in altchinesischen Texten wie dem *Shijing*, dem „Klassiker der Lieder", (auch) einen Gott bezeichneten. Sie gingen dabei davon aus, dass die prinzipiell allen Menschen eigene natürliche Vernunft – das *lumen naturale* – auch in China schon früh zu der, wenn auch dunklen, Einsicht in die Existenz eines Gottes geführt habe. Ihre Annahme und ihr entsprechender missionarischer Ansatz ähnelte den, wie es heißt, von Paulus in Griechenland vorgetragenen Interpretationen griechischer Vorstellungen eines „unbekannten Gottes", die, zur Klarheit gebracht, schließlich auf den christlichen Gott zu beziehen seien.

Die Versuchung, eigene *inhaltliche* Vorstellungen – wie Gottesbegriffe – in einen Text zu projizieren, ist jedoch von der methodologischen Notwendigkeit zu unterscheiden, *Formen* wie Gesetze der Logik in Betracht zu ziehen.

Auch der Einwand, dass, wo ein bestimmter Ausdruck fehle, auch die Sache nicht vorhanden sei, ist erneut zurückzuweisen. So heißt es etwa bei Möller (1998: 71), dass „erst [....] das Wort [*luoji* 邏輯 für Logik] erfunden werden [musste], um [der] Sache [Logik] [im altchinesischen Schrifttum] nachspüren zu können". In ähnlicher Weise wird immer wieder unterstrichen, dass es im Chinesischen oder Japanischen ursprünglich kein Wort für Philosophie gegeben habe. Daraus wird dann geschlossen, dass es in den frühen chinesischen oder japanischen Kulturen keine Philosophie gegeben habe(n) (könne). Obwohl diese Argumente sachlich so schwach sind, dass sie kaum eine Auseinandersetzung lohnen, sind sie sehr einflussreich. Das Fehlen eines Wortes kann zwar ein Indiz für das Fehlen einer Sache sein, doch gilt dies nicht unbedingt. Entsprechend ist von Fall zu Fall zu prüfen, was richtig ist. Dafür bieten sich verschiedene Verfahren an. Im gegebenen

Marginalien:

Projektion eigener Vorstellungen in fremde Texte

Wort und Sache

Zusammenhang ist zunächst zu untersuchen, ob das traditionelle Chinesisch Ausdrücke kennt, die Ähnliches wie das deutsche Wort „Logik" bezeichnen. Das heißt insbesondere Ausdrücke, die Teilbereiche dessen bezeichnen, was mit „Logik" gemeint ist. Um das tun zu können, ist explizit zu machen, in welchem Sinn „Logik" dabei verstanden werden soll. Geht man davon aus, dass es sich bei einer Logik jedenfalls um eine Theorie der Identität, Widerspruchsfreiheit und widerspruchsfreier Schlussfolgerung(en) handelt, so ist es leicht, deutlich zu machen, dass die mohistischen *Mo bian* 墨辯 – die Analysen, Unterscheidungen und Disputationen von *tong yi* 同異, Identität und Verschiedenheit, – solch theoretische Elemente einschließen, und dass das buddhistische *yingming* 因明 – die buddhistische Begründungstheorie (skt. *hetuvidyā*, jap. *immyō*) – unter anderem auch logische Widerspruchsfreiheits- und Schlussfolgerungstheorien formuliert.

Aber selbst wenn keine solch allgemeinen Ausdrücke wie *Mo bian* oder *yinming* auszumachen sind, ist die Frage noch offen. Denn auch dann können Texte sich z. B. gegen jede Widersprüchlichkeit wenden. In jedem Fall ist zudem im Detail zu untersuchen und explizit zu machen, was gemeint ist, wenn eine Passage in einem klassischem chinesischen Text eine Wenn-dann-Verbindung einschließt oder eine Wendung (einen Satz, eine Lehre) aus diesem oder jenem Grund als unzulässig (*bu ke* 不可) erklärt. Ja, es ist zu prüfen, in welcher Weise ein solcher Text überhaupt bejaht (*shi* 是, „… ist") und verneint (*fei* 非 „ist nicht", *fei niu* 非牛 „ist kein Ochse", „Nicht-Ochse" etc.). Die im mohistischen Kanon formulierte vollständige kombinatorische Unterscheidung der Prädikatquantifizierung von Sätzen (wie bei Graham 1978, insbes. Nr. 17: 491, und mir 1994: 69f. wiedergegeben und analysiert) ist eine aufschlussreiche Quelle „altchinesischer" logischer Reflexion über Affirmation und Negation. (Unter Quantoren versteht man dabei Ausdrücke wie „einige" und „alle".) Geht man in der Analyse der chinesischen Texte – *mutatis mutandis* gilt freilich Entsprechendes auch für die Interpretation etwa von Sanskrit-Texten – davon aus, dass unter einem logischen Gesetz eine (in bestimmter Hinsicht) unumgängliche (notwendige) und für jeden, der eine identifizierbare, gültige Schlussfolgerung ziehen und/oder artikulieren will, verbindliche Norm zu verstehen sei, so lässt sich in der Tat zeigen, dass es entsprechende klassisch-chinesische Wortfamilien und Konzepte gibt. So findet sich im mohistischen Kanon wiederholt das Begriffszeichen *bi* 必, „notwendig". Außerdem wird der Ausdruck *bu ke*, „inakzeptabel", gebraucht, um klar zu machen, dass etwas nicht gestattet, nicht legitim sei. Und schließlich heißt es, dass eine Rede nur dann „fortschreiten" (*xing* 行) könne, wenn sie die als notwendig und akzeptabel bezeichneten Bedingungen beachte. Dies genügt, um festzustellen, dass hier von *Gesetzen* der Schlussfolgerung gesprochen wird.

Besonders wichtig ist es, sich bewusst zu machen, was überhaupt zu zeigen ist, um eine Hypothese wie die zu begründen, dass bestimmte „aristotelische" Prinzipien und bestimmte in chinesischen Texten formulierte und angewandte logische Gesetze identisch seien. So ist zum Beispiel *nicht* nachzuweisen, dass sich „aristotelische Logik" auch in altchinesischen Texten findet. Einmal ist „aristotelische Logik" ein Klassenname für eine Zahl unterschiedlicher, spezifischer Logik*theorien*. Zum zweiten bezieht sich der Ausdruck auch auf spezifische Formulierungen. Eben diese Theo-

Aristotelische Logik-Theorie und allgemeingültige logische Gesetze

rien und diese Formulierungen auch im klassischen Chinesisch finden zu wollen, wäre ein absurdes Unterfangen. Es kann lediglich um die Frage gehen, ob bestimmte in frühen indischen, chinesischen und/oder japanischen Texten nachweisbare Passagen als Formulierungen von Gesetzen und Gesetzesanwendungen zu interpretieren seien, die den in aristotelischen Werken ausgedrückten allgemeingültigen logischen Prinzipien und ihren Anwendungen *(deduktiv) äquivalent* sind. In gewisser Weise hat sich dabei die Verwendung des Ausdrucks „aristotelisch" als Quelle von Missverständnissen erwiesen. Denn prägnant gesagt, darf auch ein „aristotelisches" Axiom nur als *ein Beispiel einer Formulierung* eines logischen Gesetzes begriffen werden, das sich eben auch in anderer Weise und insbesondere in anderen Sprachen (als etwa dem Altgriechischen, Lateinischen, Arabischen oder Deutschen) artikulieren lässt. Es darf nicht als Formulierung *eines spezifisch aristotelischen (logischen) Denkgesetzes* (miss)verstanden werden. Die *sachliche* Perspektive, unter der – etwa – chinesische Texte zu betrachten sind (und hier betrachtet werden), ist nicht „aristotelisch", sondern allgemein-Logik-theoretisch.

Die (formale) deduktive Äquivalenz von zwei Klassen logischer Regeln bedeutet, dass die Anwendung dieser Regeln auf identische Prämissen zu identischen Resultaten (Schlussfolgerungen) führt. Es geht dann näherhin darum zu zeigen, dass – etwa – das klassische Chinesisch Formulierungen entsprechender Regeln aufweist. Äquivalenz ist also durchaus eine strenge, konsequenzenreiche Forderung. Dennoch kann eine solche Äquivalenz zum Beispiel unabhängig davon bestehen, ob die Regeln als Regeln für konsistenten (oder akzeptablen) Sprachgebrauch oder unter Verwendung des Wortes „logisch" als logische Regeln *formuliert* sind. So wurden (wie ich 1994 dargestellt habe) auch zahlreiche *aristotelische* logische Gesetze als *sprachliche* Normen *formuliert*. Möller, der zu Recht darauf hinweist, dass es sich bei den angesprochenen mohistischen Lehren und Theoremen um theoretische Reflexionen zulässiger Bezeichnungen etc. handelt, ist dieser Sachverhalt entgangen. Im Übrigen ist wiederholt unterstrichen worden, dass die mohistischen Lehren explizit als Theoreme korrekten Sprachgebrauchs formuliert seien. Im Anschluss an Graham lässt sich dabei herausstellen, dass es sich insbesondere um Theoreme *konsistenten* Sprachgebrauchs handle.

Zudem ist die Frage der formalen Äquivalenz prinzipiell auch davon unabhängig, ob logische Zweiwertigkeit durch Wörter wie „wahr" und „falsch", „statthaft" und „unstatthaft" oder „richtig" und „unrichtig" (*ke* und *bu ke* oder *shi* und *fei*) ausgedrückt ist.

Dazu kommen weitere Faktoren, die keinerlei Einfluss auf den logischen Charakter einer Struktur zu haben brauchen. Zu ihnen gehört, dass die Syllogismen zahlreicher *yinming*-Texte mit einer Behauptung beginnen, statt mit einer entsprechenden „aristotelischen" Conclusio zu enden. Frankenhauser (1996: 9) sieht darin ein Indiz für eine spezifisch buddhistische Logik, obwohl solch ein Unterschied an der identischen logischen Struktur der logischen Formen nichts ändert. Überhaupt wird generell dem äußeren Unterschied von Schlussformeln viel zu große Bedeutung beigemessen. Letztendlich spielt es keine Rolle, welche Schlussfiguren man benutzt, wenn sie nur einschlägig und gültig sind.

Generell gesagt, unterscheidet Frankenhauser einfach nicht hinreichend klar zwischen Logischem und Nichtlogischem. Das dokumentiert insbesondere die von ihm aufgeworfene seines Erachtens „wichtige [!] Frage", ob „*yinming* überhaupt als Logik im westlichen Sinne bezeichnet werden kann" (1996: 7). *Yinming* ist der Name für eine Klasse von Begründungstheorien und so wenig eine Theorie der Logik wie das *Organon*. Sie schließt nur Logiktheorie(n) ein, die dann als Theorien von Widerspruchsfreiheit und Schlussfolgerung freilich so „westlich" sind wie „westliche" Theorien auch und die demzufolge keine Rede von einer „authochton [!] chinesischen Logik" oder einer „Logik des Ostens" (1996: 2, 3, 4, 212 und 227) zu rechtfertigen vermögen.

Ja, selbst die Frage, ob eine Theorie in axiomatischer Gestalt formuliert ist oder nicht, ist für die Äquivalenz-Problematik prinzipiell unbedeutend. Die bekannte Tatsache, dass unterschiedliche explizite Axiomensysteme denselben logischen Gehalt ausdrücken bzw. konstituieren können (man in der Wahl der expliziten Axiomatik also in gewissen Grenzen frei ist), illustriert besonders gut, dass Äußerlichkeiten nicht überbewertet werden dürfen.

Zu den für Fragen der logischen Struktur und Äquivalenz irrelevanten Faktoren gehört weiterhin das seit altersher von Sprachrelativisten unterstrichene Faktum, dass sich Einzelsprachen in vielerlei Hinsicht signifikant voneinander unterscheiden. Es berechtigt nicht zu dem Schluss, dass dies zu entsprechend unterschiedlichen logischen Gesetzen führe. So ist das beliebte Argument, dass die Subjekt- und Prädikatstruktur des Altgriechischen für eine spezifisch griechische Logik konstitutiv (gewesen) sei, unhaltbar. Es beruht auf einer Konfundierung von logischen und grammatikalischen Kategorien. Oft wird das grammatische mit dem logischen Subjekt verwechselt, das nicht durch seine syntaktische Stellung, sondern durch seinen Ort in der einschlägigen Begriffspyramide der Art-Gattungsverhältnisse bestimmt ist. Ob ich sage „Bäume sind Lebewesen" oder „Lebewesen schließen Bäume ein", ändert am (logischen) Art-Gattungsverhältnis von „Baum" und „Lebewesen" nichts. Analysen der Terminologie von *hetuvidyā* und *yinming* bestätigen dies und zeigen darüber hinaus, dass die in *yinming* formulierten Gesetze keinesfalls eine Funktion des Chinesischen sind. Schon die im Sanskrit üblichen Termini *dharma* und *dharmin*, Eigenschaft (z. B. Vergänglichkeit) und Eigenschaftsträger (z. B. Topf), bezeichnen keine festen grammatischen Kategorien. Der *dharma* konnte, brauchte aber keinesfalls grammatisches Subjekt eines Satzes sein, um als *dharma* zu gelten. Ebensowenig sind die ingeniösen chinesischen Übersetzungen *fa* 法 und *you fa* 有法 (jap. *hō* und *uhō*) grammatikalische Termini. Ja, die Erläuterungen des Tang-zeitlichen buddhistischen Gelehrten Wen Gui 文軌 (7. Jh.), denen zufolge es sich bei der ersten Kategorie um einen Faktor handelt, der in einem chinesischen Satz normalerweise zuerst genannt werde (vgl. Harbsmeier 1998: 380 und meine Ausführungen 1993: 350), belegen, dass man sich der Unterschiedlichkeit zwischen sprachlichen und logischen Verhältnissen bewusst war. Wie ich (etwa 1993: 178 und 1994: 77 f.) zu zeigen suchte, wurde der logische Status von *dharma* oder *fa* durch dieselben Identitäts- und Verschiedenheitsverhältnisse der entsprechenden Begriffe (genauer: Begriffsinhalte) determiniert, die letztlich auch die Art-Gattungsbeziehungen bestimmen.

Unterschiedlichkeit menschlicher Sprachen und Universalität der Logik

Außerdem waren sich *hetuvidyā*- und *yinming*-Gelehrte bewusst, dass die Klärung semantischer (inhaltlicher) Fragen und die Frage nach einer gültigen Schlussfolgerung (bzw. einem gültigen Beweis) zu unterscheiden seien. Sie unterstreichen wiederholt, dass ein Syllogismus erst dann durchgeführt werden könne, wenn die inhaltliche Bedeutung seiner Schlüsselbegriffe *übereinstimmend geklärt* sei. Nur dann kann der formallogische Mechanismus der Konklusion oder des Beweises tatsächlich zur Lösung einer Kontroverse beitragen. Anders als es scheinen mag, ist darin *kein Indiz für eine inhaltlich orientierte* Auffassung logischer Strukturen zu sehen, sondern eben ein Beleg dafür, dass man Inhalt (Semantik) und formale Logizität (Logik) auseinander hielt. Die traditionelle (auch traditionell sinologische) Übersetzung von *hetuvidyā* bzw. *yinming* als „Buddhistische Logik" („Buddhist logic") dürfte für Missverständnisse dieser Theorien als Formulierungen inhaltlicher *Logik*-Regeln mitverantwortlich sein. Wie gesagt, sollte die Übertragung etwa „Begründungstheorie" lauten.

Die Logiktheorie – die Theorie insbesondere widerspruchsfreier, gültiger Schlussfolgerung – bildet nur eine Teildisziplin des *hetuvidyā*, und zwar jene Sparte, in der es vor allem um das *hetucakra* (chin. *yinlun* 因輪, jap. *inrin*), das Rad des Grundes, und das *trirūpaliṅga* (chin. *yin sanxiang* 因三相, jap. *in [no] sansō*), den Grund in seinen drei Merkmalen, geht. Dabei lautet eben die zentrale Frage, welchen Merkmalen (bzw. Kriterien) ein Grund zu genügen habe, um eine logisch gültige Schlussfolgerung zu ermöglichen. In einem Standardbeispiel heißt es, dass Töpfe „vergänglich" seien, weil sie „erzeugt" seien. „Erzeugt zu sein" ist dann Grund der Vergänglichkeit, und dabei gültiger Grund, weil er u.a. dem Kriterium genügt, dass *alles* Erzeugte vergänglich ist.

Auch die Analyse einschlägiger mohistischer Texte ist geeignet, die Unabhängigkeit spezifisch sprachlicher und logischer Verhältnisse zu illustrieren, wenn auch in wieder anderer Weise. Dort formulierte logische Gesetze und „aristotelische" Prinzipien sind deduktiv äquivalent, obwohl sich die Bedeutungen der logischen Quantoren unterscheiden und obwohl einmal die logischen Prädikate und einmal die logischen Subjekte quantifiziert werden. In der schon mehrfach erwähnten Studie 1994 habe ich (S. 69 ff.) auch das zu zeigen versucht.

5.2.1.1.7 Das empirische (philologisch-historische) Argument, dass ein Text Anwendungen allgemeingültiger logischer Gesetze enthalte

Auch dieses Argument ist wegen der Relevanz der Sache und aus „strategischen" Erwägungen unverzichtbar. Es widerlegt, erstens, die oft wiederholte einflussreiche Behauptung, dass bestimmte traditionelle chinesische und/ oder buddhistische Texte einer „anderen" Logik folgten und insbesondere das *Tertium non datur* ignorierten bzw. von ihm abwichen und so dokumentierten, dass es nicht als gültig betrachtet wurde oder werde. Zweitens vermag es – ähnlich wie das Theorie-bezogene Argument – vielleicht auch jemand zu überzeugen, der mit dem allgemein-methodologischen Argument nichts im Sinn hat. Drittens ist es eine wichtige Ergänzung zum Theorie-bezogenen Argument. Denn an vielen Anwendungen des *Tertium non datur* lässt sich zeigen, dass sie als Anwendungen eines allgemeingültigen Prinzips gemeint sind. Dabei lässt sich freilich nicht in jedem Fall einfach zwischen impliziten und expliziten Anwendungen unterscheiden. Jedenfalls sind bestimmte Anwendungen aufgrund ihrer Formulierung und ihres Kontexts geeignet, die Hypothese zu stärken, dass das *Tertium non datur* als Gesetz begriffen wurde. Besonderes Gewicht haben dabei Beispiele, die sich in Texten finden, die auch Formulierungen des *Tertium non datur* selbst enthalten. Zu ihnen gehört etwa das *Cheng weishi lun* Xuanzangs, eine zum Teil in Form von Übertragungen aus dem Sanskrit verfasste, Jahrhunderte lang im sinoasiatischen scholastischen Buddhismus einflussreiche Exposition und Rechtfertigung der Theorie, dass letztlich alles Seiende bloßes Bewusstsein sei. Dort heißt es nämlich (Wei Tat 1973: 44 f.):

Tertium non datur

you fei yi yi wei shi gong zhi you yi yi wu 又非一異違世共知有一異物

„Dass etwas weder identisch noch verschieden (von anderem) ist, widerspricht der in der Welt allgemeinen Erkenntnis, dass die Dinge entweder identisch (mit) oder verschieden (von anderen) sind."

Und zu diesen Anwendungen gehören auch zahlreiche Passagen aus Nāgārjunas (um 100) *Mūlamadhyamakakārikā* und dessen chinesischer Übertragung *Zhonglun* und zwar gerade die, die innerhalb von *Tetralemmata* formuliert sind, die der Durchführung von Beweisen dienen. Diese Stellen bilden einige der überzeugendsten Gegenbeispiele zu der populären Hypothese, dass Nāgārjuna und/oder die *Sanlun*-Schule, die „Schule der drei Traktate", die Gültigkeit des *Tertium non datur* nicht anerkennten.

„Schule der drei Traktate" ist ein anderer, in Sinoasien verbreiteter Name für (skt.) *Madhyamaka*, die „Schule der Mittleren Lehre". Er bezieht sich auf die drei grundlegenden Traktate, von denen zwei Nāgārjuna und einer Āryadeva (2.–3. Jh.) zugeschrieben werden. „Mittlere Lehre" bezeichnet vor allem die *ontologische* Position, der zufolge nichts ewig existiert und nichts abrupt und spuren- oder wirkungslos vergeht. Neben dem ebenfalls konsequent um Logizität bemühten (1) *Abhidharmakośa* (chin. *Jushe lun*, jap. *Kusha-ron*), einem Kompendium buddhistischer Scholastik aus dem 5. Jahrhundert, dem [2] (erneut um Konsistenz bemühten) *Cheng weishi lun* (jap. *Jōyuishiki-ron*) und (3) Buddhaghosas (um 400) *Visuddhimagga* sind (4) Nāgārjunas *Mūlamadhyamakakārikā* bzw. dessen chinesische Version *Zhonglun* (jap. *Chū-ron*) die systematisch wie wirkungsgeschichtlich wichtigsten Traktate buddhistischer Scholastik überhaupt. Vereinfacht gesagt, geben die vier oder fünf Traktate die neben den philosophisch relevanten Theoremen des Pali-Kanons wichtigsten Lehren des philosophischen Buddhismus wieder: (1) die von *Sarvāstivāda* (der Schule, dass „alles existiert", chin. *Yiqie you bu*, jap. *[Setsu-]Issaiu-bu*), *Sautrāntika* (der Sūtren-Schule, chin. *Jingliang bu*, jap. *Kyōryō-bu*), (2) *Vijñaptimātratā* (der Schule vom „bloßem Bewusstsein", chin. *Weishi zong*, jap. *Yuishiki-shū*), (3) *Theravāda* (der Schule der Älteren, chin. *Shangzuo bu*, jap. *Jōza-bu*) und eben (4) *Madhyamaka* (der Schule der „mittleren Sicht", chin. *Zhongguan xuepai*, jap. *Chūgangaku-ha*). Das im gegebenen Zusammenhang wichtigste Fazit: die grundlegenden und jedenfalls wirkungsmächtigsten Texte buddhistischer Philosophie von „Indien" bis „Japan" sind erkennbar um Widerspruchsfreiheit und Beachtung des *Tertium non datur* bemüht.

In der Geschichte Chinas spielte das *Tertium non datur* schon in vor-Qinzeitlichen und frühbuddhistischen (bis Tang-zeitlichen) Texten eine wichtige Rolle. Neben vielen anderen Texten bietet dabei das *Zhanguo ce* 戰國策, „Anekdoten der (Epoche der) Streitenden Reiche", einschlägiges Material. Ja, dies Werk ist überhaupt ein exzellentes Beispiel für die Relevanz, die identifizierbar logische Argumentation im vor-Qin-zeitlichen China besaß, und für das hohe Niveau differenzierter, ja subtiler logischer Reflexion.

Vorab jedoch noch ein vierter Grund, der für eine Durchführung auch des Anwendungs-Arguments spricht. Überzeugt es, so ist ein weiteres Mal gezeigt, dass – etwa – auch „die Chinesen" genauso (wenig) logisch denken wie „wir".

Das *Zhanguo ce* enthält eine Fülle von Anwendungen des *Tertium non datur*, die in identifizierbar argumentativer Absicht formuliert sind. So sollen mehrere Anwendungen Dilemmata ausdrücken. In einem Beispiel heißt es sinngemäß, dass in jedem Fall mit ähnlich unwillkommenen Konsequenzen zu rechnen sei, gleich, ob ein bestimmtes „Wegerecht gewährt" oder ob dies „Wegerecht nicht gewährt" werde (Crump 1996: 70). Zweck der schon in ihrer äußeren Form als vollständige Disjunktion identifizierbaren Passage ist es offenbar, klar zu machen, dass diese zwei Alternativen das Spektrum aller Möglichkeiten umfassen und dass es also keine dritte Möglichkeit gebe. Wäre das nicht gemeint, so wären die daran anschließenden Überlegungen (die dies voraussetzen) grundlos. Die Formulierung eines anderen Dilemmas soll zeigen, dass ein Krieg in jedem Fall üble Folgen hätte und bewirken, dass man sich gegen ihn entscheide. Das Argument gründet auf der Disjunktion „Falls Du gewinnst [...]. Falls Du nicht gewinnst [...]" (Crump 1996: 79f.). Es ist freilich nicht völlig klar, lässt es doch nicht zweifelsfrei erkennen, ob das „nicht gewinnen" ein „Unentschieden" einschließt oder nicht. Generell gesagt, bilden Dilemmata ein besonderes geeignetes Material für eine Analyse von potentiellen Verwendungen des *Tertium non datur*. Dabei ist selbstverständlich nicht davon auszugehen, dass jedes Dilemma eine Anwendung des *Tertium non datur* ist. Das Dilemma lässt sich ja auch als eigene, spezifische Form verstehen. Außerdem ist oft nicht (leicht) zu entscheiden, ob es sich überhaupt um eine vollständige Disjunktion oder nur um einen konträren Gegensatz handelt.

Eine weitere Stelle des *Zhanguo ce* berichtet von dem Versuch, einen Überläufer zu diskreditieren. Das eingeschlagene Verfahren lässt erkennen, dass es in dem Bewusstsein und mit der Absicht gewählt ist, unfehlbar zum Ziel zu führen. Der feindlichen Macht wird ein zu diesem Zweck verfasster, an den Überläufer adressierter Brief zugespielt, der ihn unfehlbar als Spion erscheinen lässt. Es enthält die ingeniöse Formulierung „Falls die Angelegenheit erledigt werden kann, muss sie um jeden Preis erledigt werden. Falls sie nicht erledigt werden kann, musst Du sofort zurückkehren." Es ist offensichtlich, dass solch eine Wendung dem skizzierten Zweck dienen soll. Ebenso evident erscheint, dass sie in ihrer raffinierten Allgemeinheit und Unbestimmtheit, die überdies in einer durch Misstrauen, Intrigen und Verrat bestimmten politischen Welt auch psychologisch überzeugt haben dürfte, in dem Bewusstsein gewählt wurde, keine dritte Möglichkeit zuzulassen und eben (auch) *deshalb* als sichere Basis für die gewünschten Schlussfolgerungen zu dienen. Der Überläufer wurde denn auch hingerichtet (Crump 1996: 75).

Im Kontext der Frage, welche Rolle das *Tertium non datur* in vor-Qin-zeitlichen Texten spielt, kommt der Untersuchung, ob und wieweit Verletzungen oder gar Gültigkeits-Bestreitungen kritisiert wurden, besondere Wichtigkeit zu. Das heißt nicht, dass die *Menge* dieser Verletzungen oder Bestreitungen wichtig wäre. Denn nach allem, was wir wissen, gibt es hier keinerlei signifikante Differenzen etwa zu altgriechischen Texten (um von den philosophischen Werken Fichtes, Schellings oder Hegels gar nicht weiter zu reden). Auch sind Verletzungen ohnehin sachlich insignifikant. Das kann nicht oft genug betont werden.

Im Kontext der angeschnittenen Frage sind also die Fälle besonders interessant, in denen vor-Qin-zeitliche Texte die Gültigkeit logischer Gesetze wie des *Tertium non datur bestreiten*. Dabei wäre zu untersuchen, wie auf solche Absichten reagiert wurde, und vermutlich ergäbe sich, dass dies in ähnlicher Weise geschah, wie Aristoteles auf die von ihm Protagoras zugeschriebene Infragestellung logischer Gesetze reagierte. Einen Beleg dafür bietet der „Fall" Deng Xi (aus dem 6. Jh. v. u. Z.), der gemeinhin als „Sophist" eingestuft wurde. Auch Xunzi griff ihn an. Deng Xi wurde unter anderem die Ansicht vorgeworfen, „dass beide Alternativen zulässig seien" (Knoblock 1988, I: 165). Das heißt, er soll behauptet haben, dass sowohl A als auch Nicht-A akzeptabel seien. Dies wäre formallogisch äquivalent einer Negation des *Tertium non datur*. Außerdem implizierte es eine Negation des Widerspruchsfreiheitsprinzips. Ist diese Interpretation stichhaltig, so wäre sie wohl ein (weiteres) Indiz dafür, dass der Satz vom ausgeschlossenen Dritten als ein Prinzip betrachtet wurde, ein Prinzip überdies, das es zu verteidigen galt.

5.2.1.1.8 Worum es geht. Noch einmal zur Relevanz der Frage nach einer „universalen Logik"

Es ist die evidente Tatsache, dass das methodologische Argument so gut wie keine Konsequenzen zeitigt, die dazu bewegt, es stets aufs neue vorzutragen und „auszubauen", und die es gebietet, die fraglichen, unhaltbaren Hypothesen von der Existenz einer östlichen Logik auch auf anderen Argumentationsebenen zu widerlegen. Abgesehen von ihrer sachlichen Unkorrektheit und den terminologischen Konfusionen, die oft im Spiel sind, insinuieren solche Hypothesen ja auch, dass es kulturelle Differenzen gibt, die gar nicht bestehen können, und sie sind so interkulturellem Verstehen abträglich. In wiederholten kritischen Auseinandersetzungen, die es nicht nur bei einer Wiedergabe des methodologischen Arguments belassen, geht es also darum, einer Situation zu entsprechen, für die die verantwortlich sind, die solche Hypothesen formulieren oder teilen und das methodologische Argument einfach nicht ernst nehmen. Empirisch-induktive, philologisch-historische Argumente überzeugen nun einmal auch manchen, der mit abstrakt-allgemeinen oder (gar) transzendentalen Argumenten nichts im Sinn hat. Als so genannte schlagende Gegenbeispiele etwa zu einer Interpretation, der zufolge ein Text die Gültigkeit des *Tertium non datur* negiere, sind sie oft besonders starke Argumente. Davon abgesehen jedoch tragen entsprechende Analysen und Interpretationen etwa altindischer oder vor-Qin- und Tang-zeitlicher chinesischer Texte dazu bei, Aufschlüsse über den

Charakter dieser Texte zu gewinnen und so (auch), und das ist vielleicht der wichtigste Punkt, die eigene Hermeneutik und Heuristik im Umgang mit fremdsprachlichen Texten zu verfeinern. Dies erscheint vor allem relevant, wenn es um Übersetzungen solcher Ausdrücke wie (chin.) *ji* 即 (jap. *soku*) geht, die oft mit „identisch sein" übertragen werden. Ist einmal das Bewusstsein dafür geschärft, dass man nicht, und schon gar nicht ohne Weiteres, davon ausgehen darf, dass zahlreiche buddhistische und neo„konfuzianische" Passagen, die man nicht als Glaubensbekenntnisse einstuft oder einstufen will (denn dann sollte man sie mit römisch-katholischen Bekenntnissen zum christlichen Gott oder entsprechenden religiös-theologischen Apologien vergleichen), in zentralen, fundamentalen Stellen schlichten logischen Unsinn ausdrücken, dann wird man sie auch anders lesen und bereitwilliger nach konsistenten Interpretationen suchen, als bisher oft geschehen. Zu solchen Passagen gehören bekanntlich vor allem die buddhistischen Wendungen *se ji shi kong kong ji shi se* 色即是空空即是色 und *shengsi ji niepan* 生死即涅磐, die in klassischen Fällen keinesfalls „Form ist identisch mit/nichts anderes als Leere, Leere ist identisch mit/nichts anderes als Form" bzw. „*saṃsāra* ist identisch mit/nichts anderes als *nirvāṇa*" bedeuten, sondern sich ohne Weiteres, und dies auf verschiedene Weise, als konsistente Ausdrücke lesen lassen. Aus der Reihe der sich bietenden Möglichkeiten konsistenter Übertragungen seien nur zwei genannt: „Was Gestalt hat, ist leer; was leer ist, hat Gestalt" und „(Der Bereich des) *saṃsāra* ist (der Bereich des) *nirvāṇa*". Beide Formulierungen bezeichnen bloß eine extensionale, aber keine intensionale (inhaltliche) Identität. Ein bekanntes einschlägiges Beispiel aus der deutschen Sprache sind die Ausdrücke „Morgenstern" und „Abendstern", die sich auf denselben Gegenstand beziehen (dieselbe Referenz besitzen), aber unterschiedliche Bedeutung haben. In der zweiten Übersetzung ist das Gemeinte durch die Klammern zu illustrieren versucht. Selbstverständlich dürfen gerade in solch einem Fall zusätzliche Erläuterungen und Begründungen erwartet werden. Beispiele finden sich etwa bei Takasaki (1987: 168ff.) und in meinen einschlägigen Untersuchungen (etwa 1993: 135ff. und 2005a).

5.2.1.1.9 Logik und Sprache: ein universales Konzept des logischen Urteils in „griechischer", „indischer", „sinoasiatischer" und „arabischer" bzw. „islamischer" Philosophie

Interkulturelle oder komparative Philosophie der Logik sollte sowohl Sachverhalte logischen Denkens als auch Theorien der Logik berücksichtigen. Erstere sind aus den unterschiedlichsten Texten (wie eben dem *Zhanguo ce*) „ablesbar". Besonders interessante *Theorien* der Logik aber wurden vor allem in „griechischen", „indischen", „chinesischen" und „arabischen" Kulturen entwickelt: sie sind in signifikant unterschiedlichen Sprachen formuliert und wurden zur historischen Quelle bzw. Grundlage aller seither konzipierten Theorien der Logik überhaupt. Denkt man an die („chinesische") mohistische Logik, so entstanden die ersten drei Traditionen auch unabhängig voneinander. Die vierte – „arabische" – Tradition dokumentiert in beeindruckender Weise die Unabhängigkeit der Theorie der Logik von ihrer sprachlichen Form, wurde doch die für sie kennzeichnende Version „aristo-

telischer" Logik zunächst über *syrische* Übersetzungen in die *arabische* Welt vermittelt. Sie bietet damit ein ähnliches Indiz universaler Logik wie die Überlieferung und Gestaltung der im Buddhismus entwickelten Theorien der Logik von Indien bis Japan.

Zu den wichtigsten Problemen interkultureller Philosophie der Logik zählen die Fragen nach der (1) Allgemeingültigkeit von Gesetzen wie den Prinzipien der Widerspruchsfreiheit und des ausgeschlossenen Dritten und (2) nach dem Verhältnis zwischen sprachlicher Form und logischer Form und Gesetzmäßigkeit. Das sei um einer besseren Orientierung willen wiederholt. Oben ist insbesondere der ersten Frage (1) nachgegangen. Auch die Frage (2) nach dem Verhältnis von Sprache und Logik ist oben erörtert. Aber wegen ihrer Prominenz und Zugänglichkeit verdient sie weitergehende Ausführungen, und dies zumal, weil sich damit eine Gelegenheit bietet, exemplarisch zu zeigen, wie sich auch Hypothesen „arabischer" Theorien der Logik berücksichtigen lassen.

Zudem trägt solch ein Versuch (auch) zu dem Nachweis bei, dass die Theorien logischer Strukturen, die in griechischen, indischen, chinesischen und arabischen Kulturen entwickelt oder vertreten wurden, in allen logisch relevanten Hinsichten äquivalent sind. Für einen Nachweis ihrer deduktiver Äquivalenz ist eine Demonstration der „Unabhängigkeit von Logik und Sprache" sogar unabdingbar.

Die folgende Skizze soll zeigen, dass die unterschiedlichen einschlägigen und relevanten Formulierungen griechischer, arabischer, indischer und chinesischer Provenienz äquivalente Urteilskonzepte ausdrücken. Sie ist damit auch in der Hinsicht exemplarisch, als sie sich auf ein spezifisches Problem des Komplexes „Sprache und Logik" beschränkt, mag es sich auch um das wichtigste, weil grundlegendste Problem dieses Bereichs handeln. Im Übrigen kann die Skizze erneut auch als programmatische Überlegung oder als Zusammenfassung vorliegender Studien (Paul 1994, 1999 d und 2003) gelesen werden.

Die leitenden Hypothesen sind dabei in einer Auseinandersetzung mit systematisch wie historisch besonders wichtigen Texten entwickelt: mit Aristoteles' *Peri hermeneias*, der „Lehre vom Urteil", al-Fārābīs (ca. 870–950) Kommentar zu Aristoteles' *Peri hermeneias*, Dignāgas begründungstheoretischen Schriften (wie dem *Nyāyamukha*) und ihren chinesischen und japanischen Aneignungen seit Xuanzang sowie dem mohistischen Kanon (aus dem 4.–3. Jh. v. u. Z.). Die Doktrinen der Mohisten und – soweit wir bisher wissen – auch Dignāgas entstanden unabhängig von den Lehren des Aristoteles. Eine Pointe der Vergleiche liegt freilich darin, dass beides – Übernahme wie unabhängiges Entstehen – ein Indiz für die Universalität der fraglichen Konzepte des Urteils ist. Die Übernahme wäre nicht möglich (gewesen), wenn diese Konzepte von den spezifischen Merkmalen der Sprache abhängig wären, in denen sie zuerst formuliert wurden. Sie mussten bzw. müssen gegenüber den Spezifika der einzelnen menschlichen Sprachen in entscheidender Hinsicht invariant sein. Sofern sie unabhängig voneinander formuliert wurden und sich als äquivalent erweisen lassen, sind sie, grob und etwas metaphorisch gesagt, Belege für die Universalität dessen, was in der Natur der Sache liegt.

Doch was ist mit einem allgemeinen (alle relevanten spezifischen Begriffe einschließenden) und allgemeingültigen (für alle Menschen gültigen), von

Besonderheiten menschlicher Sprachen und Universalität der Logik

einzelnen menschlichen Sprachen und spezifischen Logik-Theorien unabhängigen Konzept des Urteils gemeint? Was ist zu zeigen, wenn nachgewiesen werden soll, dass die infrage stehenden Theorien dies Konzept einschließen, voraussetzen oder doch mit ihm verträglich sind? Welche Relevanz hat solch ein Nachweis?

Allgemein und vorläufig gesagt, sind Urteile als Verbindungen von Begriffen A und B zu verstehen, die Identitäts- und Diversitäts-Beziehungen zwischen A und B konstituieren bzw. bilden. Dabei kann es sich bei A und B auch um Begriffe von Begriffskomplexen und Urteilen handeln. Dies sei betont, um dem Einwand zu begegnen, dass der Ansatz z. B. Relationsbegriffe und komplexere Urteile ausschließe.

Die Verwendung des Wortes „Urteil" – und keines Wortes wie „Satz" – soll anzeigen, dass es um keinen sprachlichen Ausdruck geht. Um ein Urteil zu formulieren, bedarf es zwar *irgendeines* sprachlichen Gewands, irgendeines Satzes, einer Aussage, einer Wendung, oder, im umgangssprachlichen Sinn, einer Behauptung. Aber das Urteil besteht eben nicht in grammatischen, phonetischen oder semantischen sprachlichen Gegebenheiten, sondern in den mit ihnen artikulierten Identitäts- und Diversitätsrelationen von Begriffen. Es ist ihr Charakter als Begriffsrelationen, der Urteile zu Grundlagen und Bestandteilen von logischen Schlüssen macht. Sprachliche Gegebenheiten *als solche* können denn auch gar keine Fundamente und Bausteine von Schlussfolgerungen sein. Wie es mitunter geschieht, könnte auch von „logischen Urteilen" gesprochen werden. Aber der Ausdruck ist missverständlich, geht es doch nicht einfach um Begriffskomplexe, die (einer bestimmten) logischen Form oder einem bestimmten logischen Standard genügen, sondern vielmehr um *Relationen, die logische Form ausmachen oder konstituieren.* Derartig verstandene Urteile *sind* logische Formen.

Wenn es heißt, dass dieses Konzept des Urteils keine Funktion spezifischer Merkmale der einzelnen menschlichen Sprachen sei, so soll das auch besagen, dass jedes Urteil prinzipiell in jeder menschlichen Sprachen formulierbar ist, gleich, wie dies im Einzelnen geschieht. Selbst in ein und derselben Sprache kann ein Urteil auf verschiedene Weise ausgedrückt werden.

Geht es um Urteile (als logische Formen), so ist es – um es noch einmal anders auszudrücken – belanglos, was in den Sätzen einer Sprache grammatisches Subjekt, Objekt oder Prädikat ist. Es spielt auch keine Rolle, welche Kategorien einzelsprachliche Grammatiken unterscheiden. Theorien über Widerspruchsfreiheit und gültige Schlussfolgerung lassen sich stets als Auffassungen rekonstruieren, die von Urteilen ausgehen, deren konstitutive, logisch relevante Bestandteile Allgemeinbegriffe und spezifische Begriffe, Gattungs- und Artbegriffe, Genera und Spezies, Eigenschaftsträger und Eigenschaften oder etwa Merkmalsinhalte und Merkmale sind, *in jedem Fall aber als Begriffe, die in Identitäts- und Diversitäts-Relationen zueinander stehen. Dabei spielt es keine Rolle, ob diese Relationen in irgendeinem Sinn nicht-empirischer (analytischer, apriorischer) oder empirischer Art sind.* Auch ein empirischer deutscher Satz wie „Dieser Schal ist grün" lässt sich als mehr oder weniger explizite Formulierung eines solchen Urteils fassen. Er hieße dann z. B. „Der Begriff dieses Schals ist Begriff von etwas Grünem". Zwischen dem Inhalt des Begriffs „dieser Schal" und dem

Inhalt „Grünes" bzw. „von grüner Farbe" besteht ein Verhältnis der Teilidentität.

Soweit es um Fragen logischer Form geht, ist es überdies völlig irrelevant, wie wir erkennen (können), dass der Schal grün ist, und ebenso irrelevant, ob er wirklich grün ist. Wenn wir über Fragen logischer Form nachdenken, dann gehen wir einfach davon aus, dass bestimmte Identitäts- oder Diversitätsverhältnisse bestehen oder nicht bestehen. Ja, wir müssen das sogar tun. Auch deshalb ist es nicht sinnvoll, sich mit erkenntnistheoretischen und ontologischen Problemen aufzuhalten. Ob eine Sphinx „wirklich" existiert oder nicht, beeinflusst kein *logisches* Urteil und keinen *logischen* Schluss. Existenzurteile aber sind *keine* logischen Urteile. Fragen der Existenz können nur als Formfragen – und damit, um es noch einmal zu sagen, nicht als ontologische Probleme – logisch relevant sein. Unsere einschlägigen Reflexionen sollten deshalb stets hypothetisch-formalen Charakter besitzen. „*Wenn* das und das dies und jenes ist, und dies auch derartiges ist, *dann* …" „*Wenn* jede Sphinx Flügel hat, *dann* auch meine Lieblingssphinx." Noch einmal anders gesagt. Im Bemühen um die Formulierung oder Rekonstruktion eines allgemeinen Begriffs des logischen Urteiles müssen wir stets davon ausgehen, dass bestimmte Identitäts- und Diversitäts-Verhältnisse vorliegen. Wir brauchen uns nicht zu fragen, ob und ggf. wie wir solche Relationen im Einzelnen erkennen, behaupten oder bestreiten, welchen ontologischen Status die einzelnen Begriffe besitzen, ob bzw. welche Kriterien es gebe, um Begriffsinhalte (Intensionen) oder, etwa, Begriffsextensionen, in gültiger Form miteinander zu vergleichen usf.

Das Urteil (die Urteil genannte logische Form) als Identitäts- und Diversitäts-Relation zwischen Begriffen aufzufassen, ist nicht neu. Die Aristotelische Logik des *Organon* dürfte in der Tat entsprechend angelegt sein. Leibniz und Kant betonten den Ansatz. Im 20. Jahrhundert gab ihm Freytag-Löringhoff die bislang wohl optimale Form. Bedenken, wie sie aus der Sicht der so genannten modernen Logik, und wie sie von Logikern wie Quine geäußert wurden, sind, wie zu zeigen versucht wurde, irrelevant oder unhaltbar. Moderne Logik, wie sie etwa Hilbert und Ackermann verteidigen, ist einfach eine Klasse spezifischer, oft stark mathematisierter Theorien. Außerdem geht sie im Allgemeinen von Konzepten der Aussagenlogik aus. Das dabei womöglich Problematischste freilich besteht darin, dass Regeln wie das *ex falso quod libet*, die Erlaubnis, aus Falschem zu schließen, was immer man will, einfach akzeptiert werden. Eine Begriffslogik erlaubt keinen Schluss aus Urteilen wie „Der Mond ist viereckig" auf „Meine Haare sind aus Marmelade", wenn Prämissen wie „Alles Viereckige ist Haar" und „Alles Haarige ist aus Marmelade" fehlen. Außerdem kann der Gebrauch des Existenzquantors zu einer Art Ontologisierung führen, die die Zahl der gültigen Syllogismen in sachfremder Weise einschränkt. Quines berühmte Kritik in *Two Dogmas of Empiricism* aber läuft auf eine irrelevante Kriterienphilosophie hinaus. Wie gesagt, ist es für die Frage logischer Verhältnisse irrelevant, wie man etwa Identitäten *feststellt*, eingeschlossen Identitäten empirischer oder intensionaler Begriffe. Was das (scheinbar?) Altväterliche, Umständliche und das ‚Untechnische' der damit gewählten Terminologie angeht, so mag man ja durchaus ein gewisses Unbehagen empfinden. Es dürfte jedoch *sachlich* unbegründet sein. Vermutlich ließe sich der Ansatz auch in der formalen Sprache und Symbolik eines Prädikatenkalküls entwickeln, wenn dabei wohl auch manches modifiziert und z. B. der Existenzquantor einfach als aristotelisches „einige" gelesen werden müsste.

Die mohistische Theorie *Mo bian*, die Mohistische Disputationslehre, ist dem eigenen Anspruch nach eine Doktrin der Bejahung oder Verneinung. Dabei geht es insbesondere darum, in konsistenter Weise festzustellen, ob etwas „dies" (*shi*) oder – im kontradiktorischen Sinn – „nicht dies" (*fei*) sei, also in der Tat um Identität und Diversität. In diesem Zusammenhang unterscheiden auch die Mohisten hinreichend klar zwischen sprachlicher und logischer Ebene. Obwohl sie Bezeichnungen für weithin konventionell und prinzipiell veränderbar halten, betrachten die Mohisten es als unzulässig, dabei inkonsistent zu verfahren. Wenn man etwas „Kranich" nennt, darf man das kontradiktorische Gegenteil – all jene Objekte, die keine Kraniche sind, – nicht auch „Kraniche" nennen. Wenn man einen bestimmten Kreis als „rund" bezeichnet, muss man bzw. sollte man auch alle anderen Kreise als „rund" bezeichnen. Anders gesagt: Den Mohisten zufolge entscheiden in solchen Fällen *außersprachliche* Kriterien, und zwar eben Konsistenz- und näherhin Identitäts- und Diversitäts-Relationen.

Die buddhistische Disziplin der Begründungstheorie schließt insbesondere auch Doktrinen der Widerspruchsfreiheit und gültigen Schlussfolgerung ein. Wie es schon der Wortsinn der Termini „Eigenschaftsträger" (skt. *dharmin*, chin. *youfa*, jap. *ūhō*) und „Eigenschaft" (skt. *dharma*, chin. *fa*, jap. *hō*) nahe legt, beziehen sie sich auf Verhältnisse des Habens und Nicht-Habens, die sich auf begrifflicher Ebene problemlos als Identitäts- und Diversitäts-Relationen rekonstruieren lassen. Ein Satz wie „Auf dem Berg ist Feuer" oder „Der Berg hat Feuer" – ein Standardbeispiel der *hetuvidyā*-Texte – lässt sich auch fassen als „Dem Begriff/Eigenschaftsträger ‚Berg' kommt das Merkmal/die Eigenschaft ‚Vorhandenseins eines Feuers' zu". Die nach der Begründungstheorie relevanten Kriterien für die Gültigkeit von Schlussfolgerungen lassen sich ebenfalls als Identitäts- und Diversitäts-Relationen begreifen.

Dabei ist unbestreitbar, dass *dharmin* und *dharma* keine grammatikalischen und insbesondere keine linguistisch-syntaktischen Kategorien sind. Als solche hätten sie, wie gesagt, auch nicht als Fachtermini der auf Chinesisch formulierten einschlägigen (*yinming*-)Texte fungieren können.

Auch arabische bzw. muslimische Gelehrte unterscheiden klar zwischen Sprachlichem und Logischem und entsprechenden Theorien. Besonders unmissverständlich äußert sich al-Fārābī:

„Der Unterschied zwischen der Art, in der Grammatiker und Logiker die Sprache betrachten, ist folgender. Die Grammatik gibt uns die Regeln, die für die Sprache einer bestimmten Gemeinschaft spezifisch sind. Obwohl sie Eigenschaften in Betracht zieht, die die fragliche Sprache mit denen anderer Gemeinschaften gemeinsam hat, ignoriert sie die Tatsache, dass es *gemeinsame/allgemeine* Eigenschaften sind […] Im Gegensatz dazu sind die Regeln der Sprache, die uns die Logik gibt, den Sprachen *aller* Gemeinschaften gemeinsam: Sie [die Logik] interessiert sich nur soweit für sie, wie sie allen gemeinsam sind. Sie befasst sich nicht mit Eigenschaften, die für die Sprache einer spezifischen Gemeinschaft spezifisch sind." (*Ulūm* 62.3-9. Zit. nach der engl. Übersetzung von Zimmermann 1981: xliii. Herausgebungen hinzugefügt. Vgl. auch al-Fārābī 2006: 129 ff.) Zimmermann (1981: xli) kommentiert die Feststellung etwa folgender Maßen: Nach al-Fārābī ist der Gegenstand der Logik die Form und nicht der Inhalt von Äußerungen. Dabei ist die logische Form von der linguistischen (sprachlichen) Form der Äußerungen zu unterscheiden. Nur die erste ist Thema der Logik.

Wie andere muslimische Logiker kommt al-Fārābī schließlich zu der klaren Formulierung: „Grammatik beschäftigt sich mit Sprache, Logik mit Denken". „Grammatik handelt vom [sprachlichen] Ausdruck [*lafz*], Logik von der Bedeutung [*ma'nā*]" (Zimmermann 1981: xlif.).

Im Übrigen drückt sich al-Fārābī gleich in den ersten Sätzen seiner Auseinandersetzung mit *Peri hermeneias* treffend und unmissverständlich aus, wenn er den Gegenstand des Aristotelischen Textes in der Zusammensetzung, Komposition, Form und den Bestandteilen eines Urteils, *nicht aber in der Materie* eines Urteils sieht. Er hält fest, dass eine Aussage oder ein Urteil aus Nomen, Verb und einer Art Kopula bestehe. Wie er dabei Nomen und Verb auffasst, sei vorläufig offen gelassen. Von geradezu grundsätzlicher Relevanz sind seine Äußerungen zur Kopula. Al-Fārābī betont nämlich, dass sie im Arabischen durch verschiedene selbständige Wörter ausgedrückt werden könne. Davon sind einige der natürlichen Sprache entnommen, andere kunstsprachliche Prägungen. Er sagt weiter, dass die Kopula auch einem Verb bzw. einer Verform implizit sein könne (Zimmermann 1981: 1). Die Zielrichtung der Hinweise ist klar: nach al-Fārābī ist die Kopula keine Funktion sprachlicher und insbesondere einzelsprachlicher Besonderheit. Seine Argumente lassen sich leicht ergänzen: Im Chinesischen benötigen selbst Sätze, die Behauptungen formulieren, nicht unbedingt ein explizites Prädikat, Hilfsverb oder ein explizites Äquivalent zum (deutschen) Kopula-Ausdruck „ist". Und auch die grammatische Multifunktionalität vieler chinesischer Wörter lässt keinen Zweifel daran, dass auch auf Chinesisch artikulierte Urteile eine Kopula einschließen, nämlich *irgendwie* ausdrücken, welche Begriffe und Begriffsmerkmale im Urteil miteinander verbunden sind, und welche Relationen der Identität oder Verschiedenheit damit charakterisiert bzw. gebildet werden.

Was nun al-Fārābīs Gebrauch von „Nomen" und „Verb" angeht, so verwendet er die Begriffe „Subjekt" und „Prädikat" fast parallel. Nicht klar scheint ohne Weiteres, ob die Kopula danach Teil des Prädikats ist oder nicht, doch da das Prädikat dem Subjekt zugesprochen werden soll, ist wohl Letzteres der Fall. Dies würde bedeuten, dass al-Fārābī „Nomen", „Verb", und „selbständiger Ausdruck [für eine Kopula]" als grammatikalische, „Subjekt", „Prädikat" und „Kopula" aber als logische Termini (bzw. Begriffe) verwendete, und so erneut zwischen Sprachlichem und Logischem unterschiede. Eine hinreichende Bestätigung erforderte freilich ausführliche und detaillierte Analysen, mit denen auch al-Fārābīs Gebrauch der Begriffswörter „Satz" und „Behauptung" und seine Verwendung von „Gattung" (*jins*) und „Spezies" (*naw'*) zu untersuchen wären.

Bezug nehmend auf Aristoteles' Urteilslehre im engeren Sinn – auf seine auf allgemeine Urteilskonzepte bezogenen Formulierungen – lässt sich die Unterscheidung, die Aristoteles und im Anschluss an ihn al-Fārābī zwischen Sprachlichem und Logischen trifft, und die Aristoteles in der *Metaphysik* auch in einer Art transzendentalpragmatischer Analyse zum Ausdruck bringt, wie folgt skizzieren. Aristoteles stellt fest, dass Sprechen und Schrift sich von Einzelsprache zu Einzelsprache vielfach voneinander unterscheiden. Es gebe unterschiedliche Lautsysteme und Grammatiken und in diesem Sinn unterschiedliche menschliche Sprachen. Die Vorstellungen und Gedanken jedoch, die in diesen unterschiedlichen Sprachen gefasst, bezeichnet und formuliert würden, seien „bei allen Menschen dieselben". Und dies gelte auch für „die Dinge, die Abbildungen der Vorstellungen sind" (Aristoteles: *Peri hermeneias* 1958: 95).

Gegenstand der Theorie, die wir heute Logik nennen und um die es Aristoteles und al-Fārābī geht, ist für sie also auch nach diesen Textstellen *nicht* das spezifisch Sprachliche oder Eigensprachliche. Vielmehr sind es Vorstellungen und Gedanken in ihrer „Verbindung und Trennung" (*Peri hermeneias* 1958: 95) und damit erneut in Formen, die sich – wie insbesondere eben Gattungs- und Art-Relationen – als Identitäts- und Diversitäts-Verhältnisse rekonstruieren lassen. Auch wenn man von Aristoteles' *Peri hermeneias* herkommt, erscheint deshalb ein auf Interpretationen von Aristotelischer Logik und des Altgriechischen gestützter logischer Relativismus abwegig.

F. W. Zimmermann bietet für diesen Relativismus folgende interessante Erklärung an: „Da Aristoteles dazu neigt, im größten Teil seiner elementaren Logik die Art der Instruktion anzuwenden, die ‚Ersetzung von Wörtern' heißt", begingen – so Zimmermann sinngemäß – die meisten [!] Interpreten des *Organon* den Fehler, die Aristotelische Logik als eine Art linguistischer Theorie zu deuten. Und Zimmermann (1981: xlii) verweist in diesem Zusammenhang auf die *Analytica Posteriora* I. 10.76b 24 f.

Geht es um die Frage nach einem allgemeinen Begriff des Urteils – also einer logischen Form, die Identitäts- und Diversitäts-Relationen von Begriffen ausdrückt – so sind im Übrigen nicht nur spezifisch sprachliche Eigenheiten und ontologische Sachverhalte irrelevant. Belanglos ist auch, ob eine spezifische Theorie der Logik intensional, extensional oder wie immer sonst angelegt ist. Entscheidend ist, ob infrage stehende Theorien äquivalente Teiltheorien einschließen. So ist längst nachgewiesen, dass auch eine Theorie, in der es um Extensionen (oder Umfänge) geht, in relevanter Hinsicht mit einer so genannten „Inhaltslogik" übereinstimmt.

Irrelevant ist weiterhin, ob logische Subjekte oder Prädikate, Gattungen oder Arten usw. oder Subjekte *und* Prädikate quantifiziert werden. Und außerdem, ob die Bedeutung der Quantoren in den einzelner Sprachen übereinstimmt oder nicht. Entscheidend ist, um es erneut zu betonen, dass jedes Konzept den anderen Konzepten in logisch relevanter Hinsicht hinreichend äquivalent ist. So muss gezeigt werden, dass eine Einzelsprache jedenfalls alle nur möglichen logisch relevanten Urteilsformen oder geforderten Äquivalente bilden kann. Wie dabei intern differenziert wird, spielt keine Rolle. Zwei einfache Beispiele sollen das illustrieren. Ob ich sage „Alle Pferde sind Lebewesen" oder „Die Lebewesen schließen alle Pferde ein" oder „Das Merkmal ‚Lebewesen' kommt allen Pferden zu", ist in logisch relevanter Hinsicht letztlich gleichgültig.

Und ob „Einige S sind P" (S i P) zulässt, dass auch „Alle S sind P" (S a P) gilt, oder ob es vielmehr bedeutet, dass „*nur* einige S P sind", ist ebenfalls belanglos, wenn es um die Frage nach einem allgemeinen Konzept des logischen Urteils geht. Es handelt sich um Unterschiede in einzelsprachlichen Semantiken. Traditionelle aristotelische Logik schließt eine Theorie partikularer Urteile ein, die die Regel der Subalternation impliziert. D. h. aus „Alle Pferde sind Tiere" folgt „Einige Pferde sind Tiere". Die mohistische Terminologie dagegen führt auf eine Theorie *streng* partikularer Urteile, die die Subalternation verbietet. Dennoch lassen sich leicht Äquivalenzen feststellen und explizit machen. Aristotelisch gesprochen, ist S a P („Alle S sind P") genau dann gültig, wenn S o P („Einige S sind Nicht-P") ungültig ist. Schreibt man die mohistischen Formulierungen *„Nur einige [huo] (aber nicht alle) S sind P"* einfach „S i* P" und *„Nur einige (aber nicht alle) S sind keine P"* einfach „S o* P", so gilt: S a P ist genau dann gültig, wenn *weder* S i* P *noch* S o* P gültig ist.

Am Ende sei als Fazit der Skizze noch einmal festgehalten, was mit ihr plausibel gemacht werden soll – gleich, ob man die Skizze nun als Programm, oder – bei geringerer Skepsis – als erweiterte Zusammenfassung vorliegender Ergebnisse versteht. Die Skizze soll davon überzeugen, dass sich ein allgemeines und allgemeingültiges Konzept des Urteils formulieren lässt, d. h. ein Konzept, das für alle relevanten Urteilsarten und Urteile und, in normativem Sinn, für alle Menschen gilt. Dabei werden weithin empirische Argumente angeführt und wird induktiv vorgegangen. Darin liegt natürlich eine method(olog)ische Schwäche, doch sollte man andererseits die empirischen Indizien nicht gering schätzen. Genauer gesagt, soll plausibel werden, dass einschlägige, in ihrer systematischen und historischen Relevanz herausragende aristotelische, mohistische, indisch-, chinesisch- und japanisch-buddhistische sowie einschlägige arabisch-muslimische Texte die Abstraktion und Rekonstruktion einer einheitlichen Urteilstheorie erlauben, der zufolge das Urteil (als logische Form)

(a) ein durch Identitäts- und Diversitäts-Relationen (und eine Kopula) bestimmtes Verhältnis zwischen Begriffen oder Begriffsmerkmalen- und Begriffskomplexen ist, das

(b) in der bloßen Form der Übereinstimmungen und Unterschiede besteht,

(c) unabhängig von sprachlichen und vor allem einzelsprachlichen Besonderheiten besteht,

(d) gegenüber materialer Erkenntnis und Ontologie indifferent ist, und welches

(e) das ganze Spektrum möglicher bejahender, nicht-bejahender, allgemeiner und nicht-allgemeiner Behauptungen einschließt.

Und natürlich soll die Skizze auch demonstrieren, dass eine interkulturelle oder Komparative Philosophie der Logik durchaus umfassend und grundsätzlich angelegt sein kann, und sei dies auch in jeweils spezifischen Hinsichten, und dass dies ein fruchtbares – Einsichten vermittelndes und auf weitere interessante Fragestellungen führendes – Unterfangen sein kann. Insbesondere vermögen gerade Vergleiche von Theorien der Logik aus verschiedenen Kulturen das sozusagen Logische an logischen Formen zu klären bzw. explizit zu machen. Sie tragen in oft geradezu verblüffend erhellender Weise zu einer Antwort auf die Frage bei, was denn eine logische Struktur zur *logischen* Struktur mache.

5.2.1.2 Interkulturelle Ethik. Zwei methodische Grundsätze:
die Unterscheidungen zwischen Genesis und Geltung und
zwischen Sein und Sollen

Geht es um Fragen der Gültigkeit, so lauten die wichtigsten methodischen Regeln der Ethik und damit auch der Interkulturellen Ethik:

(1) Die Gültigkeit einer Behauptung, einer Hypothese, Theorie oder Norm hängt letztlich nicht von deren Genesis ab. Genauer gesagt, ist sie unabhängig von Autorschaft, Zeit, Ort und anderen Umständen – wie dem kulturellen Kontext – ihres Entstehens.

(2) Aus dem Sein lässt sich nicht aufs Sollen, auf Normen, Vorschriften – aus bloßen Fakten nicht auf das, was sein sollte – schließen.

Genesis und Geltung Insbesondere das erste Prinzip stößt immer wieder auf – mitunter gar empörten – Widerspruch. „Kulturimperialismus!" „Eurozentrismus!" „[Westlicher] Logozentrismus!" sind gängige Vorwürfe. Nachdrücklich wird die gegenteilige Auffassung vertreten: „Gültigkeit hängt (sehr wohl) vom kulturellen Kontext ab. Ob, wo und wieweit eine Auffassung gültig ist, hängt davon ab, wer sie wie, wo und wann entwickelte." Geradezu exemplarisch heißt es bei Pollis/Schwab (1979: 14), dass es „moralischer Chauvinismus und ethnozentrisches Vorurteil" sei, Gesellschaften der Dritten Welt Normen der *Allgemeinen Erklärung der Menschenrechte* zuzumuten.

So ist es erforderlich, der Frage ausführlich und im Detail nachzugehen. *Argumentative und autoritative Gültigkeit* Dabei ist erneut festzuhalten, dass es um argumentative Gültigkeit geht. Überzeugungen und Regeln, die aufgrund einer Autorität oder aufgrund von Zwangsmaßnahmen gelten, sind jedenfalls keine philosophisch begründeten Auffassungen. Autoritäten wären zum Beispiel Götter, Offenbarungen, Gurus, heilige Texte oder auch schlichte Gewohnheiten. Zwangsmaßnahmen finden sich etwa im Strafvollzug. Des Weiteren ist daran zu erinnern, dass es um die Gültigkeit von Normen, Geboten und Vorschriften, *Normative und naturgesetzliche Gültigkeit* und nicht um die Geltung von Naturgesetzen geht – die freilich auch, und leichter erkenntlich, unabhängig von der Genesis ist. So spricht man denn auch von normativer statt von naturgesetzlicher Gültigkeit. Normen können verletzt werden, und sie werden immer wieder verletzt, ohne dass dies ihre Gültigkeit beeinträchtigte. Auch wenn ich bei Rot über die Straße gehe, bleibt das entsprechende Verbot in Kraft. Allgemein gesprochen, ist, drittens, Gültigkeit nicht mit (faktischer) Anerkennung, Akzeptanz oder Durchsetzbarkeit zu verwechseln. Ich mag sogar einsehen, dass ein Argument gültig ist, und ihm dennoch nicht Folge leisten. Das ist bereits erläutert worden.

Viertens ist festzuhalten: Gültigkeit kann in mehrfacher Hinsicht bestehen: *Uneingeschränkte und eingeschränkte Gültigkeit* für (a) alle oder für eine beschränkte Gruppe von Menschen, für (b) schlechthin alles oder einen eingeschränkten (Anwendungs)bereich, (c1) unabhängig von Zeit und (d1) Raum oder (c2) für bestimmten Zeiten und/ oder (d2) bestimmte geographische Räume.

Wie eine Analyse einschlägiger Beispiele zeigen soll, ist sie in jedem Fall unabhängig von ihrer Genesis.

Ein einfaches Beispiel ist der Satz des Pythagoras. Er gilt für (a) alle Menschen, (c) zu jeder Zeit und (d) überall, wenn dabei auch nur in Anwendung auf (b) rechtwinklige Dreiecke in der zweidimensionalen Euklidischen

Ebene. Im Sinne von (a) ist er damit allgemeingültig oder, wie es ebenfalls gesagt werden kann, intersubjektiv gültig. Er gilt für Deutsche wie für Chinesen, heute und morgen, in den USA wie in Indien, und dies, obwohl er vor etwa 2500 Jahren – vielleicht? – vom „griechischen" Gelehrten Pythagoras auf Sizilien (?) formuliert wurde. Offensichtlich gilt er also weder aufgrund seiner Autorschaft – er würde auch gelten, wenn er nicht von Pythagoras stammte. Und er würde ebenso gelten, wenn er von einem Chinesen in Japan formuliert worden wäre. Anders gesagt, sind weder seine Allgemeingültigkeit (im Sinn von a) noch seine uneingeschränkte zeitliche und räumliche Geltung (im Sinne von c und d) noch seine Gültigkeit im – begrenzten – Anwendungsbereich der Euklidischen Ebene (b) von (Autor, Zeit oder Ort) seiner Herkunft abhängig.

Etwas komplizierter ist das folgende Beispiel. Angenommen, ein Türke entwickelt in Hamburg eine Verkehrsregel, die darauf drei Jahre lang in ganz Deutschland gilt. Diese Regel besitzt dann für all die Menschen Gültigkeit, die sich in den drei Jahren auf deutschen Straßen bewegen; gleich, ob Deutsche oder nicht. Aufgrund der zeitlichen und räumlichen Einschränkung ihres Anwendungsbereichs kann sie freilich nicht für alle Menschen *wirksam* werden. Das Beispiel wirft komplizierte Fragen nach der Festlegung von Anwendungsbereichen und der Unterscheidung zwischen Allgemeingültigkeit und Wirksamkeit auf. Ihre Erörterung ist Gegenstand der Überlegungen zur Philosophie der Menschenrechte. Sie im gegebenen Zusammenhang durchzuführen, wäre verwirrend, geht es doch darum, das Verhältnis zwischen Geltung und Genesis zu klären. Zu diesem Zweck reicht es, davon auszugehen, dass die raum-zeitlichen Einschränkungen des Anwendungsbereichs zu einer im Sinne von (a) faktisch eingeschränkten Geltung führen. Doch beeinträchtigt auch eine raum-zeitliche Einschränkung des Anwendungsbereichs und eine – damit einher gehende – Einschränkung der Geltung auf eine bestimmte Gruppe von Menschen die Unabhängigkeit der Geltung von der Genesis in keiner Weise. Wie im Falle des „Pythagoras" ist übrigens auch der Anwendungsbereich der Verkehrsregel auf bestimmte Gegenstände eingeschränkt. Sie schließt z. B. keine Bestimmungen über Sockenfarben ein. Ja, es gibt keine informative These und Norm, die schlechthin „für alles" gilt. Jede informative (pragmatisch sinnvolle) Behauptung oder Vorschrift bezieht sich auf eingeschränkte Anwendungsbereiche. Um so wichtiger ist es, zu zeigen, dass auch dieser Sachverhalt die Unabhängigkeit der Geltung von der Genesis nicht berührt.

Freilich ist eine Reihe von Einwänden zu berücksichtigen. So mag man Gegenbeispiele bieten und etwa folgende Frage aufwerfen: Ist es nicht schlichtweg implausibel zu behaupten, die Gültigkeit der angelsächsischen Regel, links zu fahren, sei in keinerlei Hinsicht Folge der Tatsache, dass sie in England (?) formuliert wurde? Sicher erscheint in der Tat: wären alle Autoverkehrsregeln nur in Deutschland entwickelt worden, führe man weltweit rechts.

Selbstverständlich ist einzuräumen, dass es Normen und Vorschriften gibt, deren Gültigkeit jedenfalls *ursächlich* Folge von Autorschaft, Entstehungsort und Entstehungszeit und in diesem Sinn kulturabhängig ist. Doch ist das in unserem Kontext irrelevant. Gültigkeit hat gewiss ihre Ursachen. *Aber Ursachen sind kein Grund der Gültigkeit*, die in diesem – entscheiden-

Gültigkeit, Anwendungsbereich und Wirksamkeit

den – Sinn erneut keine Funktion der Genesis ist. Eine *Ursache* der Vorschrift, links zu fahren, hätte ja darin bestehen können, dass ihr Autor Linkshänder gewesen wäre. Aber wäre in solch einem Fall irgend ein Kulturrelativist auf die Idee gekommen, die Gültigkeit der Vorschrift als Funktion einer Linkshändigkeit zu erklären? Zu sagen, sie sei gültig, *weil* sie von einem Linkshänder stamme? Oder gar darauf zu dringen, dass sie nur für Linkshänder gelten sollte? In der Tat begründet man die Gültigkeit einer Norm nicht damit, dass sie die oder die Ursachen habe. Und wenn man fragt, warum eine Norm gültig sei, dann fragt man nicht nach deren Ursachen, sondern nach den Gründen ihrer Geltung. Existenz ist, wenn man so will, eine besondere Art von Ursächlichkeit. Eine Regel, die nicht existiert, kann schwerlich gelten. Aber auch Existenz ist kein Grund dafür, dass eine Regel gilt. Es existieren viele Regeln, denen keine argumentativ begründete Geltung zukommt. Beispiele sind fundamentalistische Normen. Man denke etwa an das Dogma von der leiblichen Auferstehung Christi und an die Forderung, es für wahr zu halten. Und auch eine Vorschrift wie die, jeden Tag genau um 7 Uhr aufzustehen, obwohl man dies genau so gut etwas früher oder später tun könnte, mag nicht argumentativ begründet sein.

Im Übrigen mögen Verkehrsregeln, Höflichkeitsformen oder Essgewohnheiten – und vieles mehr – durchaus kulturelle Besonderheiten spiegeln, ja ihre Ursachen in kulturellen Besonderheiten haben. Dies dürfte für den Irrtum verantwortlich sein, dass auch ihre Gültigkeit von diesen Besonderheiten abhänge. Im Übrigen kann Ursächlichkeit auch aus folgendem Grund keine Geltung rechtfertigen. Da jedes Gebot, jede Aufforderung ihre Ursachen hat und die Auffassung, dass damit jede Aufforderung gerechtfertigt wäre, offensichtlich absurd wäre – es wäre ja dann auch der elterliche Befehl gültig „Tu, was ich Dir sage, weil ich's gesagt habe!" –, müsste zwischen Ursachen unterschieden werden, die Gültigkeit begründeten, und solchen, die es nicht tun. Damit aber würde die Entscheidung über die Qualität der Ursachen selbst von externen Kriterien, eben Gründen, abhängig.

Eine weiterer Einwand könnte lauten: Sind raum-zeitliche Einschränkungen nicht auch (argumentative) Gründe für eine daraus womöglich resultierende (eingeschränkte) Gültigkeit? Die Antwort ist nein. Erneut täuscht der Anschein. Raum-zeitliche Einschränkungen sind vielmehr selbst Funktion externer Kriterien. Im Falle von Normen wie z. B. Verkehrsregeln schließen schon diese Kriterien auch normative Gesichtspunkte ein. So können Ort und Zeit eine Rolle spielen, wenn es etwa um Optimierungsfragen – wie Sicherheit, Reibungslosigkeit oder Geschwindigkeit des Straßenverkehrs – geht. Oder der Anwendungsbereich einer Norm wird räumlich und zeitlich begrenzt, weil dies eine Art Optimierung bedeutet oder weil der Bereich nach Ablauf der formulierten Frist optimiert oder die Norm durch „bessere" Regeln ersetzt werden kann. Vor allem aber können Ort und Zeit sozusagen Funktion negativer Kriterien werden, die die Einhaltung einer Regel von vornherein ausschließen. So kann man nicht verlangen, dass alle Menschen einmal den Mount Everest besteigen; denn viele sind dazu nicht in der Lage.

Ein in der Komparativen Philosophie immer wieder geäußerter Einwand gegen „universalistische" Ansätze lautet, dass die eingesetzten Begriffe und

Methoden selbst kulturspezifisch seien. Wie mehrfach gesagt, gilt dies sogar mit Blick auf ein am Prinzip logischer Konsistenz orientiertes Denken. Aber auch das oben als zweite methodische Regel genannte Prinzip wird mitunter als distinktiv westlich und deshalb fragwürdig bezeichnet. Und so mag ein Relativist auch die Unterscheidung zwischen Ursachen und Gründen als typisch westlich und deshalb ungeeignet abtun. Doch auch in diesem Fall spricht bereits die Empirie gegen ihn. Selbst – oder gerade auch in den – vom indischen bis in den japanischen Raum hinein über mehr als 1500 Jahre gepflegten buddhistischen Begründungstheorien wird ausdrücklich zwischen Ursachen und Gründen unterschieden. Bewusst sei ein entlegenes Beispiel gewählt. Indischen und chinesischen Scholastikern folgend, spricht der japanische buddhistische Gelehrte Gomyō 護命 (im 8. Jh.) in seinem Hauptwerk (Takakusu/Watanabe: Taishō Text-Nr. 2309: u. a. 29a) von *seiin* 生因 und *(chi)ryōin* (智)了因, d. h. (1) Gründen des Entstehens und der Existenz und (2) Gründen des Begreifens und Einsehens (des Wissens). Klarer kann man es kaum sagen.

Selbstverständlich sind Fragen ethischer – oder moralischer – Geltung schwieriger als die mathematischer Gültigkeit. So lautet ein weiterer Einwand: Im Falle des „Pythagoras" seien die Kriterien klar. In Fragen ethischer Normen sei der Sachverhalt nicht so einfach. Welchen Sinn mache es, von argumentativer Gültigkeit zu reden, wenn es womöglich gar keine einschlägigen Argumente gebe? Schließlich unterschieden sich die Sitten der Menschen von Kultur zu Kultur. Doch abgesehen davon, dass dies die Unterscheidung zwischen Genesis und Geltung nicht beeinträchtigt, sondern die – freilich schwierige – Problematik der Gültigkeitskriterien aufwirft, und ungeachtet der Tatsache, dass zwischen einzelnen Kulturen sogar erhebliche Unterschiede bestehen, ist der Einwand in wichtigen Hinsichten nicht stichhaltig. Bestimmte Unterschiede sind einfach Fundamentalismen. Sie entziehen sich letztlich einer argumentativen Auseinandersetzung und geben schon deshalb kein Gegenbeispiel ab. Andere Unterschiede sind ethisch belanglos und aus diesem Grund für die Frage nach einschlägigen Kriterien irrelevant. Ob ich beim Gruß die Hände schüttle oder mich verneige, ist letztlich keine ethische Frage. Außerdem lassen sich viele kulturell bedingte Unterschiede auf gemeinsame allgemeinere Prinzipien zurückführen. Wie gesagt, dürfte dies z. B. für die Höflichkeitsregeln gelten, (1) jemand nicht hinter dessen Rücken zu kritisieren und (2) einem Menschen die – für ihn schmerzliche – Wahrheit nicht geradezu „offen ins Gesicht" zu sagen. Gemeinsame Norm ist dann etwa das Prinzip, den anderen so wenig wie möglich „zu verletzen", das seinerseits auf Prinzipien der Achtung und Selbstachtung zurückgeführt werden kann.

Wie aber – so mag der Einwand präzisiert oder verschärft werden – steht es um Normen wie die der Integrität der angesprochenen Menschenwürde? Nach welchen Kriterien sollen sie formulierbar sein? Obwohl darauf ausführlicher zurückzukommen ist, im gegebenen Kontext der vorläufige, unvollständige Hinweis: Jedenfalls konnte sich die ganze Menschheit – vermittelt durch Institutionen und Repräsentanten – auf die Norm der Integrität der Menschenwürde verständigen. Sie hat es ja in der *Allgemeinen Erklärung der Menschenrechte* getan. Sie wird sich jedoch nie auf die Zulässigkeit von Mord verständigen können.

Gültigkeitskriterien

Anscheinend gibt es zumindest für solch extreme Fälle notwendige und hinreichende Kriterien. Logizität, Empirizität, Beachtung pragmatischer Regeln von Ursache und Wirkung, die Berücksichtigung anthropologischer Konstanten, Optimierungsregeln – zu denen auch das allgemeingültige ethische Prinzip des kleinsten Übels gehört – sind dazu zu rechnen.

Die trivialste und dennoch wichtigste anthropologische Konstante ist dabei der Sachverhalt, dass alle Menschen Menschen sind – und dies natürlich unabhängig davon, wann, wo und wie sie geboren werden und leben bzw. unabhängig von Zeit, Ort und Kultur. Der zweieinhalb Jahrtausende alte, in vielen Philosophien unternommene Versuch, dem Menschen so etwas wie Würde zuzusprechen, ist denn auch durch Argumente gekennzeichnet, die diesen Wert sozusagen mit dem Menschsein als solchem verbinden – erneut ein Ansatz, der, systematisch gesehen, die Unabhängigkeit von Geltung und Genesis impliziert, mag man bei seiner faktischen Durchführung auch noch so oft von eingeschränkten Menschen-Begriffen ausgegangen sein, die etwa Sklaven, Frauen oder „Barbaren" ausschlossen.

Dass die Verständigung auf das Prinzip, dass die Würde eines jeden Menschen zu wahren sei, im Falle der weithin akzeptierten *Allgemeinen Erklärung* (auch) auf einer Konvention gründet, ist erneut kein Gegenargument. Einmal sind auch Konventionen nicht beliebig. Dass es eben zu dieser und zu keiner anderen – durch Gespräche, Verhandlungen, Vereinbarungen erzielten – Übereinkunft kam, ist jedenfalls auch Funktion der dabei ins Spiel gebrachten externen Kriterien – und musste aus logischen Gründen zwangsläufig auch Funktion letztlich externer Kriterien sein.

Gültigkeitskriterien stets externer Art

In diesem Zusammenhang sei auch daran erinnert, dass sich selbst die Gültigkeit einer kulturspezifischen Regel nicht unter Berufung auf ihre Kulturalität begründen lässt; denn dann wären einander widersprechende spezifische Regeln einer Kultur – und davon gibt es im Allgemeinen mehr als genug – gleichermaßen gültig. Auch die Einsicht, dass Gültigkeitskriterien stets externer Art sein müssen, dürfte also die Auffassung, dass die Gültigkeit einer Norm Funktion ihres kulturellen Kontextes sei, als irrig erweisen.

Freilich könnte man jedem Kulturrelativisten entgegenkommen, indem man dessen Sprachgebrauch übernähme, aber, anders als der Relativist, eben auch konsequent durchhielte. Man könnte einräumen, dass Gültigkeit mit Kulturalität in gewisser Hinsicht *korrespondiere*. Allgemeingültigkeit, so würde man fortsetzen, sei dem entsprechend *Ausdruck* der – jeweils bestehenden – die Menschheit umfassenden Weltkultur. Wieder böten Verkehrsregeln ein einfaches Beispiel. So gibt es neben den in Deutschland geltenden Regeln ja auch Vorschriften des internationalen Flugverkehrs. Sie gelten in der ganzen Welt, gleich, wer sie wann, wo, wie konzipierte. Als Kennzeichen einer Weltkultur sind sie universal.

Im Interesse einer entsprechenden Praxis – und um sie geht es letztlich – mag man freilich auch als „Universalist" einfach schweigen, wenn ein „Relativist", der darauf beharrt, dass Gültigkeit (auch) eine Funktion des (jeweiligen) kulturellen Kontexts sei, in *relativistisch* konsequenter Weise zugesteht, dass es neben zeitlich, räumlich, gegenständlich eingeschränkter Gültigkeit eben auch für alle Menschen aller Kulturen gültige Normen gibt oder geben kann. Und diese Normen dürfen jedenfalls nicht außer Acht gelassen werden, wenn man der Frage nachgehen will, ob bzw. wieweit eine Ethik als für verschiedene Kulturen verbindliche Theorie konzipierbar oder (re)-konstruierbar ist.

So mag man es also drehen und wenden, wie man will: an der Unabhängigkeit von Geltung und Genesis dürfte sich nicht deuteln lassen.

Die zweite methodische Regel (2), aus dem Sein nicht aufs Sollen zu schließen, vermag Aspekte der ersten Regel weiter zu erhellen. So besagt sie ja insbesondere, dass keine Tradition einfach deshalb, weil sie bestehe, wie sie bestehe, bestehen (bleiben) sollte. Bloße Existenz als solche ist kein Rechtfertigungsgrund ihres (Fort)bestands. Wie angesprochen, illustrieren einfache Beispiele, warum es geht: aus der Tatsache, dass ich Jahre lang Mitglied eines Tennisclubs war, folgt nicht, dass ich Mitglied bleiben sollte oder gar bleiben müsse. Und obwohl meine Großeltern nie eine Flugreise machten, heißt das nicht, dass auch ich auf Flugreisen verzichten müsste. Dass man in bestimmten Kulturen Frauen und Bedienstete (oft lebendig) mitbegrub, wenn ihre „Herren" bestattet wurden, oder Blutrache als Pflicht galt, bedeutete nicht, dass es so bleiben musste, und in den weitaus meisten Fällen hat es sich ja auch geändert.

Einschlägige Untersuchungen führen weitere Argumente an. Sie zeigen zudem, dass z. B. auch chinesische Philosophen wie Mozi, Zhuangzi, Xunzi oder Han Feizi (3. Jh. v. u. Z.) Schlüsse vom Sein aufs Sollen oder puren Traditionalismus – das Festhalten an einer Tradition um ihres traditionellen Charakters willen – kritisierten und ablehnten. Die Untersuchungen bieten auch zahlreiche einschlägige Zitate. Aber auch in frühen in Japan formulierten Texten wie dem *Nihon shoki*, der ersten offiziellen japanischen Reichsgeschichte (aus dem Jahr 720) sind entsprechende Passagen nachweisbar. Ich habe dies mehrfach (1997, 1998a und 1999c) ausführlicher dargestellt.

Im Folgenden sei deshalb nur eine weitere besonders beeindruckende Stellen aus der „japanischen" Tradition wiedergegeben.

So kritisierte Yamagata Daini (1725–1767):

„Heutige Amtsinhaber [...] halten an den Sitten vergangener Zeiten fest, ohne [auch nur] einen Gedanken auf [deren] Zulässigkeit oder Unzulässigkeit (chin. 可不可 *ke buke*, jap. 可と不可 *ka to fuka*) zu verschwenden, und sagen: ‚So war's ja immer'. Aber wenn es so wäre, so könnte man die Natur (das Wesen) oder die Funktion eines Dings nicht infrage stellen. Selbstverständlich gibt es gute Sitten, denen wir folgen sollten – jene, die von den frühen Königen (先王 chin. *xianwang*, jap. *sen'ō*) [Mustern idealen menschlichen Herrschertums] begründet und von klugen Männern (賢者 chin. *xianzhe*, jap. *kenja*) übermittelt wurden, und die sich über die Zeiten hinweg im Regieren als unschädlich und in der Durchführung von [öffentlichen] Angelegenheiten als hilfreich erwiesen haben. Wenn eine Sitte unzulässig ist (*buke* bzw. *fuka*), müssen wir die Absicht, die ursprünglich hinter ihr stand, sowie die gegenwärtigen Umstände prüfen. Wir müssen sie so verändern, dass sie weder der Frühzeit entgegen läuft noch der Gegenwart widerspricht, und sie nur dann anwenden. Warum sollten wir blindlings einer Sitte folgen, nur weil sie existiert? (jap. *nanzo kanarazu shimo kōkō to shite, tada ko ni nomi kore yoranya* 何ぞ必ずしも拘拘として、唯故にのみ之れ由らんや)

Verworfene Herrscher wie Jie [von Xia] und Zhou [von Yin oder Shang] lebten in längst vergangenen Zeiten. Wären ihre Herrscherhäuser erhalten und ihre Nachkommen die folgenden Generationen hindurch Könige ge-

Sein und Sollen

blieben, hätten sie sich an die Sitten (Gebräuche) klammern sollen, die Jie und Zhou eingeführt hatten? Wenn ja, so bedeutete dies, dass gute Regierung lüsterne Musik in Staatszeremonien, nächtelange nackte Orgien inmitten von Becken voller Wein und von Fleisch-Hainen sowie Gesetze erforderte, die Feuer-Loch-Hinrichtungen zum Amüsement der Herrscher verlangten. Kein Herrscher, ja, nicht einmal ein Junge, der sich Kummer um das Wohlergehen seiner Leute macht, würde solchen Sitten je zustimmen; ihr Übel ist zu groß und offensichtlich. Aber sich an Sitten zu klammern, ist auch dann absurd, wenn deren Übel klein und unauffällig sind. Einige Sitten waren früher gangbar (*ke* bzw. *ka*), aber nicht jetzt; einige sind jetzt gangbar (*ke* bzw. *ka*), aber später nicht mehr. [...]

Yu und Tang waren Weise (聖人 chin. *shengren*, jap. *seijin*), und die Xia und Yin waren in der Frühzeit [einst] weise Epochen. Doch wenn sie [Yu und Tang] der Vergangenheit unkritisch gefolgt wären, wären die [öffentlichen] Angelegenheiten bedauernswert verlaufen." (Yamagata 1970: 364f., zit. in Orientierung an der Übersetzung von Wakabayashi 1995: 140f.)

Wakabayashi übersetzt die im gegebenen Zusammenhang signifikante Wendung *ka to fuka* (chin. *ke buke*) mit „validity", also mit „Gültigkeit". In einer japanischen Übertragung heißt es *zen'aku* 善悪, „gut oder böse" (Yamagata 1970: 141). In jedem Fall ergibt sich, dass man an einer Überlieferung, einer Sitte nur dann festhalten dürfe, wenn sie [moralisch] akzeptabel, moralisch gut und in diesem Sinn gültig sei. Es ließe sich auszuführen, welche Funktion *ke buke* bereits in der chinesischen Klassik und vor allem in den mohistischen, mit Fragen der Geltung befassten Texten hat. Doch wozu eine tote Leiche – das Vorurteil von der traditionalistischen sinoasiatischen Ethik – auf so komplizierte Art noch einmal umbringen?

Weniger Sachlichkeit als politische Vorsicht gebietet freilich, ein weiteres Mal nachdrücklich darauf hinzuweisen, dass die Geltung eines ethischen Prinzips *eine* Angelegenheit und Überzeugungskraft, Akzeptabilität oder gar „Durchsetzbarkeit" *eine andere* Sache ist. Wie gesagt, schließt auch philosophische Ethik, die „abstrakte Theorie", das Prinzip des kleineren Übels ein. Das mag in der Praxis nicht leicht und im ein oder andern Fall nie auszumachen sein. Aber dies ist ein anderes, weithin nicht-philosophisches Problem. Jedenfalls sind sogar Menschenrechtsverletzungen zu dulden, wenn man sie nur über noch größere Übel beseitigen kann. Aber selbst in geringeren Fällen – wie Zwangsumsiedlungen, die man mit Angeboten größeren Wohnkomforts begründet – sollte man niemand zu seinem Glück zwingen wollen; zumal nicht, weil oft gar nicht einzusehen ist, worin etwa das größere „allgemeine Gut" bestehen soll. Auch Yamagata Daini bringt übrigens zum Ausdruck, dass sich Veränderungen jeweils auch am Hergebrachten orientieren sollten. Er meint damit freilich sowohl zeitlose ethische Standards wie bewährte Konventionen bzw. Zeitumstände.

Geltung, Überzeugungskraft und Durchsetzbarkeit

5.2.1.3 Interkulturelle Ästhetik

Ästhetik statt bloßer Kunsttheorie und Kunstkritik
Wie zur Interkulturellen Logik so existieren auch zur Interkulturellen oder Komparativen Ästhetik kaum Beiträge, die die Bezeichnung verdienen. Die meisten Untersuchungen beschränken sich fast ausschließlich auf kunst-

theoretische oder kunstkritische Vergleiche. D.h. sie vergleichen lediglich Theorien oder Beispiele einzelner Kunstgattungen oder bloße Einzelfälle. Das Interesse gilt einzelnen Kunstformen – wie Bildender Kunst, Architektur, Literatur oder Musik – und mitunter nur einzelnen Werken. Dabei sind häufig Beispiele aus nur zwei Kulturen thematisch. Anders als in Auseinandersetzungen mit der Aristotelischen *Poetik* fehlt es an Verallgemeinerungsversuchen. So kommt es zwar zu kunsttheoretischen, kunstgeschichtlichen oder kunstkritischen Einsichten. Aber es geht doch so gut wie nie um allgemeinere ästhetische Konzepte, seien es nun Begriffe des Ästhetischen überhaupt oder Begriffe ästhetischer Erfahrung, ästhetischer Urteile, ästhetischer Gegenstände oder ästhetischer Merkmale. Anders gesagt, sind gerade die Fragen kaum thematisch, die für eine Interkulturelle *philosophische* Ästhetik kennzeichnend sein sollten. Einige der wichtigsten lassen sich wie folgt fassen:

(1) Ist ein einheitlicher Begriff *aller* ästhetischen Urteile möglich? Wie deutlich werden soll, legt die Geschichte ästhetischer Erfahrungen und Theorien sogar die spezifischen Fragen nahe: Lassen sich *alle* ästhetischen Urteile – gleich, wann und wo – als Behauptungen verstehen, die – was immer sonst – jedenfalls (auch) Gefühle oder Gefühlsindifferenz ausdrücken? Spricht nicht zumindest vieles dafür, *alle – aber auch nur solche –* Urteile als ästhetische Urteile zu bezeichnen, die Gefühle oder Gefühlsindifferenz behaupten? Oder schließen (insbesondere) kulturelle Differenzen jeden allgemeinen Begriff ästhetischer Urteile aus?

(2) Inwieweit gelten Schönheit, Erhabenheit, Hässlichkeit, Ekelhaftigkeit, Niedlichkeit oder Annehmlichkeit in allen oder verschiedenen Kulturen als ästhetische Merkmale und werden dabei auch ähnlich beurteilt? Wie weit sind im Deutschen als Ekel, Freude, Gefallen, Neigung oder Abneigung bezeichnete Begriffe – und viele andere, die jedenfalls spezifische Gefühle charakterisieren – auch in anderen Kulturen üblich?

(3) Ist es möglich, allgemeine, kulturübergreifende Begriffe zu formulieren, die sich auf das Ästhetische – und insbesondere auf ästhetische Gegenstände – in Kunst *und* Natur beziehen?

(4) Welche Konsequenzen sind aus Einsichten in kulturübergreifende oder sogar universale Merkmale ästhetischer Erfahrung und ästhetischer Theorie und aus dem Wissen um signifikante Unterschiede zu ziehen?

In mancher Hinsicht handelt es sich bei diesen Fragen um Neuformulierungen traditioneller Ästhetik wie etwa der Kantischen Ästhetik. Aber wir kennen heute mehr Kulturen und wissen mehr über die ästhetischen Charakteristika und insbesondere die Künste und Kunsttheorien der verschiedenen Kulturen als Kant oder noch Adorno. So verfügen wir über eine breitere und differenziertere empirische Basis für unsere Überlegungen. Geht es um Interkulturelle philosophische Ästhetik, so erlaubt denn auch die Auseinandersetzung mit philosophisch signifikanten Theorien aus den unterschiedlichsten Kulturen – und insbesondere mit deren Thematisierung ihrer Kunst – neue empirische Ansätze und neue empirisch begründete Einsichten. Beispielsweise lässt sich Kants allgemeiner Begriff, demzufolge Kunst dann schön ist, wenn sie wie Natur scheint, dabei aber als Kunst identifizierbar bleibt, durch Argumente stützen, die von indischen, chinesischen und japanischen Theoretikern vorgebracht wurden. Außerdem diskutiert „indische"

Ästhetik – d. h. eine große Zahl der in der Geschichte Indiens oder in indischen Sprachen entwickelten ästhetischen Theorien – auch die verschiedensten Arten von Gefühlen und Stimmungen, und dies in ausführlicher und detaillierter Form. Das zeigen u. a. die Arbeiten von Jacobi (1969), Chaitanya (1965), Pandit (1977), Gupta (1979: 18–33), Glasenapp (1986, Bd. 2: 15 ff.), Embree (1988: 264 ff.) und Findeis (2000: 77–107).

Wie angesprochen, berücksichtigt die Interkulturelle Ästhetik die genannten Sachverhalte kaum in gebührender Weise. Dagegen finden sich prinzipiell unbrauchbare Versuche wie das Bemühen, durch Zen geprägte Kunst zum exemplarischen Beispiel aller (sino)asiatischen Ästhetik zu erheben – also unstatthafte Übergeneralisierungen (wie Jens Schlieters Beitrag „Ästhetische Handlungen: Ost und West" in dem von Elberfeld und Wohlfahrt [2000] herausgegebenen Sammelband [S. 319–337]). Überhaupt gilt auch für den Bereich der Interkulturellen Ästhetik – genauer gesagt, mit Blick auf Studien zu einzelnen sehr spezifischen Fragen, deren Relevanz für eine Ästhetik dabei weithin offen bleibt –, dass die Sehnsucht nach dem „ganz Anderen" (mit)bestimmend ist. Wie in der Interkulturellen Logik zeigen die traditionellen – unhaltbaren – Unterscheidungen zwischen einem rationalen, d. h. kritisch eingestellten, Logik und Empirie verpflichteten, ja mitunter gar als logozentrisch charakterisierten „Westen" und einem ästhetischen „Osten" hartnäckige Wirkung. Studien wie Li Zehous Analysen chinesischer Künste und der in China entwickelten ästhetischen Theorien finden dabei zu wenig Beachtung. Li Zehou (1994, insbes. S. 45 ff.) führt aus, dass „chinesische Ästhetik" spätestens seit der Zeit der Streitenden Reiche – allgemein gesagt – als Gefühlserfahrung bzw. Gefühlstheorie begriffen werden kann, wenn nicht begriffen werden sollte, dabei aber nichtsdestoweniger als Form der Rationalität zu verstehen sei.

Verzicht auf eine – entsprechend empirisch begründete – umfassende Thematisierung ästhetischer Erfahrung und ästhetischer Theorie kann im Übrigen auch dazu führen, dass bestimmte – wichtige – ästhetische Gegenstände, Sachverhalte und Theorien nicht oder nicht hinreichend berücksichtigt werden. Sinologische Fachstudien ausgenommen, gilt dies z. B. für die **Theorien ästhetischer Erziehung** in China entwickelten Theorien ästhetischer Erziehung, wie sie bereits im *Liji* (Übers. Wilhelm 1981 b), den „Aufzeichnungen (*ji*) der Riten (*li* 禮)", und im *Xunzi* und dessen *li*-Konzept ihren Niederschlag fanden. Beide Texte gehen teilweise bis aufs 4. Jahrhundert v. u. Z. zurück und haben die Geschichte der Ästhetik in China massiv und bleibend geprägt. Grob gesagt, geben sie der Überzeugung Ausdruck, dass der Mensch Gelegenheit haben sollte, seine Gefühle auszudrücken, ja auszuleben, dies aber in gewissermaßen geordneter Form tun sollte, so dass die Gefühle systematisch so zu modellieren seien, dass kultivierter, schöner und ansprechender Gefühlsausdruck sozusagen zur zweiten Natur werde und damit auch Moral und Gesellschaftsordnung gesichert würden. Die Modellierung oder eben Kultivierung der Gefühle sei dabei durch eine Sensibilisierung über einen ständigen Umgang vor allem mit Musik und Literatur zu erzielen. Der Erfolg äußere sich als habitualisiertes *li*-gerechtes Denken und Tun: als „ritualisierte" schöne konventionelle Form. Neben dem Beitrag zur Formulierung möglichst umfassender Begriffe des Ästhetischen und Interkultureller philosophischer Ästhetik, den eine Auseinandersetzung mit den chinesischen

Theorien ästhetischer Erziehung zu leisten vermag, ist sie so auch geeignet, eine wirklich signifikante spezifische Differenz zu charakterisieren: den großen Wert, der in der Geschichte der Ästhetik in China *aus empirischen Gründen auf eine selbst den Alltag einschließende ästhetische Praxis als notwendiger Voraussetzung einer stabilen moralischen soziopolitischen Ordnung* gelegt wurde. Beispiele wie Schillers Konzept ästhetischer Erziehung und Regeln des Anstands und ansprechender Umgangsform bleiben – wie ich (1990a: 165–176) zu zeigen versucht habe – wegen ihres spekulativen Charakters bzw. ihrer Trivialität hinter den chinesischen Alternativen zurück.

Vorläufig zusammengefasst: Im Unterschied zu Kunsttheorie, Kunstgeschichte, Kunstkritik, Poetik, Kompositionstheorie, Theaterkritik, Theorien der „Einheit von Natur und Mensch" und was es sonst an teilweise extrem spezifischen Auseinandersetzungen mit Ästhetischem gibt, ist Philosophische Ästhetik ein Sammelname für philosophische Theorien ästhetischer Urteile – oder ästhetischer Erfahrung –, ästhetischer Gegenstände und ästhetischer Gestaltung. Philosophische Ästhetik setzt sich nicht nur mit spezifischen Fragen auseinander. Jedenfalls *sollte* sie die Möglichkeit allgemeiner Konzepte des Ästhetischen zumindest prüfen; denn keine andere Disziplin tut das. Verwendet man dabei das Wort „ästhetisch", wie es nahe liegt – nämlich als Bezeichnung für Urteile, Gegenstände und Gestaltungen, die mit Gefühlen verbunden sind, bzw. Gefühle ausdrücken, hervorrufen oder hervorrufen wollen –, dann sind unter philosophischer Ästhetik also Gefühlstheorien, d. h. Theorien von Gefühlsgegenständen und von Ausdrucksweisen und Mitteilungsformen von Gefühlen zu verstehen. Um Missverständnisse zu vermeiden, sei explizit hinzugefügt, dass solche Theorien selbstverständlich nicht *nur* Gefühlstheorien zu sein brauchen. Sie sind es gemeinhin auch nicht. Reine Gefühle oder reine ästhetische Urteile sind ohnehin extrem selten. Aber auch Wahrheitsästhetiken wie die Platons, Hegels, Adornos, Heideggers oder orthodox-marxistische Konzeptionen – Theorien, denen zufolge ästhetische Urteile (jedenfalls auch) Erkenntnisurteile sein sollen – implizieren, dass eine Behauptung „ästhetischer Wahrheit" *auch* Gefühlsartikulation ist. Außerdem ist philosophische Ästhetik nicht mit Psychologie zu verwechseln. Psychologie befasst sich z. B. nicht mit Fragen der intersubjektiven Gültigkeit (bestimmter) ästhetischer Urteile. Zudem ist sie durch primär diagnostische und therapeutische Methoden und Ziele charakterisiert. Ja, sie braucht es nicht unbedingt und in jedem Fall mit Gefühlen zu tun zu haben. Andererseits wäre es kaum sinnvoll, etwa jedes Urteil, dass (auch) mit Gefühlen verbunden ist, unbesehen zum Gegenstand ästhetischer Analysen zu machen. Auch wer ein bestimmtes Erkenntnisurteil wie „S ist P" mit Freude äußert, äußert primär ein Erkenntnisurteil. Es kann jedoch sein, dass die Freude zur Explizitheit gebracht werden sollte und dann etwa in der Form „Es ist eine Freude, dass S P ist" nähere Betrachtung verdiente.

Es geht hier selbstverständlich nicht um eine Geschichte des Wortes Ästhetik oder um eine Etymologie. Es geht um Philosophie. Nichtsdestoweniger dürfte selbst Baumgartens Konzept ästhetischer Erfahrung als *cognitio sensitiva*, „sinnlicher Erkenntnis" (Schweizer 1973: 107), unter den skizzierten Begriff fallen. Mag die Betonung auch auf Erkenntnis liegen: deren

„sinnlicher" Charakter dürfte eine Art Gefühlsmäßigkeit einschließen. Aber selbst wenn es anders wäre, würde das im gegebenen Zusammenhang nichts besagen. Der skizzierte Begriff bezieht sich jedenfalls auf einen wichtigen Bereich menschlicher Erfahrung – nämlich auf gefühlsmäßige Erfahrung – und er führt damit auf die philosophische Aufgabe, diese Erfahrung zu beschreiben, zu erklären und zu bewerten. Nicht nur Kant hat dies klar gemacht. Wie angesprochen, begreifen auch traditionelle, im indischen und sinoasiatischen Raum entwickelte Theorien Kunst jedenfalls auch als Gefühlsausdruck, und dies oft in einer Weise, die allgemein-ästhetische Verallgemeinerungen erlaubt. Ja, grob gesagt (vgl. etwa Li Zehou 1991: 48, Pohl 2007: 22 f. und meine Ausführungen 1993: 236–256 und 314–339 sowie 1990 b), ist sinoasiatische philosophische Ästhetik weithin Ausdruckstheorie von Gefühlen – wenn dies selbstverständlich auch nicht heißen kann, sie *ausschließlich* als Gefühlstheorie begreifen zu wollen. Als *Ausdrucks*theorie ist sie sogar eher eine Theorie von „Wollen-und-Fühlen" [*zhi* 志]). Und ein nur scheinbar entlegenes, in seiner Exemplarität und Reichweite jedoch ungemein wichtiges Beispiel spricht ebenfalls dafür, philosophische Ästhetik als Klasse von Gefühlstheorien zu verstehen: wie ich (1996 b: 533–534) dargestellt habe, geht buddhistische Scholastik, wie sie etwa im *Abhidharmakośa* Gestalt angenommen hat, geradezu davon aus, dass das Gefühlserleben einen in gewisser Weise separaten Bereich menschlicher Erfahrung bildet, den es denn auch entsprechend zu analysieren gilt. D. h. in der Tat, dass der umrissene Begriff nicht nur Ästhetiken wie die Platons, Aristoteles', Humes, Burkes, Kants, Schillers, Hegels, Nietzsches, Nicolai Hartmanns, Marcuses, Adornos und ästhetische Erfahrungen wie „die unseren" zu charakterisieren vermag – und das kann er wohl –, sondern dass er in hinreichend relevanter Weise auch auf philosophische ästhetische Theorien und Erfahrungen aus anderen Kulturen zutrifft.

Versucht man dies im Einzelnen zu zeigen, oder geht man entsprechenden Fragen nach, so darf und soll man sich durchaus auch mit Kunsttheorien auseinander setzen. Ja, mitunter sind sie die einzigen theoretischen Texte, die zur Verfügung stehen. Aber wie Aristoteles' *Poetik* oder Schillers ästhetische Schriften sollten sie eben auch daraufhin untersucht werden, ob sie sozusagen exemplarischer Art sind – d. h. ob sie sich prinzipiell auf jede Art Kunst oder gar auf Ästhetisches überhaupt beziehen lassen. Beispielsweise begreift Ānandavardhana (9. Jh.) in seiner im *Dhvanyāloka* formulierten Poetik die schöne Literatur in einer Weise als Ausdruck und Mitteilung von Gefühlen (*bhāva, rasa*) und Stimmungen (*rasa*), die folgende Rekonstruktionen und Verallgemeinerungen erlaubt: (1) Schöne Kunst schließt etwas „Ungesagtes" (*dhvani*, wörtlich „Resonanz") ein, das den von Kant als „ästhetische Ideen" bezeichneten Vorstellungen ähnelt, (2) jede Art ästhetischer Erfahrung ist (auch) Gefühlserfahrung, und (3) angemessener Schönheitssinn ermöglicht intersubjektiv gültige ästhetische Erfahrung. Dabei konnte er sich auf Bharata Munis (zwischen 5. Jh. v. u. Z.? und 2. Jh.?) *Nāṭyaśāstra*, einen Traktat über das (indische) (Tanz-und-Musik-)Drama (*nāṭya*) stützen, der bereits die Grundlagen einer verallgemeinerungsfähigen *rasa*-Theorie entwickelt hatte (Gosh 1950 und Pandit 1977: 7 und 31 ff., vgl. in ggb. Zh. auch De 1963). Abhinavagupta (975?–1025) führte dann die Theorien Bharatas und Ānandavardhanas fort. In seinen Traktaten *Abhinavabharati* und *Dhvanyālokalocana* „kommentierte" er die Werke Bharatas bzw. Ānandavardhanas. Grob und recht allgemein gesagt, geht es beim Empfinden, der Gestaltung und Vermittlung von *rasa* um Gefühle, die prinzipiell alle Menschen haben oder nachvollziehen (können) – wie z. B. Gefühle der Freude und des Kummers –, die zudem aufgrund einer gewissen Distanz mit Gefallen empfunden werden (können) und die wegen eben dieses persönlichen Abstands eine überindividuelle, transpersonale Erfahrung ermöglichen. Das „spezifisch Indische" liegt dabei in der Überzeugung, dass diese Erfahrung eine Art Befreiung, ja Erlösung vom Leiden dieser Welt mit sich bringen kann oder mit sich bringen soll. In seiner prägnanten, mit Blick auf indische Theorien formulierten allgemeinen Bestimmung (philosophischer) Ästhetik stellt Sneh Pandit (1977: 1) denn auch fest, dass sie den „unausdrückbaren Bereich der Imaginationen und Gefühle untersucht", wobei er (S. 1, 11 f. und 31–47) betont, dass es vor allem um eine allgemeingültige Erfahrung des Schönen und – was das „spezifisch Indische" ausmache – eine damit ermöglichte Befreiung gehe. Die Überzeugung, dass ästhetische Theorie (auch) Gefühlstheorie sein sollte, wurde jedenfalls zur dominanten Sicht indischer Gelehrter und Künstler. Und was die chinesische Ästhetik angeht, so lässt sich zeigen: Vom *Liji* und da insbesondere dem *Yueji*, den „Aufzeichnungen über die Musik" (Wilhelm 1981 b: 71–95), über das poetologische Vorwort zu *Shijing*, dem „Klassiker der Lieder" (Übers. Strauß), sowie das *Xunzi*, bis hin zu zahlreichen literaturtheoretischen Texten, die allesamt an *Yueji* oder *Shijing*-Vorwort anknüpfen, charakterisiert chinesische Ästhetik Literatur, Musik und Tanz und schließlich Ästhetisches überhaupt als Gefühlsausdruck, Gefühlsquelle oder -anstoß und Gefühlserleben. Selbstverständlich sind solche Rekonstruktionen und Verallgemeinerungen höchst sorgfältig durchzuführen. Für die indische Ästhetik ist dies bis zu einem gewissen Grad geleistet. Insbesondere Jacobis Übersetzungen indischer Traktate und seine Vergleiche indischer und Kantischer Ästhetik verdienen besondere Beachtung. Li Zehous Studie chinesischer Ästhetik enthält entsprechende Ansätze. Ein weiteres Beispiel für die Exemplarität bestimmter Kunsttheorien für eine ästhetische Theorie überhaupt: in japanischen Literatur- und Theatertheorien wurde ähnlich zwischen (schöner) Kunst, Geschichte, Wirklichkeit und Wahrheit unterschieden, wie es Aristoteles in seiner *Poetik* tat, so dass diese Unterscheidungen auch ähnliche Verallgemeinerungen zulassen wie Aristoteles' Ausführungen. In entsprechenden Darstellungen (1990b, 1993: 236–256 und 314–339 und 1996 c) habe ich u. a. einschlägige Theorien Ki no Tsurayukis (872–945), Murasaki Shikibus (um 1000), Zeamis (1363–1443), Chikamatsu Monzaemons (1653–1725), Ogyū Sorais (1666–1728), Motoori Norinagas (1730–1801) und Natsume Sōsekis (1867–1916) thematisiert.

Im Folgenden soll der Frage nach einer Interkulturellen philosophischen Ästhetik und einem mit solch einer Disziplin verbundenen geeigneten Begriff des Ästhetischen am Beispiel der Problematik des Schönen nachgegangen werden, und zwar sowohl an Beispielen natürlicher Schönheit wie schöner Kunst. Ein Nachteil liegt in der – ja erzwungenen – Einschränkung; ein Vorteil darin, dass das Thema Schönheit zu den ewigen Problemen der Philosophie überhaupt gehört.

Von der Zeitlosigkeit und Unangreifbarkeit des Schönen

Der Widerstand gegen das Schöne

Seit über 100 Jahren vertreten vor allem Künstler und Kunstkritiker die Auffassung, dass die schöne Kunst überholt und kein legitimes Ziel künstlerischer Gestaltung (mehr) sei. Das ist weithin bekannt. Weniger bekannt ist: schon seit über 2400 Jahren, und dies in den verschiedensten Kulturen, kommt es immer wieder vor, dass man schönen Menschen mit Misstrauen begegnet und schöne Dinge und Ereignisse als Übel hinstellt. Vor allem weibliche Schönheit war vielfach Gegenstand entschiedener Ablehnung. Ob im Christentum oder im chinesischen Altertum: immer wieder galt sie als gefährliche, verführerische Ablenkung von wirklich wichtigen Fragen oder gar als Hindernis auf dem Weg zu Erkenntnis und richtiger Lebensführung. Worauf es hier ankommt: die als bedenklich empfundene erotische Anziehungskraft schöner Frauen wurde zumeist (auch) als Wirkung ihrer Schönheit begriffen. Die „Frau Welt" des europäischen Mittelalters erschien von vorne schön, während ihr Rücken eine hässliche, von Ungetier zerfressende Ansicht von Übel und Moder bot: ein Bild trügerischen, verlogenen, weil *schönen* Scheins des diesseitigen Lebens. Ein Beispiel liefert die um 1300 geschaffene Skulptur am Südportal des Wormser Domes. Zahlreichen Kritikern zufolge waren schöne Gegenstände überflüssiger, kostspieliger, ja verschwenderischer Luxus. Oder das Schöne ist – wie im Bild der Frau Welt in freilich sehr spezifischer Form zum Ausdruck gebracht – überhaupt Betrug oder doch schlechte Illusion. Es tauscht über die Wahrheit hinweg oder lenkt vom Ernst des Lebens oder des religiösen Weges ab. Es spricht die „Sinne" an, aber trübt den „Verstand". Im bekannten *Daode jing*, dem (chin.) „Klassiker von Weg und seiner Kraft" aus dem 3. (?) Jh. v. u. Z. heißt es (im 81. Abschnitt, Debon 1979): 110: „Wahre (ehrliche, vertrauenswerte) [*xin* 信] Worte sind nicht schön [*mei* 美]; schöne Worte sind nicht wahr (ehrlich, vertrauenswert)." Mozi, ein chinesischer Philosoph aus dem 5. und 4. Jahrhundert vor unserer Zeit, beklagte den unmoralischen Luxus großer bronzener Glockenspiele – von denen uns etwa 11 Meter lange und 2,70 Meter hohe, in der Tat ungemein luxuriöse Beispiele erhalten sind: reich verzierte, lackierte Gestelle mit zwei parallelen horizontalen Balken, an denen reich reliefierte Bronzeglocken unterschiedlicher Größe hingen (Abb. bei Fahr-Becker 1998: 51). Konfuzius und Platon kritisierten die verweichlichende Wirkung bestimmter Formen schöner Musik. Nach Augustinus lenkt schöne Musik vielfach von der Konzentration auf Gott ab. Und selbst einige der schönsten Walzer galten als sündhaft. Platon, aber z. B. auch japanische buddhistische Gelehrte bezeichneten schöne Kunst als Lüge (Paul 1996 c). Brecht denunzierte das Schillersche Drama als schlechtes Illusionstheater, und dies, obwohl sich Schiller ausdrücklich – und erfolgreich – um eine Gestaltung bemühte, die den Kunstcharakter stets erkennbar bleiben ließ. Seine Sentenz „Ernst ist das Leben / heiter ist die Kunst", die die Heiterkeit eben als Reflex des Kunstcharakters begriff, wurde freilich auch von Adorno (1981: 599–606) missverstanden und als Zeichen einer gewissen Seichtigkeit abgelehnt. Wie Brecht wollte auch Adorno Wahrheit und Ernst. Noch der Roman und Film *Der Name der Rose* dokumentieren, wie sich die Ablehnung des Schönen bis zum Hass steigern

kann, führt doch die Wut des alten Mönches über Aristoteles' Komödien-
theorie, ja über eine Kunst, die eine Fröhlichkeit und ein Lachen hervorruft,
die – wie er meint – Gott missfallen müssen, zum Untergang des Klosters.
Und schließlich kennen wir die bis ins 21. Jahrhundert ebenfalls gängige
Einschätzung, dass Schönheitsempfinden und Urteile über Schönheit „subjektiv" – von Mensch zu Mensch verschieden – und (auch) deshalb fragwürdig seien. Ich finde dies, Du findest jenes schön, und das wär' es dann. Wittgenstein (1971: 33) etwa bemerkte sarkastisch: „Man könnte denken, Ästhetik ist eine Wissenschaft, die uns sagt, was schön ist – das ist fast zu
lächerlich, um es auszusprechen. Ich vermute, sie müsste uns dann auch sagen können, welche Kaffeesorten gut schmecken." Mitunter steht hinter der
Kritik, ja dem Widerstand auch Humorlosigkeit und manchmal gar finstere
Gesinnung, oft jedenfalls ein Mangel an Souveränität. Selbst dann freilich
könnte die Kritik berechtigt sein. Wie jedoch gezeigt werden soll, ist sie das
nicht. Das Schöne – schöne Vorstellungen, schöne Gegenstände, schöne Ereignisse – ist ein hoher, zeitlos und universal gültiger Wert, dem selbst die
Entwicklung und Kritik der so genannten modernen Kunst – seit vielleicht
Ende des 19. Jahrhunderts – schlechthin nichts anhaben kann.

Wohl zu unterscheiden von Täuschung und Betrug, von Kitsch, Propaganda und Pornographie, von Manierismus und Kunststücken, vom erotisch
oder sexuell Attraktiven, vom Morbiden, Monumentalen, Überwältigenden,
Einschüchternden oder von kurzlebigen Schönheitsidealen, von dem, was
gerade modern oder aktuell ist, ist das Schöne, bildhaft gesprochen, immun
gegen alle Angriffe und Bedenken, und dies zu Recht. Aber warum?

Menschliches Verhalten zeigt:
Der Mensch glaubt an die Allgemeingültigkeit des Schönen
„Über Geschmack lässt sich streiten." „Über Geschmack lässt sich nicht
streiten." Nehmen wir einmal an, der Geschmack sei ein Vermögen, eine
Fähigkeit, festzustellen, was schön ist und was nicht. Und tatsächlich gebrauchen wir das Wort „Geschmack" jedenfalls auch in diesem Sinn. Dann
bedeuten beide Feststellungen, dass jeder Mensch seinen eigenen Geschmack besitze und dass es zwecklos sei, nach dem „richtigen" Geschmack zu suchen. Soll also jeder schön finden, was er will?

Sogar Menschen, die solch eine Auffassung vertreten, verhalten sich oft
anders. Ja, die meisten streiten selbst darüber, ob etwas schön sei oder
nicht.

Im Grunde führen freilich schon einige einfache Argumente jeden ästhetischen Subjektivismus in Sachen Schönheit – die Sicht, dass jeder Einzelne
seine eigene, nur für ihn gültige Schönheitsauffassung besitze – *ad absurdum.*

1. Trotz aller Unterschiedlichkeit so genannter Schönheitsideale sind wir
uns in unseren ästhetischen Urteilen über menschliche Gesichter und
menschliche Gestalt weithin einig.

2. Es gibt eine Reihe von denkbar verschiedenartigen Kunstwerken, die
während ihrer ganzen Rezeptionsgeschichte und dabei von der überwältigenden Mehrheit der Menschen, deren Urteile bekannt sind, ästhetisch positiv bewertet, ja als „schön" bezeichnet wurden. Erinnert sei nur an die Pyramiden, die Büste der Nofretete, das Taj Mahal, Skulpturen Michelangelos,

den chinesischen Roman „Der Traum der Roten Kammer" *(Hongluo meng)*, Goethes „Faust", klassische chinesische Kalligraphien, Farbholzschnitte Utamaros (1753–1806) und Kompositonen Mozarts und Beethovens. Entsprechendes gilt für bestimmte Naturphänomene wie etwa den Sternenhimmel, berühmte Wasserfälle oder Konturen von Sandbergen in der Sahara.

3. Es gibt unzählige Abhandlungen über künstlerische Regeln, die von der Überzeugung bestimmt sind, dass solche Regeln existieren und dass man sie kennen und befolgen sollte.

4. Fast soweit die Geschichte der Schriftsprache zurückreicht, hat es in irgendeinem Sinn Kunstkritik gegeben. Ein sehr altes Beispiel ist die um 2000 vor Christus formulierte ägyptische *Lehre des Ptahhotep* (Übers. Hornung 1979: 46–56), die unter anderem von „schöner Rede" spricht und einer Art Poetologie folgt (vgl. auch op. cit.: 6).

5. Es würde keine Lyrik-Übersetzungen, keine Ausstellungen japanischer Bildender Kunst in Europa (und umgekehrt), keine Aufführungen der Peking-Oper in London oder eines russischen Balletts in den USA geben, wären wir nicht überzeugt, dass prinzipiell alle Menschen alle Kunstwerke in irgendwie übereinstimmender Weise ästhetisch beurteilen können.

6. Seit je wohl war die Entwicklung der Kunst durch konvergierende Tendenzen gekennzeichnet. Die Kunstwerke verschiedener Kulturkreise werden sich immer ähnlicher. Oder sie zeichnen sich durch wachsende und zunehmend akzeptierte Pluralität aus.

Schon in der Steinzeit wurden bestimmte Kunstformen einer Kultur von anderen Kulturen übernommen. So hat sich der bereits zwischen 13000 und 2000 vor Christus auftretende Röntgenstil der Jägerkulturen – der innere Organe und Knochengerüst von Tieren wiedergibt – von Europa nach Asien und von da aus nach Australien und Amerika verbreitet (Lommel 1967).

7. Genauso bemerkenswert wie das Bestehen konvergierender Tendenzen ist die Existenz verblüffend ähnlicher Kunstformen, die unabhängig voneinander entstanden sind. Man denke an Beispiele aus der Architektur und Ornamentik.

8. Die häufigen langen und „heißen" Diskussionen über ästhetische Fragen wären völlig sinnlos, gründeten sie nicht in der Überzeugung, dass es prinzipiell möglich sei, sich zu verständigen. Wer von uns kennt nicht Beispiele wie die folgenden?

„Aber die Statue *ist* doch schön."

„Schön?! Sie ist ganz einfach obszön!"

„Ach Du mit Deinem ewigen Moralismus. Du weißt ja gar nicht, was schön ist ..."

„Was hast Du denn wieder für eine scheußliche Frisur! Und so willst Du ins Theater?"

„Was heißt scheußlich? Schau Dir 'mal Deine Hose an. Dann siehst Du, wem hier Geschmack fehlt. Wenn Du Dich nicht umziehst, kannst Du sowieso alleine gehen ..."

Wenn es die Lebensverhältnisse erlauben, sind solche Auseinandersetzungen fast alltäglich. Der Streit wäre sinnlos, glaubte man nicht an die Gültigkeit des eigenen Urteils und damit daran, dass es richtige und falsche, treffende und unzutreffende Urteile über Schönes gebe. Ersichtlich geht man auch davon aus, dass es prinzipiell möglich ist, andere von der Richtigkeit eines bestimmten Geschmacksurteils zu überzeugen. Und dies wiederum setzt letztlich die Annahme voraus, dass allgemeingültige Konzepte des Schönen bzw. allgemeingültige Kriterien des Schönen existieren.

Natürlich ist es möglich, dass es sich in allen acht Fällen um Beispiele – zum Teil Jahrtausende alter – grotesker Irrtümer der Menschheit handelt. Doch wie auch meine ausführlichere Darstellung der acht Indizien (1985: 24–33) deutlich machen dürfte, wäre diese Einschätzung nicht sonderlich plausibel.

Der Mensch interessiert sich für das Schöne
Im Übrigen dokumentieren die Beispiele und insbesondere die Häufigkeit und Intensität, mit der sich die Menschen über Fragen des Schönen streiten, dass sie die entsprechenden Fragen *interessieren*. Wir halten sie für wichtig. Bedenkt man, dass der Streit dabei ganze Abende verderben kann, so wird es offenkundig. Beispiele für das Interesse des Menschen am Schönen sind außerdem:

1. Das besondere Interesse an Mitmenschen, die wir z. B. als schön oder faszinierend bezeichnen.
2. Das bereits (a) mit der Höhlenmalerei und (b) der Architektur und Bildenden Kunst der alten Hochkulturen dokumentierte Interesse an ästhetisch ansprechend gestalteten Lebensräumen.
3. Das für die meisten Kulturen kennzeichnende Interesse an ornamentaler Kunst. Man denke etwa an abstrakte Reliefs oder an die verzierten Holzhocker traditioneller afrikanischer Holzschnitzerei. Beachtung verdient auch der schlichte Sachverhalt, dass sich der Mensch bereits Jahrtausende v. u. Z. um eine *Politur* von Steinobjekten bemühte. Beeindruckend schöne polierte Steinarmreife sind uns bereits aus dem anatolischen Raum des 9. Jahrtausends v. u. Z. überliefert. Und selbst die technisch ungemein schwierige und langwierige Gestaltung glatter glänzender Jadestücke geht bis ins 4. Jahrtausend v. u. Z. zurück. Aus den chinesischen Hongshan- und Jiangzhu-Kulturen sind Tausende von kleinen Jade-Skulpturen – Ritualobjekten, Nutzgegenständen und Schmuckstücken – erhalten. Man vergleiche nur die Erläuterungen und Abbildungen in *Schätze der Himmelssöhne* (2003: 119 ff.) und bei Fahr-Becker (1998: 276 f.).
4. Das Interesse, sich ansprechend anzuziehen oder Schmuck zu tragen. Letzteres dokumentieren u. a. schon steinzeitliche Funde aus Anatolien und China (Li Zehou 1991: 2). Schminkkonventionen sind z. B. aus dem alten Ägypten bekannt. Aus späteren Zeiten – und unterschiedlichsten Kulturen – sind „Handbücher" der Toilette überliefert.

Dem wird oft entgegengehalten, dass die Höhlenmalerei, die altägyptische Skulptur und die traditionelle afrikanische Holzschnitzerei keinerlei ästhetischem Interesse entsprungen seien, sondern rein praktischen und religiösen Bedürfnissen entstammten. Sie hätten ausschließlich praktisch-religiöse Funktionen – wie Jagdzauber oder Totenkult – und seien deshalb „etwas ganz anderes" als die Gegenstände, die der „moderne Mensch" schön nennt. Aber solche Einwände sind unhaltbar. Sie werden nicht nur von manchen Fachwissenschaftlern (wie Koloss 1990 und 1999) zurückgewiesen. Ihnen widerspricht auch folgende einfache Überlegung.

Schönheit, Religion, Magie und Auftragskunst

Schöne chinesische Jadewerke und schöne zykladische Idole aus dem 3. Jahrtausend vor Christus ähneln (Klein-)Plastiken aus dem 20. Jahrhundert. Abbildungen bei Goldschneider (1934) und in *Ägyptische und moderne Kunst* (1986, insbes. S. 144 f.) dokumentieren, wie sehr so manch altägyptische Frauenskulptur einem modernen Werk gleicht. Willets (1970: 53), Fahr-Becker (1998: 276) und andere haben auf die Ähnlichkeit altchinesischer Jadestücke mit Werken Moores und Brancusis verwiesen. Und besonders sinnfällig sind die ästhetischen Übereinstimmungen bei den Pyramiden, die unabhängig voneinander im alten Ägypten, in China und in Südamerika entstanden. Dabei erfüllten all diese Werke höchst unterschiedliche Aufgaben. Praktisch-religiöse Bedürfnisse, Materialzwänge oder architektonische Gesetzmäßigkeiten können die ästhetischen Übereinstimmungen nicht hinreichend erklären. Nur weithergeholte Spekulation steht der naheliegenden Erklärung entgegen, dass die für solche Beispiele kennzeichnende ästhetische Gestaltung jedenfalls auch Ergebnis ähnlichen ästhetischen Interesses ist.

Warum begnügte man sich im altägyptischen Götter- und Totenkult nicht mit Gestaltungsformen, die materiell und technisch weniger aufwendig gewesen wären, ja vielleicht das Leben insgesamt erleichtert hätten? Verlangte der Glaube ästhetisch ansprechende Werke? Ist ein religiöses Interesse, das nur dann als sinnvoll gilt, wenn es auch bestimmten ästhetischen Regeln genügt, wirklich nur religiös orientiert? Solche Fragen machen deutlich, dass ästhetisches Interesse selbst dann, wenn es aus anderen Interessen abgeleitet und in diesem Sinn sekundär scheint, oder wenn es sie begleitet oder sich mit ihnen vermischt, vielfach ursprünglichen, eigenständigen Charakter besitzt, als unverzichtbar gilt und *als ästhetisches Interesse* wirksam wird. Selbst Mozis Verdikt über elaborierte Musik spricht in gewisser Hinsicht für diese Einschätzung – unterscheidet er mit seiner Kritik doch auch zwischen sachlich berechtigten Bestattungsregeln und sachlich überflüssigem ästhetischen Aufwand.

Ja, womöglich war es in manchen Fällen eher ästhetisches Interesse, das religiöse Vorstellungen prägte, als umgekehrt. Der ägyptische Sonnengott Aton wurde als „der Schönste der Schönen" bezeichnet. Dies – „der Schönste der Schönen ist Aton", „Nefernef(e)ruaton", – war auch der Name einer Tochter Echnatons (reg. 1365–1348) und wohl auch seines Nachfolgers Semenchkares (reg. 1351–1348). [Historische Details sind nach wie vor umstritten, aber im gegebenen Zusammenhang irrelevant.] Und der Name von Echnatons Gattin Nofretete bedeutete „die Schöne ist gekommen" (*Nofretete – Echnaton* 1976: 14–16). Die an das „Vorwort" anschließenden ersten Verse von Echnatons *Großer Hymne an Aton* lauten in einer Übersetzung Assmanns (1975: 216):

„Er sagt: du erscheinst schön
im Lichtland des Himmels,
du lebende Sonne, die Leben zuweist!
Du bist aufgegangen im östlichen Lichtland,
du hast jedes Land erfüllt mit deiner Schönheit.
Du bist schön, gewaltig und funkelnd
[...]"

Englischsprachige Übertragungen benutzen zumeist „beautiful", französische „beau". Doch werden auch Ausdrücke wie „resplendissant" verwendet. Da der Aton-Kult ein Kult von Schönheit *und* Licht bzw. von strahlender, leuchtender, brillanter Schönheit war, dürften die übersetzten ägyptischen Wörter auch entsprechende Konnotationen besessen haben.

In der Tat dürfte eine sorgfältige Lektüre der Aton-Hymnen den Eindruck vermitteln, dass es der Glaube an den Wert der Schönheit und das Interesse am Schönen waren, die die religiösen Vorstellungen und den religiösen Kult bestimmten und nicht umgekehrt. Auch naheliegende Einwände wie die, dass auch ein Name wie Nofretete vor allem die Nähe zu Gott, zu Aton, bezeichnen solle, wären nicht stichhaltig. Denn dann wäre es – wie im Fall Echnatons – sinnvoller gewesen, einen explizit-unmissverständlichen Hinweis in den Namen aufzunehmen. Eine Einschätzung, die der Ägyptologe Brunner (1986: 93 f.) mit Blick auch auf die *Große Hymne* als Kunst abgibt, verdiente dabei ebenfalls gründliche Analysen:

„Man könnte von einer artifiziellen und rationalen Dichtung sprechen, wären nicht Bilder von großer Leuchtkraft und unmittelbarer Wirkung aufs engste damit verbunden. Stärker als je tritt uns hier die typisch ägyptische Einheit von künstlerischer [!] Intuition mit rationaler [!] Gestaltung entgegen."

Und auch der Einwand, dass die mit „schön" usw. übersetzten altägyptischen Wörter – zumeist Formen des Lexems *nfr* bzw. *nefer* – „etwas anderes" als im Deutschen bedeuteten, und dass sie überdies je nach Kontext unterschiedliche Bedeutungen oder doch Konnotationen besessen hätten, so dass es (von vornherein) verfehlt sei, so etwas wie ein transkulturelles Schönheitskonzept anzunehmen oder zu behaupten, ist leicht zu entkräften. Es ist jedoch hilfreich, dies einmal explizit zu tun, zumal eine Widerlegung exemplarischen Charakter haben dürfte, lässt sie sich doch *mutatis mutandis* auch bei anderen Begriffen – wie etwa „wahr" – durchführen. Gewiss hatte Schönheit als Merkmal Atons und der Sonne Konnotationen wie „Strahlenglanz", „Helle", „Licht" oder „Brillanz", während ihr diese Eigenschaften als Merkmal „schöner Rede" – wie insbesondere einer in metrischer Form gehaltenen Weisheitslehre – kaum zukamen. In bestimmten altägyptischen Texten bedeutete „schön" *ähnlich wie manchmal auch im Deutschen* eher „vollkommen", „gut" oder einfach „willkommen", und mit einer „schönen Frau" war wohl primär erotische Anziehungskraft angesprochen. Das dokumentieren bereits die – ja zahlreichen – Übersetzungen. Anders als es scheinen mag, ist dies jedoch unproblematisch. Im gegebenen Zusammenhang kommt es allein darauf an, ob „schön" (*nefer* etc.) als Merkmal altägyptischer Kunst – Malerei, Architektur, Literatur – und als Merkmal von Naturgegenständen und Naturerscheinungen (auch) Harmonisches oder Gestalthaftes etc. bezeichnete, das in der dafür spezifischen Weise gefiel und gefällt. Dies aber dürfte sich, wie implizit bereits versucht, leicht zeigen lassen: einmal durch Angabe von einschlägigen Beispielen altägyptischer Kunst – seien es Pyramiden, Skulpturen, Malereien oder Texte –, zweitens durch einschlägige Urteile, wie wir sie altägyptischen Zeugnissen selbst entnehmen können, und drittens durch Beispiele übereinstimmender ästhetischer Urteile über schöne ägyptische Kunst, wie sie aus unterschiedlichsten Zeiten und Kulturen bekannt sind. Im Übrigen mag (erneut) deutlich werden, dass Interkulturelle Philosophie – ob nun im persönlichen interdisziplären Gespräch oder lediglich in einer Berücksichtigung von Arbeiten aus anderen Disziplinen – nur als interdisziplinäres Unternehmen durchführbar ist.

Noch zwei weitere Argumente gegen die verbreitete Sicht, dass es bei in frühen Kulturen gestalteten Objekten nicht um Schönheit gegangen sei, sind bedenkenswert. Wie angesprochen, stellte man in der Liangzhu-Kultur (aus dem 4. und 3. Jt. v. u. Z.), einer der Geburtsstätten der chinesischen Jade-„Schnitzerei", in zeitraubenden, technisch ungemein schwierigen Verfahren wunderschöne Jade-Kleinplastiken her, die *unterschiedlichsten* Funktionen dienten: darunter in der Tat auch religiösen und kultischen Zwecken. Aber man schuf eben auch Gebrauchsgegenstände wie Gürtelverschlüsse und Schmuckstücke wie Halsketten und Armreife. *Unabhängig von den jeweiligen spezifischen Funktionen sind all diese Objekte schön.* Hält man jedoch – und damit zum zweiten Argument – unbedingt an der Überzeugung fest, dass frühe Auftrags- und Funktionswerke nicht als schön verstanden werden dürften, dann gilt dies konsequenter Weise für alle Auftrags- und Funktionskunst: auch viele von Michelangelos und Henry Moores Skulpturen oder Chagalls Kirchenfenster wären danach keine schöne Kunst. Nur entsprechende Beispiele des *l'art pour l'art* verdienten es noch, schön genannt zu werden. Sachgerechter dürfte es freilich sein, festzustellen, dass auch Aufträge und Funktionsbestimmungen Schönheit und gestalterische Orientierung an Schönheitsvorstellungen nicht ausschließen – und nie ausschlossen.

Zusammenfassend gesagt, ergibt sich jedenfalls als ein erstes Fazit, dass ästhetische Interessen seit den Anfängen des *Homo sapiens sapiens* menschliches Verhalten mitbestimmen und selbst in Lebenslagen wirksam wurden, in denen sich der Mensch vielleicht besser um andere, lebenswichtigere Aufgaben gekümmert hätte.

Mit Menschen zusammen zu sein, die uns gefallen, selbst „gut" auszusehen, unsere Lebenswelt ästhetisch ansprechend zu gestalten oder ganz einfach ästhetisch Ansprechendes wie z. B. eine schöne Blume, ein schönes Bild, eine Melodie zu betrachten oder anzuhören, *halten wir für wichtig.*

Merkmale des Schönen und gültiger Urteile über das Schöne
Wörter und Begriffe wie „ästhetisch", „schön", „ästhetisches Urteil" oder „Geschmacksurteil" werden in unterschiedlichsten Bedeutungen gebraucht. In unseren Überlegungen bezeichne der Ausdruck „ästhetische Urteile" Behauptungen, deren Prädikatwörter (jedenfalls auch) Gefühle oder Gefühlsindifferenz artikulieren. Diese Bestimmung entspricht dem im Deutschen üblichen Gebrauch, aber auch der philosophischen Konzeption, wie sie etwa Immanuel Kant (in seiner *Kritik der Urteilskraft*) formulierte. In Sätzen wie „Das ist herrlich", „Die Blume duftet wunderbar", „Die Kröte sieht ekelig aus", „Das Pferd ist schön" oder „Das lässt mich kalt" drücken die Prädikate positive oder negative Gefühle oder – im letzten Fall – Gefühlsindifferenz aus. Unter einem Geschmacksurteil ist dementsprechend ein ästhetisches Urteil zu verstehen, mit dem behauptet wird, dass etwas schön oder nicht-schön oder in der und der Hinsicht schön sei usw. Solch ein Ur-

teil braucht keinesfalls die explizite Form „X ist schön" zu besitzen. Selbst ein Ausruf wie „Wunderbar!" kann „Das ist (aber) schön!" bedeuten. Diese Erläuterungen mögen die angeführten Beispiele verständlicher machen. Natürlich handelt es sich um deutschsprachige Ausdrücke. Aber alle menschlichen Sprachen dürften Äquivalente besitzen, die denselben allgemeinen Begriff implizieren. Für die indogermanischen Sprachen gilt dies ohnehin. Aber auch z. B. im klassischen Chinesisch (*mei* 美) oder Japanisch (*utsuku-shii* 美しい) existieren entsprechende Wörter und dasselbe gilt, wie illustriert, etwa für das Altägyptische. Im Chinesischen findet sich *mei* bereits auf Orakelknochen aus dem 13. bis 11. Jahrhundert vor unserer Zeit, vom *Shi-jing* nicht weiter zu reden (Geiger 2005: 72 ff.). Und im *Menzius* heißt es geradezu, dass „die Augen [aller Menschen] dieselbe (!) Schönheit (*tongmei* 同美)" wahrnähmen, alle Menschen also in ihrer Sicht des Schönen übereinstimmten (6A1, 7, Wilhelm 1982: 165). Letztlich besitzen danach alle Menschen denselben Schönheitssinn – ein Aspekt der Menzianischen Hypothese von der Gleichheit aller Menschen.

Man mag die scheinbare Beliebigkeit und geringe Zahl solcher Beispiele bemängeln. Aber sie ließen sich vermutlich zu einer umfangreichen Monographie ausweiten. Außerdem soll ja lediglich eine *Einführung* geboten werden. Würde man da zu ausführlich, so hätte man erneut mit Einwänden zu rechnen. Bliebe also nur der Verzicht auf induktive Schlüsse und allgemeine Hypothesen. Aber er wäre kaum in gültiger Weise zu rechtfertigen; denn die eigene Einschätzung eines Beispiels ist faktisch auch stets Einordnung in größere Zusammenhänge, und sei es auch nur unbewusst. Da erscheint es sachlicher Auseinandersetzung förderlicher, die eigene Sicht der Zusammenhänge explizit zu machen, als sie zu verschweigen oder gar zu behaupten, man verzichte auf derartige Einordnungen. All dies sollte man sich bei den angeführten Beispielen bewusst machen. Außerdem können einzelne Hinweise und Zitate oder einzelne Exempel etwa von Kunstwerken in einem hypothetischen oder programmatischen Kontext gesehen werden.

Im Übrigen aber sind es kaum Vorbehalte gegenüber der Leistungsfähigkeit bestimmter Sprachen, sondern vor allem folgende Erfahrungen und Probleme, die sowohl den „Normalbürger" wie den professionellen Theoretiker – sei er nun etwa Philosoph oder Kunstkritiker – dazu bewegen, Geschmacksurteile für prinzipiell subjektiv und „das Schöne" für ein (fast) unzugängliches Geheimnis zu halten:

(1) die häufigen Schwierigkeiten, ja das Scheitern der Versuche, zu übereinstimmenden Geschmacksurteilen zu kommen,

(2) das Scheitern *restlos* befriedigender Erklärungen der Schönheit schöner Gegenstände, wie es insbesondere selbst die beste Interpretation schöner Gedichte exemplifiziert,

(3) Theorien, denen zufolge Geschmacksurteile rein subjektiv sein sollen, und

(4) – insbesondere – die Problematik, unstrittig allgemeine Merkmale des Schönen und der Gültigkeit eines Geschmacksurteils anzugeben.

Viele, wenn nicht die meisten philosophischen Ästhetiken – d. h. die meisten philosophischen Theorien von Gegenständen des Gefühls oder der Gefühlsindifferenz und von Urteilen über solche Gegenstände – und die meisten einschlägigen Hirntheorien dürften freilich eines anderen belehren. Sie charakterisieren das Schöne als etwas Harmonisches, als organisches oder quasiorganisches Ganzes, als Gestalt oder doch (scheinbar) alternativlose kohärente Struktur im Gegensatz zur bloßen Häufung unverbundener Elemente, und sie sehen darin den Grund dafür, dass es gefällt. Mag man sich womöglich damit abfinden müssen, dass sich *kein hinreichender* Begriff des Schönen formulieren lässt: *notwendige* Merkmale dürften sich angeben lassen.

Plato (*Symposion* 210 e ff.) behauptete enthusiastisch, dass wahre Schönheit unabhängig von Zeit, Ort und persönlichem Urteil sei und intrinsischen Wert besitze. Schöne Gegenstände seien durch harmonische Form, Ordnung, gute und gestalthafte Eleganz, passende Proportionen und ansprechende Form gekennzeichnet (ebd. und *Politeia* 400 c–403 c). Platos Idealismus entsprechend ist freilich nur die allgemeinste abstrakte und immaterielle Idee des Schönen wahre und vollkommene Schönheit.

Vom Idealismus Abstand nehmend, betonte Aristoteles das Gestalthafte des Schönen. So forderte er in seiner *Poetik* zum Beispiel, dass eine Tragödie eine Einheit bilden solle, die organischer Ganzheit vergleichbar sei, und dies in einer Weise, die es unmöglich mache, auch nur ein Element zu variieren, wegzulassen oder hinzuzufügen, ohne damit auch die ganze Tragödie zu ändern. Viele Ästhetiker schlossen sich an. Leibniz begriff Schönheit als eine Form der Ganzheitlichkeit aus nicht klar voneinander trennbaren Elementen, die sich eben deshalb von Agglomeraten wie etwa einem Steinhaufen unterschieden (Leibniz 1961, Buch 2, Kap. XX und XXIX). Edmund Burke (1968: 91–125) hob Eigenschaften wie „Sanftheit" und „graduelle Veränderung" hervor. Auch die meisten seiner Beispiele, Tiere und Pflanzen, illustrieren den Gestaltcharakter, der so vielen schönen Gegenständen eignet. Nach Kant ist nur die Kunst schön, die wie Natur scheint. Hegel behauptete in seiner Einführung zur Ästhetik, dass schöne Kunst die Dinge in der Form natürlicher Gegenstände darstelle. Und Nietzsche setzte in seiner Wagner-Kritik (in *Der Fall Wagner*) Schönheit einer Art organischer Ganzheit gleich.

Seit Burke wurden solche Begriffe des Schönen und der Schönheit in immer spezifischeren Einzelheiten entwickelt. Burke zeigte, dass mathematische Proportionen, Zweckmäßigkeit und Vollkommenheit keine allgemeinen Merkmale des Schönen sind. Kant und die meisten nachfolgenden Ästhetiker vertraten dieselbe Auffassung. Konsequent seinen empirischen Ansatz verfolgend, wandte sich Burke auch gegen jede Verwechslung und Vermischung von praktischen, moralischen und mathematischen Fragen mit ästhetischen Problemen und widerlegte damit zum Beispiel die Platonische Sicht.

Adorno, der oft als radikaler Gegner traditioneller Ästhetik missverstanden wird, unterstrich, dass selbst moderne Kunst nicht auf die Kategorie des Schönen verzichten könne. Auch Kategorien wie „Einheit" und sogar „Harmonie" seien nicht spurlos vergangen, und Kunstwerke müssten „kohärent" sein (Adorno 1974: 80 und 82). Auch Marcuse (1978), der stärker noch als Adorno unter dem Einfluss Kants stand, beharrte auf der Unverzichtbarkeit des traditionellen Schönheitsbegriffs.

All diese Philosophen stimmten auch darin überein, dass sich das Gefallen am Schönen von erotischem oder sexuellem Interesse und sexueller Lust unterscheide. Leibniz (1961, Buch 2, Kap. XX,4,5) führte den Begriff „uninteressierter Liebe" ein. Burke (1968: 91) sprach von einer „Liebe", die sich „von Begierde" unterscheide. Kant prägte den Ausdruck „uninteressiertes Wohlgefallen" und meinte damit ein Gefallen, das selbst von dem Wunsch unabhängig ist, den schönen Gegenstand zu besitzen. Die Charakterisierungen geben eine Überzeugung wieder, die auch in der deutschen Alltagssprache immer wieder ausgesprochen wird. Männer sagen mitunter über eine Frau: „Sie ist wirklich schön, aber sie interessiert mich überhaupt nicht".

Auch die in indischen, chinesischen und japanischen Kulturen entwickelten Ästhetiken schließen zahlreiche Theorien ein, die das Kunstschöne und letztlich das Schöne überhaupt charakterisieren, wie es „westliche" Ästhetiken tun: insbesondere eben als natürlich scheinende Gestalten, die aufgrund der Distanz, mit der sie beurteilt werden (können), prinzipiell jedem gefallen. Der chinesische Philosoph Zhuangzi (aus dem 4. Jh. v. u. Z.) spricht von einem Holzschnitzer, der Werke wunderbarer Schönheit gestaltete. Nach seinem Erfolgsgeheimnis gefragt, erklärte er, nur solche Hölzer zu benutzen, in denen die Figuren, die er schnitze, in natürlicher Weise angelegt seien (Wilhelm 1969: 203 f.). Die mit dieser Anekdote angesprochene Regel natürlicher Präformation oder harmonischer Interpretation des natürlichen Materials (Paul 1985: 129–135) ist von vielen Ästhetikern und Künstlern formuliert und angewendet worden, so unter anderen von Leonardo da Vinci, Michelangelo, Max Ernst und Adorno (vgl. ebd.). Auch zahlreiche chinesische Theoretiker und Künstler unterstrichen die Wichtigkeit des Prinzips der Präformation. Neben Zhuangzi seien nur der chinesische Literaturtheoretiker Liu Xie (ca. 465–522) und der Maler Song Di (1015–1080) genannt (vgl. Giles 1905: 100 und Gombrich 1978: 212). Wie Liu Xie forderte z. B. Xiao Tong (501–531) überdies, dass schöne Literatur Werke harmonischer Ganzheitlichkeit hervorbringe (Übers. Wong 1983). Dabei ist der Einfluss von Lius *Wenxin diaolong*, „Das literarische Herz und das Drachenschnitzen", auf die Geschichte der Kunsttheorie in China – und auch in Japan – gar nicht zu überschätzen, zumal Liu auch Musik, Tanz und Malerei in seine vielfach grundsätzlichen Überlegungen einbezieht (vgl. *Wenxin diaolong* 1983, insbes. Kapitel XLIII über die ideale Form von Kunstwerken als scheinbar natürlichen Organismen und Shihs Interpretation dieses Konzepts als „organic unity", S. xli ff., sowie meine Darstellung 1993: 239–243). Weit systematischer und häufiger noch als die Surrealisten oder europäische, zumeist der „Volkskunst" zugeordnete Holzschnitzer wandten dabei chinesische Bildende Künstler das Prinzip natürlicher Präformation an: in wahrhaft unzähligen Beispielen der Jade-, Holz-, Bambus-, Walnuss-, Rhinozerushorn- und Elfenbein-Schnitzerei. Herausragende japanische Romanschriftsteller und Dramatiker wie Murasaki Shikibu, Zeami, Chikamatsu Monzaemon und Natsume Sōseki waren überzeugt, dass schöne Literatur durch eine natürliche Struktur gekennzeichnet sei.

Bei all dem spielt es keine Rolle, dass nur ein geringer Prozentsatz der Werke, die gemäß dem Prinzip natürlicher Präformation gestaltet wurden, schön sein dürfte. Es geht vielmehr um Folgendes:

(1) Das Prinzip ist ein ausgezeichnetes Beispiel der Regel, dass schöne Kunst durch Natürlichkeit gekennzeichnet sein sollte.

(2) Es wurde von einer großen Zahl einflussreicher Theoretiker und Künstler aller Zeiten und Kulturen formuliert und beachtet.

(3) Dies ist ein starkes empirisches Indiz für die Universalität *einer* wichtigen Norm schöner Kunst.

Adorno (1974: 249) verstieg sich sogar zu der Behauptung, dass die (gelungene) Komposition der Klaviertastatur inhärent sei, doch sollte man das nicht allzu wörtlich nehmen. Malerische und zeichnerische Techniken wie die Frottage – die übrigens eine Jahrhunderte alte Durchreibe-Technik ist –, die Décalcomanie und das Dripping – grob gesagt, das Erzeugen mehr oder weniger zufälliger Grundflächen durch Farbklecksereien – sind (auch) Versuche, auf künstliche Weise quasi-natürliche Strukturen zu schaffen, die dann ästhetisch interpretiert werden können, und dies oft so, dass das Ergebnis schön ist. Die „Erfindung" und der Einsatz solcher Techniken belegt die Relevanz des Prinzips natürlicher Präformation auch in der modernen Kunst und insbesondere im Surrealismus. Eine weitere Anwendung dieses Prinzips dokumentieren Bilder, die eine ästhetische Interpretation natürlicher Präformation *simulieren*. So malte ein japanischer Künstler des 20. Jahrhunderts, Kitawaki Noboru 北脇昇 (1901–1951), einen menschlichen Torso als eine Interpretation eines Baumstücks mit abgesägten Ästen. Und schließlich lassen sich, wie ich bereits 1976 (S. 324–355) und 1985 (S. 54 ff.) ausgeführt habe, auch Kunstformen wie *objet trouvé* – die Designation eines Fundgegenstandes als Kunstwerk – und *ready made aidé* – die künstlerische „Fertigstellung" bzw. „Ergänzung" eines Fundgegenstandes – als Realisationen des Prinzips begreifen. Eingestandenermaßen kann die Anwendung des Prinzips einem Künstler auch helfen, seinen *horror vacui* zu überwinden, und sie mag eine Entwicklung ästhetischer Ideen erleichtern, doch beeinträchtigt dies nicht die Relevanz des Prinzips als Indiz für eine universale ästhetische Regel.

Wie angesprochen, stimmen die meisten philosophischen Schulen auch darin überein, dass allgemeingültige ästhetische Urteile über Schönes möglich sind. „Allgemeingültig" bedeutet dabei, dass prinzipiell alle Menschen diese Urteile teilen sollten. Dass es *de facto* anders aussieht, heißt dann, dass es auch falsche Urteile gibt. Wie im Falle von moralischen Gesetzen geht es bei den Prinzipien der Geschmacksurteile ja um normative – und nicht etwa naturgesetzliche – Gültigkeit.

Menschliche Schönheit als besondere Form des Schönen
Es mag Ausnahmen geben. Aber im Allgemeinen dürfte kein schöner „Gegenstand" den Menschen stärker interessieren als der schöne Mensch. Dabei unterscheidet sich menschliche Schönheit nur in spezifischen Merkmalen von Schönheit überhaupt. Gerade sie besitzt gestalthaften, ganzheitlichen, harmonischen Charakter, auch sie ist – als etwas Schönes – Ausdruck einer „zwecklosen Zweckmäßigkeit". Wie angesprochen, ist ihre Attraktivität nicht mit erotischem oder sexuellem Reiz gleichzusetzen. Im Übrigen können ja auch hässliche Menschen sexuell anziehend sein, und auch ein homosexueller Mann kann eine Frau schön finden. Rein evolutionstheoreti-

sche Erklärungen, denen zufolge die Erfahrung menschlicher Schönheit bloße Funktion des Zwecks der Arterhaltung ist, sind also irrig. Und Entsprechendes gilt für biologistische Reduktionen, denen zufolge Schönheitsempfinden und Schönheitserfahrungen „rein körperliche" Erscheinungen und Funktionen sein sollen. Geht es um menschliche Schönheit *als Schönheit*, so ist das Gefallen an ihr auch vom Interesse – etwa – an einer berühmten oder mächtigen Persönlichkeit zu unterscheiden. Und auch das Interesse, das sich auf einen Menschen richtet, weil der Kontakt mit ihm das eigene Prestige stärkt, ist an sich kein Interesse am Schönen. Wie kein zweiter Begriff kann Kants Konzept des „uninteressierten Wohlgefallens" in solchen Zusammenhängen zur Klärung beitragen. Er ist ja oft angegriffen worden. Aber Kritiker wie Herder (1967, *Kalligone*, 1. Teil: 193 ff.) vergaßen schlichtweg, dass Kant diesen Begriff in einer sehr spezifischen, präzisen Bedeutung gebrauchte, die vor allem eins besagte: ästhetische Vorstellungen nur dann als Vorstellungen von Schönem *zu bezeichnen*, wenn sie keinerlei Beziehung auf die „Existenz" des schönen Gegenstands implizierten. Genauer gesagt, keinerlei Beziehung auf (a) die Existenz des Stoffs (des Gegenstands, Sujets, der Materie der Vorstellung) und (b) des Inhalts (z. B. des *gestalteten Sujets* eines schönen Kunstwerks), und wenn sie (c) keinerlei Wunsch einschlossen, den Gegenstand zu besitzen. Herder und andere zeigten sich ob Kants „Desinteresse" am Schönen empört, berücksichtigten jedoch nicht, dass Kant von „Lust" und „Gefallen" am Schönen sprach. Kants Konzept der Interesselosigkeit lässt sich am Besten am Beispiel des Pygmalion-Mythos illustrieren. Danach schuf der Bildhauer Pygmalion die Skulptur einer nackten Frau, die ihn so sehr ansprach, dass er Aphrodite, die Göttin der Liebe, bat, sie zu beleben. Nach einer „härteren" Variante verkehrte Pygmalion sogar mit der Skulptur selbst. Jedenfalls reflektierte sein Verhalten sexuelles Interesse: womöglich gar an der Glätte und Form des Marmors, den er sich als weiches Fleisch und so in unmittelbarer Materialität und körperlicher Berührung vorstellte. Zudem verwechselte er Kunstwerk und (wenn auch womöglich nur imaginäres) dargestelltes Sujet. Sein Interesse galt nicht dem Werk, sondern *dem Dargestellten, das er als Wirkliches begriff*. Und schließlich ist offensichtlich, dass Pygmalion sein „Bild" *besitzen* wollte. In anderen Fällen mögen Fetischismus (eine krankhafte Verehrung für einen Künstler), ökonomische Interessen oder Prestigedenken für Urteile über Kunstwerke oder für deren Erwerb ausschlaggebend sein.

Freilich sollte man sich in dem Bemühen, so etwas wie *reine* Schönheit zu identifizieren und zu charakterisieren, auch nicht irre leiten lassen oder gar selbst betrügen. Die weitaus meisten Urteile über menschliche Schönheit auch der Art „X ist wirklich schön" dürften gemischte, komplexe Urteile sein. Sie dürften sich auf mehrere Eigenschaften des entsprechenden Menschen und womöglich gar nur unter anderem auf dessen Schönheit beziehen. So spielen erotische Momente faktisch fast immer eine Rolle. Ein besonders instruktives Beispiel sind dabei Frauen, die es *ablehnen*, Männer, die ihnen gefallen, als schön zu bezeichnen, und die dann von „gut aussehenden" Männern sprechen. Hier kann das erotische Interesse (oft verbunden mit einem konventionellen Konzept der Männlichkeit) das Gefallen am Schönen *mindern*. Daneben mögen ansprechende, elegante Umgangsformen, stilvolle Kleidung oder ganz einfach „strahlende Sauberkeit" das Geschmacksurteil beeinflussen. Im Bairischen spricht man mitunter von einem „sauberen Mädel", und im Japanischen kann man eine schöne junge Frau auch *kirei*, „sauber", nennen. Außerdem können auch moralische (oder ethische) Erwägungen ins Spiel kommen. Zu einem umfassenderen Verständnis unserer Auffassung menschlicher Schönheit gehört zudem das Wissen um einen besonders interessanten *spezifischen Unterschied*, der für die traditionelle ästhetische Sicht in einzelnen Kulturen kennzeichnend ist: die unterschiedliche Bewertung menschlicher Nacktheit. (Alt)ägyptische, indische, griechische und – etwa – moderne westliche Kunst präsentiert gerade bestimmte nackte Körper als Inbegriffe menschlicher Schönheit. In traditionellen sinoasiatischen Kulturen dagegen gilt menschliche Nacktheit mitunter sogar als abstoßend und ist im Allgemeinen denn auch nur Gegenstand pornographischer Darstellungen. Das mag u. a. seine Gründe darin (gehabt) haben, dass – im krassen Gegensatz zu den herrschenden Klischees einer „ostasiatischen Einheit von Natur und Mensch" – Natürlichkeit, und insbesondere die Natürlichkeit des menschlichen Körpers *kein* Wert war, sondern vielmehr (fast) *nur kultivierte* Natur als ästhetisch ansprechend empfunden wurde, und dass man Nacktheit (jedenfalls in der Kunst) konventionell als störendes sexuelles Stimulans ansah – es fehlte an Distanz. Kantisch gesprochen, fehlte es an der in solchen Fällen – mit anderen Ausdrücken ja auch von asiatischen Kunsttheorien geforderten – unabdingbaren Interesselosigkeit, die die Identifikation von Kunstwerken als Kunstwerken erlaubt(e).

Besonders einflussreich sind so genannte Schönheitsideale. Wer ihnen folgt, gibt häufig kein Urteil über Schönheit, sondern über Mode, Sitte und, allgemeiner, Konventionskonformität ab.

Schönheitsideale   Es mag erhellend sein, etwas ausführlicher auf das Thema Schönheitsideale einzugehen. Im Allgemeinen handelt es sich bei ihnen um zeitlich und räumlich eingeschränkt gültige Muster und Vorbilder bzw. Normen ästhetischer Qualität. Dabei sind Schönheitsideale im weiteren und engeren Sinn zu unterscheiden: Muster der Schönheit überhaupt und Muster weiblicher und männlicher Schönheit.

Generell hat die begrenzte Gültigkeit von Schönheitsidealen den folgenden Grund: Es sind Muster und Normen, die nicht nur von Regeln und Kriterien des Schönen überhaupt abhängen, sondern die auch durch andere Faktoren bestimmt sind. Im Fall menschlicher Schönheit sind dies, wie zum Teil bereits angesprochen

- erotische oder sexuelle Interessen und Neigungen
- (Markt)faktoren wie Macht und ökonomische Interessen
- Uniformitätsdruck als Zwang zur sozialen Integration (wie insbesondere Moden)
- vertraute Konventionen
- Prestigedenken

Beispiele von zeitlich begrenzten Idealen der Frauenschönheit sind

- Renaissance-Marien(-Darstellungen),
- Filmstars und Modells wie Rita Hayworth, Elizabeth Taylor, Marilyn Monroe, Claudia Schiffer oder
- historische Schönheiten wie Yang Guifei (719–756).

Im Falle künstlerischer Darstellungen kommen noch zahlreiche andere Faktoren ins Spiel, insbesondere die Perfektion der Darstellung. Schönheitsideale sind also keine Funktion der – wie gesagt, ohnehin seltenen – von Kant so genannten *reinen* Geschmacksurteile (in denen es ausschließlich um Schönheit geht). Sie sind *keine Ideale bloßer Schönheit*. Kant hätte denn auch von *Idealen des Angenehmen, Gegenständen der Neigung* und *nicht des Gefallens* (das nach seinem Wortgebrauch allein der [reinen] Schönheit gilt) gesprochen. Schließt man sich dieser klaren – und klärenden – Terminologie an, so verschwindet das (scheinbar) Paradoxe der ganzen Problematik; denn man hätte es nicht länger mit zwei *Schönheits*konzepten, sozusagen zeitlosen Konzepten und zeitabhängigen, veränderlichen Schönheitskonzepten zu tun.

Ein exzellentes Beispiel für die Komplexität ästhetischer Urteile über menschliche Schönheit, und damit für die Schwierigkeit, Vorstellungen *reiner* Schönheit zu realisieren, sind die menschlichen Vorstellungen von ästhetisch ansprechenden, ja schönen Zähnen. Wie im *Tsutsumi chūnagon monogatari* 堤中納言物語 (aus dem 11. Jh.) [Übers. Hirano 1963: 17–29] eindringlich dargestellt, schwärzten sich Frauen im Heian-zeitlichen (794–1185 oder 1192) Japan die Zähne, damit sie nachts nicht wie nackte weiße Würmer leuchteten. Sie folgten damit ersichtlich allgemeingültigen Schönheitsvorstellungen, einem Schönheitsideal und einer Mode. Zu den allgemeingültigen Vorstellungen gehörte die Einsicht, dass bestimmte Kontraste disharmonisch und in diesem Sinn unschön wirken könnten. Der Gegensatz zwischen leuchtendem Weiß und dunkler Nacht konnte wie der Gegensatz zwischen nackten weißen Raupen und – etwa – dunkler Erde empfunden werden. Die Assoziation an solche Würmer verstärkte die Ablehnung, ja mag Ekel hervorgerufen haben. Ekel besteht nicht zuletzt darin, den entsprechenden Gegenstand nur noch als aufdringliche Materie, in unvermeidlicher körperlicher Berührung wahrzunehmen, wie es bei uns *schon Bilder* „glitschiger" Kröten bewirken können. Das Gemeinte mag deutlicher werden, wenn wir uns an „unser" negatives ästhetisches Urteil über Frösche – wie es z. B. im *Froschkönig* exemplifiziert ist – erinnern und uns andererseits die durchgängig positive ästhetische Einstellung gegenüber Fröschen bewusst machen, wie sie die japanische Literatur ausdrückt – eine Einstellung, die in erster Linie eine bestimmte Wahrnehmung des Froschgequakes reflektiert. Das Schönheitsideal und die Mode, die das Zähneschwärzen der Heian-Kultur bedingten, waren also aus einem allgemeinen Harmoniekriterium und kulturspezifischen Kriterien abgeleitet. Nur aufgrund des merklich spezifischen Charakters dieses Ideals wird die allgemeine Norm nicht ohne Weiteres bewusst.

Ergänzend sei angemerkt, dass der Begriff des interesselosen Wohlgefallens auch im Falle des Ekelhaften klärend wirkt. Wegen seiner unabweisbar aufdringlichen Materialität kann Ekelhaftes per se kein Gegenstand interesselosen Wohlgefallens sein. Nach der in Indien vorherrschenden Ästhetik sind Gegenstände von Tast-, Geruchs- und Geschmackssinn kaum distanzierter ästhetischer Vorstellung zugänglich (vgl. Pandit 1977: 43).

Doch zurück zum Thema Heian-Zeit. Als Katalysator von Schönheitsideal und Mode der Heian-Zeit mag zudem die Assoziation der Aggressivität gewirkt haben, die der Mensch häufig mit gesunden, starken und dabei deutlich sichtbaren Zähnen verbindet. Bereits Gesichtsdarstellungen mit sozusagen bleckenden Zähnen auf Bronze-Äxten (*yue*) der Shang-Zeit (Abbn. z. B. bei Li Zehou 1994: 32 und Fahr-Becker 1998: 36) machten von diesem allgemeinmenschlichen Wissen Gebrauch. Entsprechende Assoziationen widersprachen überdies dem Heian-zeitlichen Ideal der sanften, zurückhaltenden Weiblichkeit, so dass damit auch zeit- und kulturspezifische soziopolitische Normen und erotische Interessen ins Spiel gekommen wären. Noch einmal: selbst ein Urteil über die Schönheit solch einer (scheinbar) einfachen Konvention, wie es das Zähneschwärzen im Japan des 9. und 10. Jahrhunderts war, erweist sich damit als Funktion allgemeingültiger Merkmale des Schönen, von Schönheitsidealen, Moden, soziopolitischen Normen, Weiblichkeitsidealen und erotischen Interessen. Im Gegensatz dazu betonen folgende Verse aus dem Indien des 18. Jahrhunderts die Schönheit weißer Zähne: „Wie die weißen Knospen der Tuberrose in dunkler Nacht / leuchteten ihre weißen Zähne durch die Betel-Linien" (zit. nach Anand et. al. 1981: 62). Auch diese Zeilen verdienten natürlich genauere Analysen. Hochstehende Maya-Frauen flickten oder schmückten sich die Zähne mitunter mit Jade-Stücken. Es sollte jedoch klar geworden sein, dass selbst eine Konvention wie das Zähneschwärzen die Möglichkeit eines allgemeingültigen Geschmacksurteils nicht ausschließt, und so schwärzt sich denn auch im 21. Jahrhundert keine Japanerin mehr die Zähne.

Im Übrigen sei an die Goldzähne erinnert, die lange in Europa Mode waren. Gewiss hatte ihre Verwendung auch eine medizinische (gesundheitliche, hygienische) Funktion. Aber Goldzähne waren oft auch als Demonstration des Wohlstands gemeint, und sie wurden *auch* so gesehen. Sie waren damit auch Prestigeobjekte. Dazu kamen festgefahrene Assoziationen, die Gold automatisch mit Schönheit verbanden.

Neben ihrer Ausrichtung an medizinischen Gesichtspunkten orientiert sich die Zahnmedizin seit den letzten Jahrzehnten des 20. Jahrhunderts stark an allgemeingültigen Kriterien der Schönheit: an Harmonie, Gestalthaftigkeit *ohne Einförmigkeit*, an organischer und natürlicher oder scheinbar natürlicher Struktur und Farbe. Dabei trägt sie der Individualität des einzelnen Menschen Rechnung. Wichtig ist in der Tat, dass zu große Einförmigkeit und Schematik vermieden werden. Sie haben nicht nur etwas Unnatürliches und „Langweiliges", sondern können auch zu einem aggressiven Gesichtsausdruck beitragen. Horrorfilme nutzen diese Einsicht immer wieder: insbesondere in der Darstellung von „Menschen" mit erkennbar künstlichem Gebiss, im Extremfall einem Gebiss aus Metallzähnen. Röntgenaufnahmen und Scan-Methoden garantieren mittlerweile schöne künstliche Zähne, ja, sorgen oft für Zähne, die schöner sind, als es die natürlichen Zähne waren und die dabei doch höchst natürlich *scheinen*.

Erklärungen der Möglichkeit allgemeingültiger Urteile über das Schöne
Es gibt eine Reihe diskutabler Erklärungen für die Möglichkeit allgemeingültiger Urteile über das Schöne. Allgemein-transzendentalphilosophische Ansätze und Theorien der so genannten Hirnforschung sind dabei vielleicht besonders fruchtbar. Aber auch Theorien wie die Universale Grammatik Chomskys (1971, 1973 und 1977) und Bernsteins Ansatz zu einer universalen Grammatik der Musik (1981) verdienen Beachtung: wenn Sprachkom-

petenz nur unter der Bedingung möglich erscheint, dass eine Universale Grammatik die Knappheit und Fehlerhaftigkeit sprachlicher Imputs korrigierend verarbeitet, und Ähnliches für musikalische Kompetenz gelten mag, dann wäre erst recht von der Existenz einer Art Universaler ästhetischer Grammatik auszugehen – denn wo wäre bei frappierender Übereinstimmung ästhetischen Urteilens der Input mangelhafter? Es wäre jedoch des Guten zuviel, all diese Erklärungsversuche zu referieren, und das nicht nur, weil es zu Wiederholungen früherer Darstellungen (Paul 1984b, 1985, 1988b und 1999a) führte, sondern zumal auch deshalb, weil es sich bei ihnen um in engerem Sinn fachliche Überlegungen handelt.

Kaum ernst zu nehmen:
Kritik am Schönen und Abneigung gegen das Schöne
Einleitend ist es angesprochen: Seit Beginn der Reflexion über die lange modern genannte Kunst seit der 2. Hälfte des 19. Jahrhunderts wurde und wird immer wieder die Überzeugung laut, dass Schönes und insbesondere schöne Kunst keine (hohen) Werte seien, keine (besondere) Wertschätzung verdienten, ja, dass es Betrug und Selbstbetrug sei, „überholt" und „nicht zeitgemäß", Schönes zu erzeugen, sich für Schönes und vor allem Kunstschönes zu interessieren und gar „schön" sein oder „gut aussehen" zu wollen. Ästhetiken des Schönen oder schöne Kunst seien nicht länger sachgemäß und aktuell. Wie gesagt, ist die Kritik, dass schöne Kunst betrüge oder politische Illusion begünstige – sozusagen auf ihre Art Opium fürs Volk sei – freilich Jahrtausende alt. Und sie war stets unhaltbar. Denn will man sich auf keinen Wortstreit einlassen, so sind ja nur die Kunstwerke und Kunstmerkmale schön (zu nennen), deren Kunstcharakter identifizierbar ist, die sich, anders ausgedrückt, durch einen *identifizierbaren Schein* der Wirklichkeit oder Natürlichkeit auszeichnen. Von Aristoteles bis zu Kant – in Indien wie in China, und in Japan von Ki no Tsurayuki und Murasaki Shikibu über Chikamatsu bis zu Natsume Sōseki – ist diese Einsicht Gemeingut sachgerechter ästhetischer Theorie – *wie es eben nur eine Interkulturelle philosophische Ästhetik zu zeigen vermag.* Und schon dies führt die Vorwürfe des Betrugs und der politischen Verdummung *ad absurdum.* Was aber das Urteil angeht, bei der Kunst seit etwa 1850 handle es sich um – oft sogar intendiert – nicht-schöne Kunst, so trifft es zumeist nicht zu. Selbst Künstler, die wie Max Ernst behaupteten, keine schöne Kunst zu gestalten oder gestalten zu wollen, schufen Werke herausragender Schönheit. Selbstverständlich gibt es auch Kunst, die weder Schönes gestalten will noch gestaltet und die dafür auch Gründe ins Feld führt. Aber diese Tatsache braucht weder das Interesse an schöner Kunst noch das am Schönen überhaupt zu entwerten. Schöne und nicht-schöne Kunst können widerspruchsfrei nebeneinander bestehen – ebenfalls ein Faktum, das gerade Interkulturelle philosophische Ästhetik aufzuzeigen und zu erklären vermag.

Das bleibende Interesse am Schönen und insbesondere an menschlicher Schönheit ist im Übrigen nicht nur „hartnäckige" Tatsache. Das allein würde es nicht rechtfertigen. Wie skizziert, ist Schönheitserfahrung ein Gefallen, das sich selbst erhält. Es bildet und kultiviert einen Zustand, in dem der Mensch „sich wohl fühlt", und dies im Gegensatz zur sexuellen Befriedigung anhaltend und ohne störendes Gefühls-Auf-und-Ab – was keinerlei Abwertung der Sexualität implizieren soll. Selbstverständlich trägt das Gefallen am Schönen in einem – durchaus nicht belanglosen – Sinn auch zur Gesundheit bei. Auch die evolutionäre Komponente der Arterhaltung mag eine Rolle spielen. *Reines* Gefallen aber ist sozusagen ein gelassenes und überdies kommunikatives Gefühl. Interesse und Gefallen am Schönen verbindet Menschen miteinander. Aber all dies sind Gesichtspunkte, die bereits auf Tausenden Seiten umfassend und in Einzelheiten erörtert wurden. Im gegebenen Zusammenhang muss es genügen, noch einmal zu betonen: (auch und gerade) Interkulturelle Ästhetik zeigt, dass es in der Tat keinen Grund gibt, Schönes gering zu schätzen.

5.2.2 Problemorientierte Ansätze: Problemformulierungen – Lösungsvorschläge – Diskussion – Hypothetische Resultate

5.2.2.1 Menschenrechte, Fundamentalismus und Globalisierung

Wie angesprochen, ist ein disziplinbestimmter Ansatz auch problemorientiert. In der Philosophie der Logik geht es nun einmal um Probleme der Logik, in der philosophischen Ästhetik um ästhetische Fragen. Doch während eine umfassende Darstellung oder „Aufarbeitung" einer Disziplin viele spezifische Probleme einschließt, ist dies bei einer primär problemorientierten Auseinandersetzung anders. Die durchgeführten Erörterungen logischer, ethischer und ästhetischer Fragen verbinden allgemein-disziplinbestimmte *und* spezifisch problemorientierte Analysen: allgemein-methodologische Ausführungen einerseits und Diskussionen der spezifischen Fragen nach einer universalen Logik, allgemeingültigen Ethik und allgemeingültigen Schönheits-Vorstellungen andererseits. Die Schönheits-Problematik illustriert dabei eine recht weitgehende Spezifizierung. Sie hätte deshalb auch unter der Überschrift „Problemorientierte Ansätze" thematisch sein können. Umgekehrt hätten sich die disziplinbestimmten Aufgaben Interkultureller philosophischer Ästhetik auch an Beispielen wie unserem Naturempfinden exemplifizieren lassen.

Die Frage nach der Allgemeingültigkeit der Menschenrechte ist ein spezifisches Problem der Frage nach einer allgemeingültigen Ethik. Stellt man sie im Kontext von Fundamentalismus und Globalisierung, so führt das zu einer weiteren Spezifizierung. Gerade praktische Philosophie sollte sich freilich auch aktueller und kontextgeprägter Probleme annehmen – denn wenn nicht Interkulturelle Ethik, welche Disziplin wäre sonst für eine normative Auseinandersetzung mit Fragen der Menschenrechte im Kontext von Globalisierung und Fundamentalismus zuständig? Im Übrigen sind die Vorteile, die die Systematik eines problemorientierten Ansatzes auszeichnet, offensichtlich: Sachlichkeit, thematische Beschränktheit, (relative) Übersichtlichkeit und (relative) Klarheit. Das ist bereits angesprochen. Aber auch die Methodik – Problemformulierung, Formulierung von Lösungsvorschlägen (aus verschiedenen Kulturen), Diskussion der Vorschläge und schließlich Lösung des Problems oder wenigstens Fazit der Diskussion – ist erfolgversprechend, und sie ist überdies leicht nachvollziehbar. Sie erleichtert denn auch eine kritische Überprüfung der jeweiligen Argumentation.

Anders als gemeinhin angenommen, ist die Philosophie der Menschenrechte spätestens seit dem 19. Jahrhundert keine rein „westliche" Disziplin mehr. Die Sache selbst – wie insbesondere der Anspruch des Menschen auf ein menschenwürdiges Leben – wurde in der ein oder anderen Weise schon in griechischen und chinesischen Texten des 4. Jahrhunderts v. u. Z. erörtert, und sei es aus unserer Sicht noch so unzulänglich. Dabei dürfte die Unzulänglichkeit vor allem in zwei Komponenten liegen: den eingeschränkten Begriffen „vollwertigen" Menschseins, die vielfach Frauen, Sklaven und „Barbaren" ausschlossen, und dem Fehlen von Rechtsbegriffen. Aber auch bei manch anderer Frage der Menschenrechtsdiskussion handelt es sich um eine Neuformulierung Jahrtausende alter ethischer Probleme. Dazu gehört z. B. die Frage nach dem Schutz des Lebens.

Seit den um 1990 begonnenen Auseinandersetzungen um „asiatische Werte", Fundamentalismus und Globalisierung wurde die Menschenrechtsdiskussion freilich in einem verschärften politischen und zudem teilweise neuen weltwirtschaftlichen Kontext geführt. Die Entwicklung, die über die Balkan-, Afghanistan- und Irak-Kriege Militarismus, Massenmord und massenhaften Totschlag, ja die Folter als „letzte Mittel" der Politik der so genannten zivilisierten Welt reetablierte, kam als weiterer Faktor hinzu. Wiewohl ebenso erschütternd, fand der in Afrika andauernde Mord und Totschlag in „westlichen" Medien wenig Aufmerksamkeit.

Mittlerweile existiert eine ausgedehnte Literatur zur Philosophie der Menschenrechte (vgl. etwa Paul/Göller/Lenk/Rappe [Hg.] 2001 mit Beiträgen zur Diskussion um „asiatische Werte" und Fundamentalismus sowie mit umfangreichen Literaturhinweisen). Und auch über Fundamentalismus und Globalisierung (vgl. Pohl 1999 a, Pohl/Müller 2002 und Chattopadhayaya/Lenk 2006) entstanden zahlreiche Untersuchungen. Ihrer Problematik entsprechend sind viele dieser Studien der Interkulturellen oder Komparativen Philosophie zuzurechnen. De Bary/Tu (1998), Pohl (1999 a, b), Wegmann u. a. (2001), Paul (1999 c und 2004 c) und das Projekt Das „Menzius" im Kontext der Menschenrechtsfrage (http://www.eko-haus.de/menzius/uebersicht.htm) berücksichtigen dabei insbesondere relevante klassische Texte aus sinoasiatischen Kulturen. Holz/Wegmann (2005), Keown u. a. (1998), Mayer (1999) und Küng (2006: 656–687) erörtern die Menschenrechtsfrage unter anderem in buddhistischem und islamischem Kontext.

Nichtsdestoweniger ist ein Beitrag zur Auseinandersetzung um die Menschenrechtsproblematik selbst für eine Einführung in die Interkulturelle Philosophie ein Muss. Das ließe sich leicht im Detail begründen (vgl. Paul 2004 b). Ja, wie angesprochen, darf auch der Problemkreis „Menschenrechte – Fundamentalismus – Globalisierung" nicht unberücksichtigt bleiben. Im Folgenden wird versucht, einen exemplarischen Beitrag zu bieten: exemplarisch (1) als Beitrag zur Interkulturellen Philosophie, (2) als Erörterung des Problemkomplexes „Menschenrechte – Fundamentalismus – Globalisierung" und – in einer weiteren Einschränkung der Thematik – (3) in einer Konzentration auf die Frage, wie denn eine allgemeingültige Norm der Integrität menschlicher Würde *begründet* werden könne.

Falls ein Recht ein Menschenrecht ist, dann gilt es für alle Menschen. Jedenfalls werden das deutsche Wort „Menschenrecht" und der englische Ausdruck „human rights" so gebraucht. Aber auch das japanische *„ninken"*

人権 hat diese Bedeutung. Letztlich ist freilich der Wortgebrauch irrelevant. Man wird stets anderssprachliche Äquivalente finden können. Benutzen wir also das Wort Menschenrechte im skizzierten Sinn, so sind damit folgende (jedenfalls auch) philosophischen Fragen angesprochen: (a) Was heißt „gilt"? (b) Wer ist ein Mensch? (c) Ist ein als „Menschenrecht" bezeichneter Anspruch tatsächlich ein Menschenrecht? Mit anderen Worten: Wie lässt sich die Gültigkeit oder Ungültigkeit eines solchen Anspruchs (argumentativ und intersubjektiv verbindlich) begründen?

Nach allem bisher Gesagten ist Gültigkeit jedenfalls unabhängig von Genesis, Kultur und Tradition – *und dies gilt*, wie ausgeführt, *auch für jeden interkulturellen Ansatz*. Das erleichtert Begründungsversuche. Dennoch verlangt (a) weitergehende Erläuterungen. Es ist ja keine Frage: manche Strafvollzugsregelungen sind entwürdigend und sind es vielleicht gar unvermeidlicher Weise. Bedeutet „gilt" also so etwas wie „gilt (nur) prinzipiell"? Ebenfalls unbestreitbar ist, dass auch die Rechte von Kindern und – etwa – Pflegebedürftigen eingeschränkt sind. Zudem verwendeten wahrscheinlich fast alle, wenn nicht gar alle Kulturen in bestimmten Phasen ihrer Geschichte eingeschränkte Menschenbegriffe. Frauen, Sklaven, „Barbaren", Kriegsgefangene oder geistig schwer Behinderte wurden dabei als Nicht-Menschen oder als nicht vollwertige Menschen betrachtet und entsprechend benachteiligt. Im Japanischen existiert sogar das Wort *hinin* 非人, „Nicht-Mensch". So schränkte man den Begriff des Menschen in einer Weise ein, die zugleich eine – oft intendierte – Einschränkung des Anwendungsbereichs menschenbezogener Normen mit sich brachte. Solche Einschränkungen gelten längst als inakzeptabel, ja als unhaltbar; denn es gibt schlichtweg keine gültigen Argumente dafür, Lebewesen, die zur Gattung *Homo sapiens sapiens* gehören, ihr Menschsein abzusprechen. Dagegen existiert eine Unzahl von Argumenten, die bestätigen, dass jeder Mensch ein Mensch ist, und zwar ungeachtet etwa der Unterschiedlichkeit der Geschlechter, des Alters oder unterschiedlicher Religionszugehörigkeit. Entscheidend ist dabei ja nicht, dass es – was nie bestritten wurde und nicht bestreitbar ist – verschiedene (Arten) Menschen gibt, sondern dass sich alle Menschen gleichermaßen von allen anderen Lebewesen – wie etwa Fröschen oder Schimpansen – und allem Anorganischen unterscheiden und dass dabei die Unterschiede innerhalb der Gattung Mensch geringer und in signifikanter Weise weniger wichtig sind als die der Menschen von anderen Lebewesen oder etwa Steinen.

Natürlich plädieren manche für eine ökologische Ethik. Und auch Tieren werden Rechte zugesprochen. Außerdem wird in Ländern wie Deutschland der Tier- und Umweltschutz kontinuierlich ausgedehnt und verstärkt. Aber all solche Weiterungen oder Versuche umfassenderer Ethiken liefern *kein Argument für Einschränkungen des Menschenbegriffs oder für eine Diskriminierung bestimmter Menschen*, aller Argumente ungeachtet, die die Freiheit des Menschen im Umgang mit der Natur begrenzen, und zwar bezeichnender Weise prinzipiell aller Menschen.

Wie Argumente, die spezifische Menschenbegriffe und signifikante Unterscheidungen zwischen einzelnen Menschen und Ethnien rechtfertigen sollten, finden sich Argumente für die Gleichheit aller Menschen auch schon in frühen philosophischen Texten verschiedener Kulturen, Texte vor-

Anwendungsbereich des Begriffes Mensch

christlicher Zeit eingeschlossen. Sie bieten erneut Gegenbeispiele zu einschlägigen Hypothesen über Kulturspezifika und Kulturabhängigkeiten.

Klassische chinesische Werke sind etwa *Lunyu, Menzius* und *Xunzi*, während die Gleich(wertigkeit) aller Menschen im Buddhismus mitunter unter Hinweis auf eine allen eigene Buddha-Natur und im Islam (wie etwa Küng 2006: 667f. in konziser Weise darstellt) unter Hinweis auf die Geschöpflichkeit des Menschen als Stellvertreter, Statthalter oder Nachfolger Gottes begründet wird.

Die historisch-kritischen Reminiszenzen machen deutlich, dass die Fragen, (a) was denn „gilt" bedeute und (b) wer als „Mensch" gelte, zusammenhängen. Anders gesagt, führen sie auf das Problem der Festlegung des Anwendungs- oder Geltungsbereichs einer Norm zurück. Formal gesehen ist ja jede Norm allgemeingültig, die für alle Menschen gilt. Aber selbstverständlich ist es dabei von überragender inhaltlicher Relevanz, dass tatsächlich auch alle Menschen gemeint sind. Den Anwendungsbereich einer Norm einzuschränken, indem man den Menschenbegriff einschränkt oder so zwischen einzelnen Menschen unterscheidet, dass damit die Rechte bestimmter Menschen gegenüber denen aller anderen reduziert werden, ist, wie gesagt, argumentativ nicht zu rechtfertigen und deshalb inakzeptabel. Das ebenfalls angesprochene Problem des Strafvollzugs sei dabei noch zurückgestellt. Dagegen sind Einschränkungen – wie spezifische Regeln für Kinder – z.B. dann vertretbar, wenn einschlägige allgemeine Regeln nicht ausreichen, den Schutz zu gewährleisten, den sie den übrigen Menschen – wie in diesem Fall den Erwachsenen – bieten.

Von Menschenrechten zu sprechen, heißt also in der Tat, von Ansprüchen zu reden, die alle Menschen haben, und da es keine Frage von Zeit, Ort, Kultur, Religion, Alter, Geschlecht oder anderer Besonderheit ist, ob man ein Mensch ist oder nicht, hängt die *Gültigkeit* eines Menschenrechts trivialerweise auch in diesen Hinsichten nicht von deren Genesis oder irgendwelchen kulturellen Kontexten ab. Dies sei seiner Relevanz wegen wiederholt.

Damit bleibt allein die – freilich entscheidende – Frage (c), wie überhaupt begründet werden könne, ob ein Anspruch tatsächlich ein Menschenrecht ist – im gegebenen Fall also die Frage, wie sich die Norm der Unantastbarkeit der Menschenwürde rechtfertigen lasse, und dies unter besonderer Berücksichtigung der Erfahrungen mit Fundamentalismus und Globalisierung.

Geht es um die Respektierung oder „Umsetzung" eines Menschenrechts, ist die Frage freilich nur dann von Belang, wenn bestritten wird, dass es sich um ein Menschenrecht handelt, oder wenn es so unterschiedlich verstanden wird, dass die Auffassungen miteinander unvereinbar sind. Besteht Einigkeit, so kann es aus pragmatischer Sicht letztlich gleichgültig sein, wie die Begründungen beschaffen sind, so lange damit nicht generell die Relevanz von Argumenten entwertet wird. D.h. in solchen Fällen mag ein Christ getrost die Gottesebenbildlichkeit des Menschen, ein Buddhist die (seines Erachtens) allen Menschen eigene Buddha-Natur und ein Muslim die Eigenschaft des Menschen als Geschöpf und Stellvertreter oder Nachfolger Allahs ins Feld führen. Auch naturrechtliche Begründungen, die womöglich Schlüsse vom Sein aufs Sollen implizieren, sind aus pragmatischer Perspektive dann unproblematisch. Sind Status oder Charakter eines als Menschen-

Anwendungs- und Geltungsbereich der Menschenrechte

Unantastbarkeit der Menschenwürde

recht bezeichneten oder behaupteten Anspruchs jedoch strittig, so bleiben (Gewalt oder irgendwelche „Tricks" beiseite gelassen) nur argumentative Auseinandersetzung und Begründung.

Erscheinungen, in denen manche eine inakzeptable Verletzung der Menschenwürde sehen, während andere sie für statthaft halten, sind die Beschneidung der Mädchen in bestimmten Richtungen des Islams, die Todesstrafe – die ja auch von einigen christlichen Orientierungen verteidigt wird –, die Folter oder eben auch bestimmte Formen des Strafvollzugs. Grob gesagt, resultieren die damit angesprochenen Probleme aus unterschiedlichen Vorstellungen von Menschenwürde, fundamentalistischen Überzeugungen, bestimmten Aspekten der Globalisierung, vor allem aber aus konfligierenden Machtinteressen. Dabei dürfte die Unterschiedlichkeit der jeweils ins Spiel gebrachten Begriffe der Menschenwürde durch zwei Positionen illustriert werden können: Auffassungen, dass (1) Würde oder das Recht auf Respektierung der eigenen Würde eben nicht jedem Menschen sozusagen automatisch zustehe, sondern allererst durch gewisse Leistungen erworben werden müsse und dementsprechend auch wieder verloren gehen könne oder eingeschränkt werden dürfe, oder dass (2) Würde jedem zukomme und unbedingt zu respektieren sei. Im ersten Fall wird Würde ähnlich begriffen wie in Deutschland die bürgerlichen Rechte, die im Fall von Straftaten abgesprochen oder eingeschränkt werden können. Insbesondere Rechtfertigungen von Todesstrafe und Folter setzen voraus, dass kein unbedingter Anspruch auf Integrität der Würde besteht. Aber auch Versuche, dem Katalog der Menschenrechte einen Katalog der Menschenpflichten entgegen zu setzen, können durch die Auffassung bestimmt sein, dass man sich die Respektierung seiner Würde verdienen müsse. Zumindest begünstigen sie solche Auffassungen, und sei es auch unbeabsichtigt.

Soweit Fundamentalismus oder Machtinteresse dafür verantwortlich sind, dass Beschneidung, Todesstrafe und Folter als akzeptabel gelten sollen, ist von vornherein klar, dass es sich um keine argumentativen Begründungen handelt. Machtinteresse ist zudem kein kulturspezifischer Faktor. Vielmehr werfen solche Fälle folgende Fragen auf: Wie lassen sich die Versuchungen der Macht einschränken oder gar eliminieren? Und: Wie ist mit fundamentalistischen Positionen und ihren Vertretern umzugehen?

Als philosophisches Problem ist die erste Frage primär ein Gegenstand der Politischen Philosophie. Nach wie vor dürfte Poppers Konzept (1966), Versuchungen der Macht durch institutionalisierte Gewaltenteilung und Gewaltenkontrolle zu minimieren, wegweisend sein. Ist man sich freilich bewusst, wie wichtig das Eintreten für die Todesstrafe in amerikanischen Wahlen sein kann, und wie sehr „Westler" mittlerweile in Parteien- und Medienstaaten leben, und stellt man die Implikationen des digitalen Kapitalismus – einer besonders interessanten Form der Globalisierung – in Rechnung, so wird auch deutlich, dass, anders als Popper glaubte, der individuellen Moralität, sprich: dem Charakter, eines Politikers doch so viel kritische Relevanz zukommt, dass über kurz oder lang wohl eine verbindliche Ethik der Politik institutionalisiert werden sollte – so, wie es bereits spezifische Berufsethiken gibt. Ich habe dies in einer anderen Studie (2004f) näher ausgeführt. Generell gesagt, muss institutionalisierte Gewaltenkontrolle so weiter entwickelt werden, dass sowohl Parteienstaaten als auch kriminelle Politik so gut wie unmöglich werden. Details auszuarbeiten, ist dabei freilich weniger Aufgabe der Philosophie als – etwa – der Politik- und Rechtswissenschaften.

Auch die Frage, wie mit Fundamentalismen und Fundamentalisten umzugehen sei, ist wohl nur auf allgemeiner Ebene ein philosophisches Problem. Natürlich sollte die argumentative Auseinandersetzung gesucht werden. Aber es ist ja gerade ein Merkmal des Fundamentalismus, dass Argumente letztendlich versagen. Kein Hinweis auf die Schmerzen, die ein Mädchen bei einer Beschneidung empfinden mag, keine Kritik der biologisch-emotionalen Implikationen und kein Zitat einschlägiger, Hinweise und Kritik stützender Koran-Stellen wird ausreichen, einen tiefgläubigen Muslim von seiner – wenn nach Küng (2006: 676) auch irrigen – Überzeugung abzubringen, dass das Gebot der Beschneidung eine unbedingte religiöse Norm sei. Kritik wird er womöglich als Blasphemie abtun. Auf die Möglichkeit, die Bibel-Stelle „Auge um Auge, Zahn um Zahn" als Rechtfertigung, ja als Gebot der Todesstrafe zu lesen, ist bereits aufmerksam gemacht – mag nun eine solche Interpretation argumentativ noch so fragwürdig sein. Im Grunde bleibt wohl nur, auf langfristige Entwicklungen zu setzen und zu ihnen beizutragen, was man gewaltfrei zum gewünschten Gang der Dinge beitragen kann. Immerhin, so mag man sarkastisch feststellen, wird heute ja niemand mehr offiziell lebendig mitbestattet, wenn der Arbeitgeber beerdigt wird. Andererseits sind die Gräuel des 20. Jahrhunderts selbst im Vergleich zu früheren Epochen kein Ruhmesblatt der Menschheitsgeschichte. Wie ausgeführt, dürfte für den Umgang mit fundamentalistischen Positionen vor allem das Prinzip des kleineren Übels relevant sein: Was es heißt, ganze Bevölkerungen und Kulturen zu ihrem Glück zwingen zu wollen, wird denn auch bei so mancher „humanitären Intervention" deutlich – wenn sie denn überhaupt humanitärem Interesse und nicht primär einer durch wirtschaftliche Globalisierung angeheizten Gier sowie anderen wenig erhabenen Beweggründen entspringt.

Mögen freilich auch die weitaus meisten Versuche fruchtlos sein, Fundamentalisten in direkter argumentativer Auseinandersetzung von ihren Positionen abzubringen, so gilt dies doch prinzipiell nicht für Bemühungen, Politiker, die Fundamentalismus und fundamentalistischen Terrorismus mit Krieg und Menschenrechtsverletzungen auslöschen wollen, davon zu überzeugen, dass solche Wege nicht zum Ziel führen, sondern dass dies allein eine Politik vermag, die die von ihnen selbst geschaffenen *Ursachen des Terrorismus, ja alle Ursachen, die sich beseitigen lassen,* eliminiert. Kein „Krieg gegen den Terrorismus" wird dessen Ursachen je ausräumen können; geschweige denn, dass er den Terrorismus „ausrotten" könnte. Er nährt ihn. Armut, Verschärfung der Armut durch wirtschaftliche Globalisierung, Unterstützung grausamer Regime, die Verwendung doppelter Standards, eigene Menschenrechtsverletzungen, Instrumentalisierung der Menschenrechte zu eigenen politischen Zwecken – sprich: zur Ausweitung oder Festigung eigener Macht – gilt es durch eine andere *eigene* Politik zu beseitigen oder aufzugeben (Paul 2005 und 2006a). Noch einmal: Nicht der Fundamentalist ist hier unmittelbarer Adressat der Argumente für die Respektierung und Förderung der Menschenrechte: es sind die nicht-fundamentalistischen Opponenten des Fundamentalisten, deren Verhalten Fundamentalismus ins Leben ruft, nährt und stärkt, die als Gesprächspartner infrage kommen. Wo sich freilich Fundamentalisten bekriegen, sind argumentative Einflussnahmen noch schwieriger.

Wie Machtinteresse ist auch die wirtschaftliche Globalisierung kaum als kulturdistinktes Charakteristikum einzustufen. Doch ist der Zusammenhang zwischen Globalisierung und Missachtung der Menschenwürde nicht so evident wie der zwischen Machtmissbrauch, Fundamentalismus und Menschenrechtsverletzungen. Er sei am Beispiel der Share-holder-value-Ideologie, dem Ziel der Profitmaximierung über Aktienkäufe und Aktienhandel illustriert. Je mehr Arbeitnehmer eines an der Börse notierten Unternehmens entlassen werden, umso höher ist der Gewinn der Aktienbesitzer. Also werden möglichst viele entlassen. Je niedriger die Arbeitskosten sind, umso höher der Gewinn. Also wird Arbeit möglichst in Billigstlohnländer verlagert. Wer dann in einem Land wie Deutschland schuldlos und trotz aller Anstrengungen jahrelang arbeitslos ist und zu Hause bei Frau und Kindern „sitzt", wird kaum anders können, als sich gedemütigt zu fühlen. Und Menschen, die in Billigstlohnländern unter menschenverachtenden, ja mitunter lebensgefährlichen Bedingungen arbeiten müssen, werden gewiss nicht menschenwürdig behandelt. Selbstverständlich ist eine solche Illustration grob. Aber sie verdient auch dann ausführliche und detaillierte Erörterung, wenn – wie es ja auch erforderlich ist – berücksichtigt wird, dass mit der Globalisierung und weltweiten Vernetzung der Wirtschaft ökonomische Faktoren ins Spiel kommen, die Entlassungen und Niedriglöhne begünstigen, und wenn in Rechnung gestellt wird, dass Billiglohnländer längerfristig profitieren können. Wie etwa Südkorea mögen sie sich über die Globalisierung selbst zu wirtschaftlich potenten Staaten entwickeln, in denen auch der Lebensstandard aller oder doch vieler Menschen steigt. Diskussionspartner sind erneut Politiker und, mehr noch, die Führer globaler Wirtschaftsunternehmen. Es braucht nicht betont zu werden, dass das (Fern)ziel die Entwicklung einer *sozialen* Globalwirtschaft ist – ähnlich der einst in Deutschland etablierten sozialen Marktwirtschaft. Anders ausgedrückt, muss auch globale wirtschaftliche Freiheit ethischen Randbedingungen unterworfen werden – mag es auch ungemein schwierig sein.

So bestätigen denn auch solche Beispiele, wie schwach die philosophischen Möglichkeiten der Praxisgestaltung sind. Zugleich zeigen sie, dass dies auch für jede interkulturelle Philosophie gilt, zumal eben Faktoren wie Machtinteresse und Globalisierung kaum als kulturspezifische Faktoren gelten können und sich jeder Fundamentalismus grundsätzlich direkter argumentativer Auseinandersetzung entzieht.

Nichtsdestoweniger seien wichtige Argumente für die Integrität der Menschenwürde explizit gemacht: wie es ja auch allem Gesagten zufolge geschehen sollte.

Was immer mit Menschenwürde oder ähnlichen Ausdrücken gemeint sein mag: sie alle sollen einen hohen, Menschen zukommenden Wert bezeichnen. In Übereinstimmung mit den in zahlreichen philosophischen Ethiken verschiedener Kulturen, der *Allgemeinen Erklärung der Menschenrechte* und dem *Grundgesetz der Bundesrepublik Deutschland* vertretenen Überzeugung soll im Folgenden die Position begründet werden, dass dieser Wert allen Menschen zukommt oder zugesprochen werden sollte und un-

bedingt zu respektieren ist. Es soll gezeigt werden: Die Norm der Unantastbarkeit oder Integrität der Menschenwürde bzw. das Gebot und der Anspruch, die Würde des Menschen zu respektieren, sollten unter allen Umständen und für alle gelten. „Unter allen Umständen" heißt dabei, wie erneut erkennbar werden dürfte, dass allein der Umstand zählt, ein Mensch
zu sein.

Zugestandenermaßen ist freilich nicht leicht festzustellen, worin Menschenwürde überhaupt besteht. Sie ist weder eine Eigenschaft wie Intelli-
genz noch ein Merkmal wie die Ausstattung des Menschen mit zwei Armen.
Intuitiv unterscheiden wir sie auch von „Amt und Würden", d.h. Auszeich-
nungen, die wir letztlich (auch) anderen verdanken und die letztlich äußer-
licher Art bleiben.

Es mag in mehrfacher Hinsicht hilfreich sein, die Begriffsklärung mit phi-
losophiegeschichtlichen Informationen zu verbinden. Sofern sie disparat
oder beliebig anmuten, handelt es sich nur um einen Schein. Einmal ist erneut nur eine kleine Auswahl möglich. Zweitens soll sie ja Beispiele von
Philosophien aus unterschiedlichsten Zeiten und Kulturen einschließen.
Das heißt nicht, zusammenhanglos anzubieten, was einem gefällt. Es dienen ja alle Hinweise der Klärung des Begriffs der Menschenwürde.

Dem Menschen als Menschen einen hohen, Achtung gebietenden Wert
zuzusprechen, ist ein sehr altes Philosophem. Es findet sich bei Aristoteles,
Konfuzius, Menzius, Xunzi, Vertretern des Konzepts einer universalen
Buddha-Natur, Cicero, Kant und vielen anderen. Konfuzius, Menzius, Xunzi
und Kant gingen dabei überdies von einem uneingeschränkten Menschenbegriff aus. Nach Menzius und Kant – und womöglich auch nach Xunzi und
Cicero – handelt es sich um einen unverlierbaren Wert. Menzius und Cicero
unterscheiden dementsprechend ausdrücklich zwischen Würde und „Amt
und Würden" – wenn natürlich auch mit anderen Worten. Menzius z.B.
spricht von einem Adel, den der Himmel jedem Menschen verliehen habe
(天爵 *tianjue*) und der sich von jenen Formen des Adels unterscheide, die
einem von (anderen) Menschen gegeben, aber eben auch genommen werden könnten (人爵 *renjue*) – wie etwa ein Ministeramt (vgl. die Übers. Wil-
helms 1982: 169f. und meine Interpretation 2004c: 68ff.). Wie Menzius
und Kant suchten auch andere das auszeichnende Merkmal jedenfalls in
einem menschlichen Spezifikum. Soweit sie ihr Konzept des Wertes irgendwie als allgemeinmenschlichen Wert fassen und deshalb ans Menschsein
als solches binden wollten, blieb ihnen auch keine Alternative. Nahelie-
gend war es dabei, zwischen Mensch und Tier bzw. menschlichen und tie-
rischen Eigenschaften zu unterscheiden und bestimmte spezifisch menschliche Merkmale als auszeichnende Werte zu fassen. Nichtsdestoweniger
führten die einzelnen Versuche, Menschenwürde bzw. einen entsprechenden Wert inhaltlich zu charakterisieren, zu recht unterschiedlichen Ergeb-
nissen. Nach Menzius ist es zunächst einmal die menschliche Fähigkeit zu
moralischem Denken und Handeln. Auch Kants Ethik mag solch eine Interpretation nahelegen. Aber auch Charakterisierungen wie Vernunftwesen
oder gesellschaftliches Wesen – wie immer im Einzelnen formuliert – waren
üblich. Soteriologisch und insbesondere religiös motivierte Konzeptionen
sprachen dem Menschen Buddha-Natur oder etwa Gottesebenbildlichkeit
zu.

Historisch gesehen sind die christlich-kirchlichen, buddhistischen und islamischen Begründungen oder Begründungsversuche der Menschenwürde freilich eher neueren Datums, und philosophisch betrachtet liegt in ihrem religiösem oder doch metaphysischem Charakter auch ein Problem.

Nach naturrechtlichen Ansätzen konstituierte, sehr grob gesagt, einfach das Spezifische und spezifisch Wertvolle menschlicher Natur eine Menschenwürde und begründete einen Anspruch auf deren Respektierung. Im Einzelnen bestand dabei die Gefahr, einfach aus dem Sein aufs Sollen zu schließen, so dass die entsprechenden Rechtfertigungsversuche logisch problematisch waren. Wie gesagt, besitzt nichts allein aufgrund der Tatsache, dass es existiert und ist, wie es ist, Wert, und so kann man auch der Ansicht sein, der Mensch sei nichts Wertvolles und habe nichts Wertvolles an sich, und auch diese Auffassung gab und gibt es ja.

Gar nicht so selten ist z. B. die Überzeugung, dass Tiere wertvollere Lebewesen seien. Sie seien nicht so grausam, niederträchtig oder „untreu" wie der Mensch. Bekannt sind Sentenzen wie „Seit ich die Menschen kenne, schätze ich die Tiere". Aber auch japanische Gelehrte vertraten ähnliche Auffassungen; so etwa Kamo no Mabuchi (1697–1769). Ökologische oder dezidiert anti-anthropozentrische Ethik versucht mitunter (vgl. Paul 2004a), anderen Lebenswesen einen ähnlich hohen Wert zuzusprechen wie dem Menschen.

Eigenschaften wie Vernunftbegabtheit oder auch Sprachfähigkeit sind zweifellos spezifisch menschliche Merkmale – aller biologischen Nähe des Menschen etwa zu bestimmten Affenarten ungeachtet. Aber es ist nicht zu erkennen, wie die Berufung auf sie z. B. ein Folterverbot begründen sollte. Soteriologische, religiöse und im engeren Sinn naturrechtliche Begründungsversuche sind argumentativ defizient. Aber auch die Auffassung, dass die Würde des Menschen in dessen moralischer Kompetenz bestehe, erscheint implausibel. Begründen wir das Folterverbot wirklich damit, dass selbst das verbrecherischste Opfer moralische Kompetenz besitze und deshalb nicht gequält und erniedrigt werden dürfe? *So ausgedrückt*, kaum. Dass uns die gängige Moral jede Folter verbieten mag, ist eine andere Sache. Erneut stellte sich die Frage nach den Gründen und d. h. näherhin den Gründen für eine Respektierung der Menschenwürde, womit wiederum die Frage nach dem Begriff der Menschenwürde selbst aufgeworfen wäre.

Nichtsdestoweniger haben Philosophen wie Menzius und Kant – und viele andere – wohl eine gültige Erklärung angeboten. Sofern sie unter Moralität oder moralischer Kompetenz letztendlich moralische Autonomie, moralische Selbstbestimmung oder einfach eine individuelle Freiheit verstehen, die sich allgemeingültigen moralischen Normen – heißen sie nun *dao*, *tianjue* oder Kategorischer Imperativ – unterwirft, lässt sich ihr Würdebegriff auch phänomenologisch bzw. in Analysen allgemeinmenschlicher Erfahrung bestätigen. Denn was heißt es, entwürdigt oder erniedrigt zu werden? Jedenfalls wohl, zu etwas gezwungen zu werden, was man selbst weder wünscht, will noch freiwillig täte. Die Geschichte der Menschheit bietet eine Unzahl von philosophischen, literarischen oder einfach historischen Beispielen dafür, dass wir den Wert, den wir im Deutschen als Würde bezeichnen, in unserer Fähigkeit und Möglichkeit sehen, frei zu entscheiden. Die Überzeugung, dass es besser sei zu sterben, als Entwürdigungen in Kauf zu nehmen oder auch nur an sie erinnert werden, dokumentiert dabei, wie hoch wir diesen Wert schätzen. Auch viele Freitode und Forderungen nach einem Tod in Menschenwürde – d. h. einem in bestimmten Situationen in entscheidender Hinsicht *soweit wie irgend möglich* selbstbestimmten Sterben – sind beispielhaft.

Freitod und Sterben in Würde

Zahllose Texte unterschiedlichster Sprachen und aus mehr als 2000 Jahren – philosophische Reflexionen, Essays, Romane, Gedichte und Briefe – bringen zum Ausdruck, dass der Freitod einer Entwürdigung vorzuziehen sei, und viele historische Beispiele bezeugen dies. Man vergleiche dazu nur die Darstellungen und Anaysen bei Minois 1996, Améry 2004 und Flaßpöhler 2007 sowie meine Studie 2004 c. Spezifischen Charakter besitzen dabei die Problematik eines würdevollen, selbstbestimmten Todes (weithin) hilfloser kranker Menschen und das damit nicht selten verbundene Problem einer Sterbehilfe. Flaßpöhlers Studie zur „Freitodhilfe" und Beckers argumentative, aber auch spekulativ-kühne Darstellung insbesondere einschlägiger buddhistischer Traditionen (1993) sind da besonders instruktiv. Im Übrigen aber ist auch den Menschen, die faktisch zu keinerlei Selbstbestimmung (mehr) fähig sind – wie etwa komatischen Patienten –, Würde zuzusprechen, deren Respektierung dann, grob gesagt, ganz einfach darin zum Ausdruck kommt, dass man mit ihnen so umgeht, als ob sie selbst (noch) über diesen Umgang entschieden. Das gebietet sozusagen nicht nur eine aus mangelndem Wissen resultierende Vorsicht. Vor allem behandelt man keine Menschen wie Dinge. So gut wie überall auf der Welt trat und tritt man ja auch für Bestattungsweisen ein, die Respekt vor den Toten bezeugen. Doch können die damit angesprochenen Fragen nicht weiter verfolgt werden. Immerhin sei jedoch noch einmal betont, dass Würde offenbar *nicht* in *faktischer* Selbstbestimmung besteht – dann könnte sie ja auch verloren gehen –, sondern – wie es ja auch das *Menzius* oder Kant formulieren – in der jedem Menschen als Menschen *prinzipiell* eigenen Fähigkeit oder Möglichkeit dazu liegt. In der Tat dürfte es, Menzianisch ausgedrückt, jedenfalls auch Achtung vor dem *dao*, und Kantisch gesprochen, auch Achtung vor der Menschheit oder dem moralischen Gesetz sein, die man zeigt, wenn man die Würde eines Menschen anerkennt.

Da es wichtig ist, die angesprochenen Zusammenhänge zu verstehen, seien sie noch einmal auf andere Weise formuliert:

Selbsterhaltungstrieb, unser Interesse am Leben und unsere Bereitschaft, unser Leben zu verteidigen, zeigen, dass wir das Leben für einen Wert halten. Einzelheiten dokumentieren, dass wir in ihm sogar einen hohen Wert sehen. Die Überzeugung, dass es besser sei zu sterben, als entwürdigt oder tief erniedrigt zu werden – wie es insbesondere unter der Folter der Fall ist – zeigt, dass wir die Wahrung unserer Würde noch höher schätzen als das (bloße) (Über)leben.

Aber was bedeutet das? Selbst wenn jeder Mensch der Meinung wäre, dass jedenfalls seine Freiheit geachtet werden sollte, so implizierte das ja nicht automatisch, dass dies tatsächlich der Fall sein *sollte* bzw. dass dies auch für die Freiheit *anderer* gelten *sollte*. Außerdem implizierte es nicht ohne Weiteres, dass Freiheit *nie* missachtet werden dürfte.

Kant argumentierte im Grunde folgender Maßen: moralische Gesetze sollten – als solche – allgemeingültig sein und deshalb die und die Gestalt haben. *Doch die Frage ist ja gerade, ob die Norm der Unantastbarkeit der Menschenwürde überhaupt allgemeingültig ist bzw. sein sollte.* Natürlich kann man eine solche Norm als positives internationales Recht institutionalisieren, und in gewisser Weise ist das geschehen. Aber es geht eben um eine argumentative Begründung. Nebenbei gesagt, könnte man sich auch einfach fragen, ob die im Kontext der *Allgemeinen Erklärung der Menschenrechte* gebotenen einschlägigen Begründungen gültig sind.

Jede stichhaltige Argumentation für die Allgemeingültigkeit der Norm dürfte freilich folgende Struktur besitzen. Es wäre zu zeigen, dass es keine Unterschiede zwischen mir und anderen gibt, die es rechtfertigten, mir ein höheres Maß an Respektierung der Menschenwürde zuzubilligen als anderen. Dabei kämen zunächst Gleichheitsargumente ins Spiel. Zu ihnen zählten z. B. Hinweise auf biologische Konstanten wie Gattungszugehörigkeit oder Schmerzempfinden oder auf die unterschiedslose Gültigkeit einschlägiger Kausalgesetze, wie sie ja gerade – und dies ist so erhellend wie bitter – auch die Jahrtausende alten in allen Kulturen verbreiteten Kenntnisse über die Wirksamkeit von Folterpraktiken selbst in Anwendung auf absolut Fremde dokumentieren: man wusste stets und überall, wie wirksam zu foltern war. D. h. man betrachtete (zumindest) insofern alle Menschen als gleich(artig). Was die Logik angeht, so wäre insbesondere das Widerspruchsfreiheitsprinzip von Belang. Aus identischen Prämissen, wie sie sich aus der Gleichheit aller Menschen ergeben, so wäre zu argumentieren, lassen sich keine unterschiedlichen Folgerungen ziehen. Auch Gerechtigkeitserwägungen oder Bezugnahmen auf eine differenziert formulierte Goldene Regel wären möglich – wobei erneut Philosophien unterschiedlichster Zeiten und Kulturen reichliches Material böten, wurden doch (wie die Darstellungen bei Dihle 1962, Roetz 1995 sowie Paul 1984, 2001 und 2004 a zeigen) Varianten der Goldenen Regel – im Deutschen vor allem in der Form „Was Du nicht willst, dass man Dir tu', das füg' auch keinem andern zu" bekannt – seit dem 5. Jh. v. u. Z. und unabhängig voneinander in chinesischen, indischen, mesopotamischen, ägyptischen und griechischen Kulturen formuliert.

Wenn also Würde zu respektieren ist, so ließe sich schließen, *dann* die Würde eines jeden Menschen.

Dennoch blieben Fragen oder Einwände. Sollte dies in der Tat auch – etwa – für Mörder gelten? Und sollte Würde überhaupt und unbedingt respektiert werden – Entwürdigung und Erniedrigung also ohne Wenn und Aber unzulässig sein? Ist Strafvollzug mitunter nicht sogar notwendiger Weise entwürdigend? Und ist die Folter eines Einzelnen oder einiger weniger nicht das kleinere Übel, wenn damit Tausenden das Leben gerettet werden kann? *Summa summarum* laufen all diese Fragen auf die Frage nach der Unantastbarkeit hinaus.

Im gegebenen Zusammenhang setzt Unantastbarkeit Existenz voraus. Wie aber lässt sich zeigen, dass jeder Mensch Würde „besitzt" – und dass dies selbst für den übelsten Verbrecher gilt? Wohl in der Tat nur, indem man nachweist, dass (1) die Existenz der Würde notwendiger Weise mit dem

Menschsein als solchen – unabhängig von allen spezifischen Eigenschaften, Denk- und Verhaltensweisen eines Individuums – verbunden ist oder dass (2) man jedenfalls jedem Menschen – als Menschen – Würde zusprechen *sollte*. Beides dürfte möglich sein.

Im ersten Fall würde man erneut auf die Erfahrung – das empirisch unstrittige Interesse eines jeden Menschen, nicht entwürdigt zu werden – verweisen. Oder man könnte von dieser Erfahrung ausgehen. Wenn auch wohl nur ein Plausibilitätsargument zustande käme, so wäre es doch recht stark. Die *Möglichkeit einer Entwürdigung setzt einfach die Existenz eines Selbstwertes oder – zunächst – die eines Selbstwertgefühls oder Selbstwertbewusstseins voraus.* Dessen allgemeiner Charakter aber bestünde nach diesen Erwägungen erneut im Bewusstsein persönlicher (moralischer) Freiheit bzw. Selbstbestimmtheit, Würde im Potential dieser Freiheit. (Dass es auch Masochisten gibt, ist dabei kein Gegenbeispiel, sondern eine Art Paradox.)

Im zweiten Fall könnte man vielleicht zu zeigen suchen, dass die Folgen eines solchen Vorgehens *summa summarum* und auf lange Sicht zur Realisation der sozusagen bestmöglichen menschlichen Welt führten. Doch wäre dies zugegebener Maßen ein recht abstraktes und wohl ungemein kompliziertes Argument.

Das wohl stärkste Argument – ein *Teil*argument für das Ziel einer „bestmöglichen Welt" – aber bestünde darin, zu zeigen, dass „einfach Alles" getan werden müsse, um den Menschen vor Entwürdigung, Schmach, Folter – oder wie auch immer man den Katalog der Erniedrigungen fassen mag – zu schützen. Dies Argument durchzuführen, ist gar nicht so schwierig. Kriege, Mord und Totschlag, Folter und Vergewaltigung, Prügel und Ähnliches sind alltäglich. Und machen wir uns nichts vor: kaum jemand, der in einem totalitären System aufwächst, kann sich dessen Zwängen entziehen. Welcher Mann kann schon von sich mit Sicherheit sagen, dass er seinerzeit kein Hitlerjunge geworden wäre? Welcher palästinensische Junge vermag der umfassenden Indoktrinierung seiner Welt zu entkommen? Und fanden und finden sich nicht jederzeit und überall genug willige Folterknechte? Läuft nicht jeder Mensch Gefahr, den Versuchungen der Macht zu erliegen und damit womöglich gebotene Chancen der Gewaltanwendung zu nutzen? In der Tat gibt es sozusagen mehr als genug Gründe, alles, aber auch alles zu tun, um Entwürdigung und Erniedrigung unmöglich zu machen. Und dies hieße eben auch, die Unantastbarkeit der Menschenwürde zu fordern oder auf ihr zu bestehen.

Erst mit solch einem Argument – das selbstverständlich konventionelle Aspekte hat – wäre Würde überhaupt als normativer Wert etabliert. Noch einmal: es genügt ja nicht, Würde für einen Wert zu halten oder als Wert zu erklären. Derartige Entscheidungen sind zu begründen, und zwar so, dass dabei nicht einfach vom Menschsein als solchem auf dessen Wert geschlossen wird. D. h. erst die argumentative Verständigung darauf, dass (bestimmte) Selbstbestimmungsmöglichkeiten unter allen Umständen zu verteidigen seien, weil jede alternative Regel (letztlich) unwillkommene(re), ja grausame Konsequenzen zeitige, begründet Würde als normativen Wert. Und wie skizziert, könnte man dabei eben bei entsprechenden Erfahrungen und Philosophemen aus den unterschiedlichsten Kulturen ansetzen, und sollte es selbstverständlich auch tun.

Konsequenter Weise verböte sich dann auch jede Folter. Philosophisch gesehen, wird man vielleicht auch den Standpunkt vertreten können, dass die Frage der Folter im ein oder anderen Fall ein echtes Dilemma mit sich bringe – und d. h. eben *unlösbare* Probleme aufwerfe. Doch genau so, wie es sich verbietet, vom Krieg als letztem Mittel zu sprechen, verbietet es sich, von der Folter als einer Art letztem Mittel zu reden. Denn wer von der Folter als letztem Mittel spricht, begünstigt schon damit deren Anwendung. Ebenso wie jede zustimmende Rede vom Krieg als letztem Mittel unweiger-lich die Kriegsbereitschaft fördert – aber kaum nennenswerte abschre-ckende Wirkung haben dürfte. Im gegebenen Zusammenhang ist dabei auf eine weitere Implikation aufmerksam zu machen. Es dürfte bisher keinen Krieg gegeben haben, in dem nicht gefoltert und vergewaltigt wurde. Wer also – wie so mancher Politiker – den Krieg als letztes Mittel akzeptieren will und gleichzeitig jede Folter verurteilt, widerspricht sich selbst.

Es gibt nun einmal Probleme, für deren Lösung keine Theorie und kein Konzept existieren. Man sollte sie nicht verschärfen, indem man von vorn-herein unhaltbare Lösungsvorschläge unterbreitet. Krieg und Folter sind keine Themen affirmativer Spekulation.

Aber ist nicht – wie mehrfach angesprochen – so mancher Aspekt des Strafvollzugs entwürdigend? Und wird die Todesstrafe nicht auch in den USA vollstreckt? Letzteres ist, um es auch im gegebenen Zusammenhang noch einmal zu betonen, kein Gegenbeispiel. Es dokumentiert eine – prin-zipiell stets mögliche – Verletzung einer ethischen Norm.

Anders steht es um das Bemühen um einen menschlichen Strafvollzug. Zu bestreiten, dass das ein oder andere Moment der Haft vor allem in so genannten Zuchthäusern als Erniedrigung empfunden werden kann, wäre Augenwischerei. Man wird eingestehen müssen, dass die Praxis in gewisser Hinsicht stets hinter der ethischen Norm zurückbleiben dürfte. Schließt man sich Kants Ethik an, wie sie im deutschen Grundgesetz in dem Satz „Die Würde des Menschen ist unantastbar" ihren Niederschlag gefunden hat, so mag man freilich eine Art philosophischen Ausweg sehen. Doch sei vorweg genommen, dass er für die meisten Betroffenen an der Wirklichkeit vorbei gehen dürfte. Außerdem mag er so verstanden werden, dass selbst das Folterverbot nicht unbedingt gelte, *da ja auch die Folter faktisch keine Würde beeinträchtigen oder nehmen könne.* Der Wortlaut des Grundgeset-zes besagt nämlich auch oder kann zumindest auch besagen, dass gleich, was einem angetan wird, Würde und Selbstachtung davon unberührt blei-ben und unberührt bleiben sollten. Wie angedeutet, dürfte dies jedoch kaum mit der Erfahrung vereinbar sein, (auch) gewaltsame Einschränkungen von (nicht amoralischen) Selbstbestimmungsmöglichkeiten als Entwürdi-gung zu begreifen, ja, vielleicht gar nicht anders zu können. Womöglich ist auch ein sehr spezifischer Würde-Begriff angesprochen. Und die implizite Ontologie dürfte jedenfalls nicht einfach zu explizieren sein. Andererseits erscheint die dabei angesprochene Souveränität auch denkbar. Schiller be-mühte sich wiederholt zu zeigen, dass man sich „in das Notwendige mit Würde fügen" solle – und könne.

Hypothetisches Fazit der Einführung in die Problematik „Menschenrechte – Fundamentalismus – Globalisierung" wäre, dass in wohl stichhaltiger Weise für eine Allgemeingültigkeit der Norm von der Unantastbarkeit der

Menschenwürde, eingeschlossen ein unbedingtes Folterverbot, argumentiert werden kann; dass es aber auch spezifische Dilemmata geben mag, für die keine argumentativ überzeugende Lösung bereitsteht. Menschenwürde wäre dabei als die prinzipielle Möglichkeit individueller (nicht amoralischer) Autonomie zu begreifen, das Bewusstsein eigener Würde und Selbstachtung wären als Wissen um diese Selbstbestimmungsmöglichkeiten zu verstehen. Die Gefahr, sich wechselseitig zu erniedrigen, sowie sich nur entsprechende „Chancen" bieten – eine Gefahr, für die es unstreitbar Millionen Belege gibt –, dürfte das letztlich entscheidende Argument dafür sein, dass die Würde des Menschen mit allen, aber wirklich allen erdenklichen Mittel zu schützen und deshalb als unantastbar anzusehen oder zu erklären ist. Wie skizziert, kann Interkulturelle Philosophie in gültiger Form nachweisen, dass derartige Überlegungen aus den besten Ethiken aller größeren philosophischen Kulturen – und vor allem aus *rujia*-Theorien – abgeleitet werden können – wie immer die politische Praxis aussah oder aussieht, und aller spezifischen Differenzen ungeachtet.

5.2.2.2 Das Interkulturell-Philosophische einer Einführung in die Menschenrechtsdiskussion

Das Beispiel „Menschenrechte, Fundamentalismus und Globalisierung" mag die Frage aufwerfen, inwieweit es sich bei ihm überhaupt um eine Einführung *in interkulturelles Philosophieren* handelt. Ist nicht viel zu wenig von den Spezifika und distinktiven Merkmalen einzelner Kulturen die Rede? Mangelt es nicht an Kontextualisierung? Kommt die Auseinandersetzung mit menschenrechtsrelevanten Texten nicht-westlicher Kulturen nicht viel zu kurz? Abgesehen davon, dass eine Einführung notgedrungen vergleichsweise allgemeinen und abstrakten Charakter besitzen muss, ist bei einer Antwort auf solche Fragen Folgendes zu berücksichtigen: Soweit die Menschenrechtsfrage Gegenstand *philosophischer* Reflexion ist, ist sie nun einmal ein letztlich *normatives* Problem. Und als solches ist sie in ihrem entscheidenden Aspekt – dem der Gültigkeit – von allen kulturellen Besonderheiten unabhängig. Wie ausgeführt, spielen dann insbesondere Fragen kultureller Herkunft, kultureller Tradition und kultureller Identität keine Rolle. Dies würde es sogar rechtfertigen, gänzlich auf entsprechende Hinweise, Darstellungen und Erörterungen zu verzichten. Außerdem sind rein deskriptive Darstellungen etwa islamischer Kulturen keine philosophische Aufgabe, sondern Gegenstand der Geschichtsschreibung. Erklärungen bestimmter Traditionen oder Verhaltensweisen sind eher soziopolitische oder psychologische Aufgaben und Fragen der „Durchsetzung" vor allem Probleme von Politologie, Politik, positivem Recht, Soziologie und Psychologie. Sonst bräuchte man nicht zwischen verschiedenen Disziplinen und Institutionen zu unterscheiden. Andererseits sind bestimmte Argumente freilich nur dann angemessen zu verstehen und zu beurteilen, wenn man ihren historischen und soziopolitischen Kontext kennt, und dies gilt zumal, wenn diese Argumente *begründet* zurückgewiesen werden sollen. So ist oben z. B. auf den fundamentalistischen Charakter islamischer Rechtfertigung von Beschneidungen und christlicher Rechtfertigung der Todesstrafe hingewiesen, wenn, wie für eine Einführung charakteristisch, auch nur in recht allgemeiner Form. Außerdem ist darauf aufmerksam gemacht, dass Begriffe, denen zufolge allen Individuen der Gattung *Homo sapiens sapiens* ein hoher, unverlierbarer Wert eignet – Menschenwürde, wie es im Deutschen heißt – in Ethiken aus unterschiedlichen Kulturen und Zeiten konzipiert wurden: im *Menzius*, in buddhistischen Lehren der Buddha-Natur, mittelalterlichen Naturrechtsphilosophien, scholastischen Konzepten der Gottesebenbildlichkeit, Kants *Kritik der praktischen Vernunft*, und anderen Theorien. Und schließlich ist die Goldene Regel genannt: eine Norm, die unabhängig voneinander in chinesischen, indischen, vorderasiatischen und griechischen Kulturen entwickelt wurde, und die in entscheidender Hinsicht die Gleichheit aller Menschen und Gerechtigkeit impliziert. Damit sind interkulturelle und komparative Gesichtspunkte ins Spiel gebracht, die eine für sie spezifische, unverzichtbare Funktion besitzen: Insofern sie – als eine Art Materialsammlung – die Berücksichtigung möglichst vieler einschlägiger Argumente erlauben und soweit sie als empirische Indizien der Gültigkeit taugen, können sie zur Klärung der Frage nach der *Gültigkeit* beitragen. In eben ihrer Empirizität tragen sie jedenfalls zur *Überzeugungskraft* der Hypothese von der universalen Gültigkeit der Norm von der Integrität der Menschenwürde bei, und sie illustrieren die Möglichkeit, bei einer *Realisation* dieser Norm an jeweils eigenkulturelle Erfahrungen und Philosophien anzuknüpfen. Ausführliche und detaillierte Auseinandersetzungen mit den aus einzelnen Kulturen bekannten Philosophemen – ob dem Menzianischen Begriff vom Adel oder Rang des Himmels oder spezifischen Fassungen der Goldenen Regel oder Anderem wie dem jainistischen Prinzip unbedingter Gewaltlosigkeit – gehen, um es erneut festzustellen, über den Rahmen einer Einführung hinaus. Sie kann solche Auseinandersetzungen lediglich zusammenfassen, sich auf sie berufen, sie infrage stellen, und im Übrigen einfach auf sie verweisen.

Noch einmal pointiert gesagt: Man mag es bedauern, ja ablehnen – und man mag ja anderes tun –: entscheidet man sich jedoch für Interkulturelle Philosophie, so jedenfalls für *Philosophie*, und wenn dabei auch für eine philosophische *Ethik*, dann jedenfalls auch für eine *normative* Philosophie.

5.3 Auf der Suche nach relevanten Unterschieden: buddhistische Ontologien der Leere und Substanzlosigkeit, „indische" Konzepte moralischer Kausalität, „chinesischer" Atheismus und „chinesische" Konzepte ästhetischer Erziehung

Eine mehr oder weniger allgemein verbindliche Methodologie Interkultureller Philosophie und Hypothesen wie die von der Existenz einer universalen Logik oder eines allgemeingültigen Schönheitskonzepts stoßen auch auf Ablehnung. Vorbehalte wie die Überzeugung, dass es eine spezifisch „östliche" Logik gebe und dass es sich bei der so genannten Universalität in Wirklichkeit um Kulturzentrismus oder Kulturimperialismus handle, oder dass es in der Frühgeschichte der Menschheit nicht um Schönheit, sondern allein um religiöse und kultische Interessen ging, sind denn auch genannt und zu widerlegen gesucht. In der Erörterung der Frage um die Existenz allgemeingültiger formallogischer Gesetze kommen zudem auch Einzelheiten zur Sprache. Nichtsdestoweniger mag man bemängeln, dass eine Darstellung der Besonderheiten fehle, die etwa einen spezifischen Text der Begründungstheorie – ein Werk Dignāgas z. B. – von Texten aus dem *Organon* unterscheiden. Eine solche Einschätzung würde jedoch den Ausführungen nicht gerecht. Unterschiedliche Höflichkeitskonventionen, unterschiedliche Essgewohnheiten, *fundamental* unterschiedliche religiöse und moralische Positionen, unterschiedliche Konzepte ästhetischer Erziehung und selbst unterschiedlichste ästhetische Vorstellungen menschlicher Nacktheit und Zähne und Zahnpflege sind ja Gegenstand der Erörterungen. Wer vor allem an kulturellen Besonderheiten interessiert ist, mag denn auch einfach deshalb enttäuscht sein, *weil selbst detaillierte Analysen und Kontextualisierungen eben nicht zu den erhofften Bestätigungen der Relevanz kultureller Spezifika führten oder führen, jedenfalls nicht aus philosophischer Sicht.* Die Macht der Fakten alltäglicher Lebensgewohnheiten und die Macht der Fundamentalismen steht dabei außer Zweifel. Ein Relativist, der die in der Exposition der Methodologie und in der Analyse der einzelnen Fragen formulierten Hypothesen grundsätzlich verwirft, müsste jedenfalls die ins Spiel gebrachten Argumente – die ja insbesondere auch relativistische Positionen entkräften sollen – erst einmal widerlegen.

Das Interesse an kulturellen Unterschieden hat im Allgemeinen folgende Ursachen und Gründe, die im Übrigen auch miteinander verbunden sein können:

Interesse an kulturellen Unterschieden

1. Eine Art Neugierde oder Überdruss. Man sucht einfach nach Abwechslung und etwas „Anderem".
2. Enttäuschung, Unzufriedenheit bis hin zur radikalen Ablehnung der eigenen kulturellen Lebensformen. Das bekannteste Beispiel ist die Überzeugung, der „Westen" sei (zu) rational und logozentrisch. Das führt mitunter dazu, radikale Gegenbilder – wie eben die eines ästhetischen, intuitiven, Logik transzendierenden „Ostens" zu entwerfen. *Man wünscht sich wichtigere, existenzlell relevantere Erkenntnisse als die, die eine durch Konsistenzkriterien eingeschränkte Logik gestattet, und erliegt dieser Wunschvorstellung so sehr, dass man schließlich an die Existenz alternativer, weiter reichender Erkenntnismittel glaubt.*
3. Der Wunsch, kulturelle Besonderheiten sachlich angemessen verstehen und erklären zu können. Nicht zuletzt Entwicklungshelfer mögen entsprechend motiviert sein.
4. Hoffnungen und Überzeugungen, dass die Besonderheiten anderer Kulturen eigenkulturelle Erfahrungen und Theorien ergänzen, korrigieren oder falsifizieren können, orginäre Erkenntnisinteressen also.
5. Kultur- und Ethnozentrismus vermeiden zu wollen.
6. (Zufällige) Begegnungen mit (Menschen aus) anderen Kulturen. Freundschaften, Geschäftsinteressen usw.

Je größer jedoch die geographischen Räume, je länger die Geschichte und je höher die Zahl der damit einbezogenen Menschen, umso schwerer fällt es, signifikante Unterschiede auszumachen. Sprachen und Fundamentalismen beiseite gelassen, dürften die meisten Differenzen dann lediglich gradueller und wirkungsgeschichtlicher Art sein. Fälle zu entdecken, in denen bestimmte Philosopheme für eine, und nur für eine Kultur, und dies in ihrer Gesamtheit kennzeichnend sind oder in denen ein *gültiges* Philosophem einer Kultur in einer anderen Kultur *ungültig* wäre, dürfte kaum gelingen. Einige Beispiele mögen zur Erläuterung dienen.

Das Konzept der Leere oder Substanzlosigkeit

Viele philosophische buddhistischen Schulen vertreten ein ontologisches Konzept der Leere (skt. *śūnyatā*, chin. *kong*, jap. *kū*). Dies besagt in seiner extremsten Form, dass alles „Seiende" auf Kombinationen von Daseinsfaktoren (*dharmas*) zurückzuführen ist, die nur in Abhängigkeit voneinander bestehen können. Es gibt keine Substanzen. Nichts besitzt ein eigenständiges Dasein. Dementsprechend existiert auch nichts ewig und unveränderlich, sondern alles entsteht und vergeht, je nachdem, ob entsprechende Ursachen und Bedingungen da sind oder nicht. Da nichts einen festen Wesenskern, ein unabhängiges Dasein besitzt, heißt alles „leer" – eben ohne Substanz, ohne Eigenständigkeit, (ewige) Dauerhaftigkeit, Unveränderlichkeit und so fort. Auch das Ich (skt. *ātman*, chin. *wo*, jap. *ga*) ist dieser radikalen Ontologie zufolge letztlich nur eine Kombination von veränderlichen, flüchtigen Daseinsfaktoren. Mitunter ist auch von einer zweifachen Leere, der der Objekte (*dharmas*) und des Ich (*ātman*) die Rede. Man sollte nun meinen, in der „westlichen" Philosophie gebe es nichts Ähnliches. Aber das wäre irrig. Ernst Mach und David Hume haben durchaus vergleichbare Ich-Konzepte entwickelt. Andererseits sind sie weit weniger umfassend, längst nicht so detailliert formuliert und wirkungsgeschichtlich recht folgenlos. Soweit es darum geht, eine fremde Kultur – und insbesondere deren Philosophie – zu *verstehen*, ergibt sich damit die Aufgabe, die buddhistische Philosophie der Leere und ihre – auch soziopolitischen – Voraussetzungen und Kontexte zu beschreiben und zu erklären. Gegebenenfalls wird man sich auch mit der Frage nach ihrer Gültigkeit auseinandersetzen. Und beides ist ja denn auch vielfach (wie etwa bei Ruben, Glasenapp, Frauwallner, Nakamura, Paul 1993 und Sturm) geschehen. Falsch wäre es freilich, sie als eine Philosophie auszugeben, die für „den Osten" oder auch nur für „Indien" überhaupt stehe. Innerhalb des Brahmanismus gibt es substanzialistische Ontologien. *Brahman* kann Konzept einer ewigen, alles einschließenden oder begründenden Substanz sein. Das gilt etwa für Śankaras (788?–820) *Vedānta*. Das zeigt vor allem Glasenapps Darstellung (1974: 188), der im Übrigen auch die anderen Systeme des Brahmanismus – *Mīmāṃsā, Sāṃkhya, Yoga, Nyāya* und *Vaiśeṣika* – beschreibt. Außerdem verficht keine der klassischen, auf die Zeit der Streitenden Reiche zurückgehenden Philosophien in China – *rujia, mojia, daojia, fajia, bingjia, nongjia, yin*-und-*yang*-Lehre – eine Ontologie der Leere, wenn auch im Daoismus vom Nichts, *wu*, die Rede ist. Ja, nicht einmal alle buddhistischen Ontologien tun das. Selbst aus der Sicht bestimmter buddhistischer Richtungen wie dem klassischen *Madhyamaka* und der *Faxiang* gelten z.B. die Sarvāstivādins, die Anhänger der Schule, dass „alles existiert", als Substanzialisten und Eternalisten. Um sozusagen um jeden Preis „Ost" gegen „West" abzusetzen, heißt es dann mitunter, dass Indien nicht zum „Osten" gehöre. Aber dies ist bestenfalls ein eigenwilliger und irreführender Sprachgebrauch. Außerdem bliebe die Tatsache, dass es auch im „Osten" substanzialistische buddhistische Richtungen gab, davon unberührt. Die Ausflucht, dass der Buddhismus letztlich nichts „Östliches", sondern etwas „Indisches" – weil aus „Indien" Kommendes sei –, aber bliebe schon deshalb versperrt, weil damit auch das Konzept der Leere als nicht-„östlich" und der „deutsche" Idealismus als „griechisch" gelten müssten.

Ein Konzept, das für weite großkulturelle Bereiche – die Einflussbereiche von Brahmanismus, Jainismus und Buddhismus – exemplarisch ist und in anderen großkulturellen Bereichen so gut wie keine Rolle spielte, ist das Konzept des *Karma*, ein Begriff moralischer Kausalität. Ihm dürfte die Überzeugung zugrunde liegen, dass einfach alles, aber wirklich alles – und also nicht nur Objekte und Ereignisse, sondern auch menschliches Denken und Tun – seine Ursachen und Wirkungen hat. Zugleich dürfte es durch das Interesse motiviert sein, dass es in der Welt gerecht zugehen müsse. Da dies jedoch nicht der Fall ist, muss es möglich sein, dass die jetzt und hier ausbleibende Vergeltung guten und bösen Tuns in einem weiteren Leben und eventuell gar in einer anderen Welt erfolgt. So impliziert die Karma-Theorie das *saṃsāra*-Konzept: den Begriff kausalitätsbedingter Wiedergeburt oder Seelenwanderung – wie immer im Einzelnen er gefasst sein mag. Gilt das Leben dabei prinzipiell als nicht lebenswert, so wird das Heil, die Befreiung oder Erlösung in einer Lebensführung gesehen, die *keine* Ursachen erhält oder schafft, die eine erneute Existenz bedingen. All diese philosophischen Heilslehren sind hochspekulative Metaphysiken und Ontologien. Inwieweit sie damit auch Religionen sind, ist erneut von Fall zu Fall zu untersuchen und hängt nicht zuletzt auch vom eigenen Philosophiebegriff ab. Geht man vom vorgeschlagenen engeren Philosophiebegriff aus, so lassen sich bestimmte Richtungen des Buddhismus jedenfalls kaum sinnvoll als Religionen bezeichnen, vertreten sie doch einen rigorosen Atheismus. Schließt man in den Philosophiebegriff z. B. auch Ausprägungen katholischer Scholastik ein – und dies erlaubt auch der engere Begriff – so kann entsprechend den Differenzierungen zwischen katholischer Philosophie und katholischer Religion unterschieden werden. In keinem dieser Fälle besteht ein Grund, die Unterscheidung zwischen Philosophie und Religion aufzugeben. Im Übrigen weisen selbst die durch *karma*- und *saṃsāra*-Begriffe konstituierten Heilslehren Übereinstimmungen mit „westlicher" Philosophie auf, wenn auch nur auf sehr allgemeiner Ebene. So lässt sich Kants Postulat einer jenseitigen Gerechtigkeit auch als Verbindung von Konzepten der vollkommenen Gerechtigkeit und der moralischen Kausalität begreifen. Freilich räumt ihm Kant keinen Erkenntnisstatus ein. Befürwortet man – aus welchem Grund auch immer – einen (sehr) weiten Philosophiebegriff, demzufolge es mystische Erfahrungen und intellektuelle Anschauungen gibt, die eine entsprechende Erkenntnis gestatten, so mag man auch bestimmte Formen des Christentums noch als philosophische Heilslehren auffassen, die auf Prinzipien vollkommener Gerechtigkeit und moralischer Kausalität basieren. Doch wie mehrfach angesprochen: autoritativ begründeten Gottesglauben als Philosophie verstehen zu wollen, ist weder sachlich noch pragmatisch sinnvoll.

Die Philosophie der Leere und stärker noch die moralischer Kausalität ist eben bezeichnender Weise (auch) metaphysische Ontologie. Dies ist ein Grund für die Besonderheiten, die beide Lehren charakterisieren: je größer

Begriffe des *Karma* und moralischer Kausalität

die Freiheit zur Spekulation, umso leichter ist es, auf mitunter sogar entlegene Ideen zu verfallen. Natürlich brauchen sie deshalb nicht falsch zu sein.

Signifikante Unterschiede in Grad, Umfang, Detailliertheit und Wirksamkeit kennzeichnen freilich auch die agnostischen und atheistischen Richtungen der chinesischen und sinoasiatischen Philosophie. Dies schlichte Faktum spricht übrigens gegen die These, dass Gottesglaube oder auch nur Religiosität quasi angeboren oder ein unabweisliches menschliches Bedürfnis seien. Klassische *rujia* (die klassische Form des so genannten Konfuzianismus) – und vor allem das *Xunzi* – philosophischer Daoismus, die *fajia* des Han Feizi (3. Jh. v. u. Z.), chinesischer philosophischer Buddhismus, die Widerlegungen des christlichen Gottesglaubens durch zahlreiche chinesische und japanische Gelehrte (vgl. dazu Kern 1992, Elison1988 und Paul 1995) und schließlich der Maoismus, realisiert im Lebensstil der chinesischen Elite, der gelehrten Beamten wie der kommunistischen Kader, liefern ein fragloses Gegenbeispiel zu dieser beliebten „westlichen" These. Vor allem epistemologische Skepsis – wenn nicht gar Einsicht in die engen Grenzen menschlicher Erkenntnis – und das Wissen um die Gefahren, die von religiösem Glauben ausgehen und ihn aus moralischer Sicht diskreditieren und wenig „göttlich" erscheinen lassen, dürfte für den sinoasiatischen Agnostizismus und Atheismus verantwortlich sein. Er führte im Übrigen dazu, staatliche Autorität prinzipiell über jede (Berufung auf) göttliche oder transzendente, jenseitige Autorität zu stellen, und zu entsprechend strengen Kontrollen der religiösen Gemeinschaften. Die Möglichkeit, sich auf einen Gott zu berufen, um damit staatliche Autorität anzuzweifeln, wurde und wird als Willkür und Destabilisierung staatlicher Ordnung eingestuft – weiß man dies, so versteht man besser, warum etwa die VR China, wie es im „Westen" heißt, die Religionsfreiheit einschränkt – die doch auch in jeder „westlichen" Demokratie eingeschränkt ist: formal gesehen, in beiden Fällen durch Verfassung und positives Recht.

Ein weiteres Beispiel für eine nennenswerte Besonderheit ist die, freilich schon angesprochene, Philosophie der ästhetischen Erziehung der klassischen *rujia*. Und eine Besonderheit auf der Ebene der Staats- und Gesellschaftsphilosophie: in sinoasiatischen Schulen gilt der Staat oft als eine Institution, die Anspruch auf Dankbarkeit, ja, wie es wörtlich übersetzt hieße, auf Liebe (*ai* 愛) hat. Dies Konzept ist der früheren deutschen Idee der Vaterlandsliebe ähnlich und kann aufgrund seiner nach Außen abgrenzenden und im Binnen-Kontext anti-individuellen Funktion der Idee der Menschenrechte hinderlich sein.

Soweit zu einigen Themen, die es verdienen dürften, auf der Suche nach wichtigen Differenzen zwischen Philosophien verschiedener Kulturen ausführlicher und im Detail verfolgt zu werden, und sie sind ja auch, wie angedeutet, vielfach Gegenstand entsprechender Versuche. Freilich kommt es dabei zu oft zu Übergeneralisierungen der Besonderheiten und zu – selbst groben – Übertreibungen in der Beschreibung der Phänomene selbst, sowie – und dies erscheint besonders bedenklich – zu völlig überzogenen Bewertungen der Relevanz der Differenzen.

Marginalien:

Sinoasiatischer Agnostizismus und Atheismus

Ästhetische Erziehung Staats- und Gesellschaftsphilosophie

5.4 Fragen und Aufgaben

Unabhängig davon aber mag das berechtigte, ja mitunter gebotene Interesse, die für eine Einführung unumgänglichen allgemeinen Behauptungen an spezifischen Beispielen unterschiedlichster Kulturen zu überprüfen, zu weitergehenden Analysen führen. So Manches führt ja auch auf weitergehende oder neue Fragen. Wie ist eine bestimmte – etwa – in Indien entstandene ästhetische Theorie in ihren Einzelheiten und Besonderheiten zu rekonstruieren? Lässt sie sich auch bei näherem Hinsehen so verallgemeinern, dass sie als Bestätigung der Hypothese universal gültiger Schönheitsvorstellungen gelten kann? Und wenn ja, wo weist sie dennoch signifikante Besonderheiten auf? Reichen die Anfänge der Philosophie tatsächlich bis ins alte Ägypten und ins alte Mesopotamien zurück? Können auch so genannte Weisheitslehren als Philosophie verstanden werden? Dokumentiert früher diplomatischer Notenaustausch auch einen philosophischen Diskurs? Wie sind Ausdrucksweisen einzuschätzen, die durch die Eigenschaften von Schreibmaterialen wie Stein, Ton, Meißel und Griffel und durch bestimmte soziopolitische Rücksichtnahmen erzwungen wurden? Ging mit ihnen eine Kultivierung impliziter Argumentation einher? Die Fragen sind wichtig, um einen Begriff interkultureller Philosophie zu sichern, der dem Allgemeinen und Besonderen der einzelnen Kulturen gerecht wird und vor kulturellem Hochmut schützt. Generell gesagt, kann auf diese Weise jede allgemeine Hypothese zum Grund und Ausgangspunkt weitergehender spezifischer Untersuchungen werden. Daneben gibt es Aufgaben, die durch ihre sachliche Relevanz, ihre Aktualität und Dringlichkeit bedingt sind – selbst wenn manch spezifische Erörterung schnell wieder an Aktualität verlieren mag. Dazu gehören sicherlich umfassendere und detailliertere Auseinandersetzungen mit den Problemen des Fundamentalismus und insbesondere fundamentalistischer Religiosität, aber eben auch Probleme wie die, ob und inwieweit Ethik – und vor allem interkulturelle Ethik – zur Beseitigung von Kriegen und Minderung von Armut beitragen kann. Gewiss klingt dies erneut recht anspruchsvoll. Doch wie gesagt sind die Probleme einfach zu gewichtig, um auf den Einsatz philosophischer Instrumente zu verzichten – und sei ihre Wirkung auch noch so schwach, noch so fern und vielfach vermittelt. Stets sollte dabei freilich das (selbst)kritische Moment sachgerechten Philosophierens gewahrt bleiben – Versuchungen wie denen modischer Beförderung von Vorstellungen kultureller Identität sollte gerade die Philosophie nicht erliegen.

Die Aufgabe, eine Frage weiterzuführen oder erneut aufzunehmen, kann freilich auch dann akut werden, wenn neue einschlägige Informationen zur Verfügung stehen. Ausgrabungen können neue Texte oder – z. B. – frühe Kunstwerke zutage fördern. Oder es erscheinen Studien, die neues oder doch klärendes Licht auf ein bestimmtes Problem werfen. So mag man es für erhellend halten, eine detaillierte und umfassende Analyse der Elfenbein-Skulptur eines Mammuts zu liefern, die im Juni 2007 der Öffentlichkeit vorgestellt wurde. Die *Süddeutsche Zeitung* berichtete am 21. Juni, *Der Spiegel* am 2. Juli 2007 davon. Es handelt sich um den sensationellen Fund einer etwa 35 000 Jahre alten, knapp 4 cm großen Figur, die wir unbefangen als durchaus „schön" bezeichnen würden. Erlaubt der Fund tat-

Weiterführung und Spezifizierung einzelner Fragen

Besonders relevante, aktuelle und dringliche Fragen

Verarbeitung neuer Informationen

sächlich neue oder doch wenigstens weitergehende Einsichten im Streit um die Frage nach frühmenschlichen Schönheitsvorstellungen? Oder man mag die Diskussion um „Schönheit im alten Ägypten" (wieder) aufgreifen, weil man sich dabei der Informationen bedienen kann, die der gleichnamige, Ende 2006 erschienene Katalog bietet. Vom Konzept des interesselosen Wohlgefallens ausgehende Analysen von Gefühlen wie Ekel oder Abscheu etwa finden eine erstaunliche Bestätigung. Als spezifische Gegenbegriffe (*bjn* bzw. *bîn* und *dw* bzw. *dju*) zum Gefallen am Schönen tragen sie dabei auch zu einem vertieften Verständnis altägyptischer Schönheitskonzepte (*nfr* bzw. *nefer* usw.) bei. In der Tat dürfte die für viele Kulturen kennzeichnende, dem Ekel zumindest verwandte Abneigung gegen verwesende menschliche Leichname im alten Ägypten besonders ausgeprägt gewesen sein: gerade in ihrer des Lebens beraubten sinnlosen und modernden Materialität galten sie auch als krasse Gegensätze des Schönen. Wie der Leben spendende, über die Zeit erhabene Aton offenbar nicht anders denn auch als Inbegriff des Schönen denkbar war, so musste der Horror vor Tod und Vergänglichkeit als Vorstellung des Hässlichen und Abscheulichen Gestalt annehmen. Die kritische Frage wäre erneut, ob das Hässliche oder Ekelerregende als hässlich begriffen wurde, weil es Tod und Vergänglichkeit charakterisierte – grob gesagt, eine primär religiöse Vorstellung ausmachte –, oder ob das Fürchterliche des Todes seinen Schrecken erst dann entfaltete oder entfalten konnte, wenn man ihn (auch) als hässlich begriff. Vieles spricht für die zweite Antwort; denn vermutlich ekelten sich die Ägypter auch vor Erscheinungen, die sich *nicht* von Tod und Vergänglichkeit „ableiten" ließen. Jedenfalls verdient Assmanns entsprechender, beeindruckender Beitrag zu *Schönheit im alten Ägypten* (2006: 13–22) weitergehende Berücksichtigung.

Trotz der recht ausführlichen Auseinandersetzung mit Fragen der Interkulturellen Logik mag die Einführung den Anschein erwecken, als spielten solch traditionelle „westliche" Disziplinen wie Erkenntnistheorie und Ontologie in der Interkulturellen Philosophie bei weitem nicht solch eine Rolle wie ethische Fragen. Dies wäre ein Missverständnis. Einmal dürfte die Ethik auch im „Westen" wichtiger gewesen sein als die Epistemologie. Es ist wohl ein Irrtum, dass „der Westen" der theoretischen Philosophie größeres Interesse entgegenbrachte und größere Relevanz zumaß als der praktischen Philosophie. Zumindest verdiente diese Einschätzung eine gründliche Überprüfung – eine weitere Aufgabe Interkultureller Philosophie, die eben auch die ganze Breite philosophischer Disziplinen und Fragen einschließen sollte. Klar sollte geworden sein, dass die Rolle, die Logik und Empirie „im Osten" beigemessen wurde, gemeinhin sträflich unterschätzt wird.

In der Einführung unberücksichtigt sind (die Geschichte der) Philosophie in Kulturen wie der Tibets und Koreas, die doch auch ausführliche Auseinandersetzungen verdienen und längst auch Gegenstand insbesondere zahlreicher fachwissenschaftlicher Analysen sind. Vor allem die unterschiedlichen Richtungen des tibetischen Buddhismus und die in Tibet durchgeführten begründungstheoretischen Studien sowie der koreanische „Konfuzianismus", Daoismus und Buddhismus sind von Interesse. Dabei wäre auch den Unterschieden, die gegenüber den entsprechenden Orien-

Vernachlässigte Fragen?

Theorie und Praxis

Philosophien in Tibet, Korea und afrikanischen Kulturen

tierungen in indischen bzw. chinesischen und japanischen Kulturen bestehen, Aufmerksamkeit zuzuwenden. Erneut böte sich so u. a. eine Möglichkeit, die Klischees und Vorurteile über eine quasi monolithische asiatische Philosophie aufzulösen.

Besondere Anstrengungen freilich erforderten sachgerechte Darstellungen und Analysen präkolonialer philosophischer Orientierungen in so genannten schwarzafrikanische Kulturen – bzw. begründete Darlegungen der prinzipiellen Fruchtlosigkeit solcher Unterfangen. Hier mag bislang vieles zu spekulativ oder einfach Reflex eigener (politisch-)interpretatorischer Interessen sein oder (wie bei Kimmerle der Fall) vor allem akademischer Philosophie gelten. Mit den Untersuchungen von Hans-Joachim Koloss (1999 und vor allem 2000: 27, 445 ff. und 454) liegen jedoch Studien vor, die als erfolgversprechende Basis dienen können. Wiewohl Koloss den Begriff der Philosophie „in einem ‚sehr weiten Sinn'" verwendet, präzisiert er ihn doch so, dass er hinreichend instruktiv erscheint. Er stellt nämlich fest, dass die Einsichten der traditionellen Oku-Kultur im heutigen Kameruner Raum „als eine Form von Philosophie betrachtet werden können, wenn man den rationalen und empirischen Aspekten [!] dieser spezifischen afrikanischen Weltsicht folgt" (2000: 27). Wie seine Warnung, nicht einfach zwischen „europäischer Rationalität und traditionellem afrikanischen Denken zu unterscheiden" (S. 21) – die aus dem Wissen um die Rationalität „asiatischen Denkens" heraus nur zu berechtigt erscheint –, darf diese Feststellung durchaus auch als ein *Fazit* seiner Studie über die Oku gelten, einer Untersuchung, die in ihrem umfassenden und detaillierten Charakter auch jeden Wunsch nach Kontextualisierung befriedigen dürfte. Da Koloss zudem davon ausgeht, dass die philosophischen Einsichten des traditionellen Afrika „nicht unabhängig von [ihrer] Religion" (S. 26) bestünden, aber nichtsdestoweniger (1999) afrikanische Konzepte afrikanischer Kunst als *jedenfalls auch ästhetische Konzepte* rekonstruiert, demonstriert er zugleich, dass es gelingen kann, Philosophisches als solches zu isolieren und *sachgerecht* von Religiösem zu unterscheiden.

In einem derartigen Kontext wären dann auch die Ausführungen aus einem Bericht Zintgraffs (1895: 221) von Interesse, auf den Koloss dankenswerter Weise aufmerksam macht. Zintgraff stellt nämlich fest:

„… im großen und ganzen sind die Bali [die Angehörigen eines gleichnamigen Stammes in Kamurun] realistisch und nicht zu beschaulicher Betrachtung und religiöser Grübelei veranlagt. Häufiger sprach ich mit Garega [dem damaligen Herrscher des Königtums Bali] über das Christenthum; aber er meinte, nur was man *sehe, wisse* man, und das *Wissen* sei der rechte Glauben, alles andere nutzloses Kopfzerbrechen. Er würde aber, falls Missionäre kämen, weil es zum Vortheil diene, sich gerne taufen lassen und zunächst in meinem, seines Blutsfreundes, Glauben. Aber auch jeden anderen Glauben würde er annehmen, da der Mensch nur gut sei, wenn es auf einen besonderen Glauben nicht ankäme [!]. Er wolle der Freund aller Weißen sein, und das Gute nehmen, wo er es finde. Der geneigte Leser wird hieraus ersehen, daß religiöse Vorurtheile nicht zu den schwachen Seiten Garegas gehörten; übrigens denken, beiläufig bemerkt, so ziemlich alle aufgeklärten, schwarzen Häuptlinge, Könige, Sultane gerade so wie Garega, nur ohne es immer so offen auszuplaudern."

Soll dies tatsächlich heißen, dass Garega der Ansicht war, Moralität und Ethik seien von (spezifischer?) Religiosität unabhängig, ja müssten es sein? Und wenn ja, war seine Überzeugung wirklich für viele seiner Zeitgenossen repräsentativ, wie es Zintgraff behauptet? Und was soll „aufgeklärt" bedeuten? Besagt dies, dass es sich (eben doch) nicht (mehr) um traditionelle „schwarzafrikanische" Sichtweisen handelt?

Es dürfte die damit erneut angesprochene Problematik der historischen und systematischen Unabhängigkeit und Verbindung von Rationalität und Religiosität sein, die auch in zukünftigen philosophischen Auseinandersetzungen mit der Frage nach einer traditionellen Philosophie in „Schwarzafrika" besonderer Beachtung bedarf.

6 Tabellarische Übersichten

Die Übersichten beschränken sich auf das Wichtigste. Dabei sind manche Zeitangaben umstritten. Die Auswahl der Werktitel ist auch an der Frage der Zugänglichkeit von Übersetzungen orientiert. Zur Vervollständigung der Informationen sind Register und Literaturverzeichnis hinzuzuziehen.

6.1 Vorgeschichte und Anfänge der Philosophie

Zu einschlägigen altägyptischen Texten vgl. Bissing 1955, Assmann 1975, Hornung 1979 und 1993 sowie Brunner 1986; zu altmesopotamischen Texten Lambert 1996; zu den *Veden* Deussen 1905, Oldenberg 1917, Müller 1964, Keith 1970 und Mehlig 1987.

Zeit	Kultur	Texte mit philosophisch interessanten Passagen
ab 21. Jh. v. u. Z.	Ägypten	Weisheitslehren wie die *Lehre des Ptahhotep*, Diskurs-Texte und Autobiographien: Utilitaristisch akzentuierte Alltagsethik. Grundkonzepte der Gerechtigkeit. Verhältnis von Macht und Gerechtigkeit. Theodizeeproblem
18. Jh. – 13. Jh.	Mesopotamien	*Kodex Hammurabi* und ältere Gesetzeskodizes: Grundkonzepte der Gerechtigkeit. Praktische Weisheitslehren. Theodizeeproblem
ab 15. Jh.	Indien	*Veden*
14. Jh.	Ägypten	Hymnen an Aton
13. Jh.	Ägypten und Hethiter-Reich	Friedensvertrag zwischen Hethitern und Ägyptern: Grundkonzepte der Gerechtigkeit

6.2 Philosophie in Indien bis etwa zur Eroberung durch die Muslims

Gesamtdarstellungen bieten Frauwallner 1953, Glasenapp 1974 und 1986, Embree 1988 sowie Chattopadhyaya 1995ff. Eine Darstellung der frühen ind. Philosophie bietet Ruben 1955 und 1971 sowie Mehlig 1987. Vgl. auch Lorenz 1993 und Halbfass 1981. Wichtige Übersetzungen: Müller 1964. Zum ind. Buddhismus vgl. außerdem Frauwallner 1956, Glasenapp 1956, Nakamura 1980, Lamotte 1988 und Hirakawa 1990. Zur Logik: Jhā 1983, Ruben 1928, Wada 1990 und Paul 1999d. Zur Ästhetik: Jacobi 1969, Gosh 1950, De 1963, Chaitanya 1965, Pandit 1977, Gupta 1979, Anand u. a. 1981, Embree 1988 und Findeis 2000.

Zeit	Politische Gegebenheiten	Philosophen und philosophische Schulen	Wichtige Texte
seit 15. Jh. v. u. Z.?			*Veden*
seit ca. 1000			*Brāhmaṇas*
seit ca. 800		Uddālaka. Hylozoist Yājñavalkya. Idealist	*Upaniṣaden*
ca. 560–480		Buddha	
5. Jh.	Bimbisāra, König des Magadha-Reiches	Mahāvīra. Begründer des Jainismus	
4. Jh.			Anfänge der *Mahābhārata*, die am Ende (im 2. Jh. u. Z.?) die *Bhagavadgītā* einschließen sollte
ca. 327–325	Indienzug Alexanders des Großen		
3. Jh.?– 2. Jh.?			*Mīmāṃsā-Sūtras*
reg. 273–232	König Aśoka, Förderer des Buddh. U. a. Errichtung von Säulen mit Inschriften, Felsinschriften und Stūpas		
2.–1. Jh.?			Niederschrift des *Pāli-Kanons*
reg. 155–130 v. u. Z.	Menander, indo-griechischer Herrscher		*Milindapañha*
0 u. Z.			
2. Jh.?		Akṣapāda Gautama. Grundlegender Vertreter des *Nyāya*	*Nyāyasūtras*
1. bis 2. Jh.		Nāgārjuna. Begründer der (buddh.) Schule der Lehre von der Mitte	*Mūlamadyamakakārikā*

Zeit	Politische Gegebenheiten	Philosophen und philosophische Schulen	Wichtige Texte
2. bis 3. Jh.		Āryadeva. Vertreter der (buddh.) Schule der Lehre von der Mitte	*Śataśāstra*
4. Jh.		Vātsyāyana. Vertreter des *Nyāya*	Kommentar zu den *Nyāyasūtras*
310–390		Asaṅga. Grundlegender Vertreter der (buddh.) Schule vom bloßen Bewusstsein	*Mahāyānasaṃgraha*, ein Kompendium des Mahāyāna
4. Jh.		Vasubandhu der Ältere	*Triṃśikā*, 30 Strophen über die Lehre vom bloßen Bewusstsein
344–413		Kumārajīva. Übersetzer buddh. Skt.-Texte ins Chinesische	
400–480		Vasubandhu der Jüngere	*Abhidharmakośa*
5. Jh.		Buddhaghosa	*Visuddhimagga*, p., Pfad der Reinheit
ca. 480–540		Dignāga. Buddh. Begründungstheoretiker. Vertreter der Schule vom bloßen Bewusstsein	U. a. *Nyāyamukha*
6. Jh.		Uddyotakara. Vertreter des *Nyāya*	Kommentar zu den *Nyāyasūtras* und zu Vātsyāyanas Kommentar der *Sūtras*
ca. 600–660		Dharmakīrti. Buddh. Begründungstheoretiker. Vertreter der Schule vom bloßen Bewusstsein	*Pramāṇavārttika*, *Pramāṇaviniścaya*, *Nyāyabindu*, *Hetubindu*
7. Jh.		Candrakīrti. Vertreter der (buddh.) Schule der Lehre von der Mitte	*Prasannapadā*, *Madhyamakāvatāra*

Zeit	Politische Gegebenheiten	Philosophen und philosophische Schulen	Wichtige Texte
7. Jh.		Kumārila und Prabhākara, Vertreter der *Mīmāṃsā*	*Mīmāṃsāślokavārttika*
um 800		Śaṃkara. Wichtigster Vertreter des Vedānta	*Viveka Chudamani*, „Das Kleinod der Unterscheidung", und viele andere
975?–1025		Abhinavagupta, u. a. Literaturtheoretiker und Ästhetiker	*Abhinavabharati* und *Dhvanyālokalocana*
11.–12. Jh.	Eroberungszüge der Muslims, die zu einer fast völligen Elimination des Buddh. führen		
14. Jh. bzw. um 1500		Gaṅgeśa und Raghunātha, Hauptvertreter des *Navya Nyāya*, des Neuen *Nyāya*	*Siddhāntalakṣaṇa*

6.3 Philosophie in China

Gesamtdarstellungen bieten Forke, de Bary 1960, Chan 1969, Fung Yu-lan 1973, Geldsetzer/Hong 1998. Darstellungen der klassischen chin. Philosophie (bis 221 v. u. Z.) bieten Graham 1989, Roetz 1992, Schleichert 1990 und Opitz 1999. Vgl. i. Ü. auch Schwarz 1994, Unger 2000, Yao 2003, Kleine u. a. 1999 sowie Legge 1983. Zum chin. Buddhismus vgl. außerdem Zürcher 1972 und Tsukamoto 1985. Zur Logik: Graham 1978, Frankenhauser 1996, Harbsmeier 1998 und Paul 1990a, 1994, 2003, 2004d und 2004e. Zur Ästhetik: Li Zehou 1994, Kubin 2002ff. und Geiger 2005. Eine exzellente Darstellung der Geschichte des traditionellen China bietet Franke 2001.

Zeit	Dynastie	Philosophen und philosophische Schulen	Wichtige Texte
21.–16. Jh.	Xia		
16.–11. Jh.	Shang		
11. Jh.–221	Zhou		Bronze-Inschriften

Zeit	Dynastie	Philosophen und philosophische Schulen	Wichtige Texte
11. Jh.–771	Westliche Zhou		
771–256	Östliche Zhou		
771–476	Frühling und Herbst	Guanzi (?–645) Konfuzius (551–479) *Rujia*, Schule der Gelehrten, so genannter Konfuzianismus	Teile aus den *Wujing*, den „Fünf Klassikern" *Guanzi* (späteren Datums) *Lunyu*
475–221	Streitende Reiche	Sunzi (5. Jh.) *Bingjia*, Schule der Kriegskunst Mozi (468–376) *Mojia*, Mohismus Shang Yang (390–338) *Fajia*, Gesetzes-Schule oder Legalismus Yang Zhu *Nongjia*, Agrar-Schule Mengzi (372–289) Zhuangzi (369–286) Daoismus *Mingjia*, Schule der Bezeichnungen *Yin-Yang-wuxing-*Schule, Schule des *Yin, Yang* und der Fünf „Elemente" Xunzi (313–238) Han Feizi (280–233)	*Sunzi bingfa*, „Sunzi über die Kriegskunst" *Mozi* *Shangjun shu*, „Das Buch des Fürsten Shang" *Mengzi* *Zhuangzi* *Xunzi* *Han Feizi* *Daode jing* *Lüshi chunqiu*, „Herrn Lüs [Annalen von] Frühling und Herbst"
221–207	Qin		
206 v. u. Z.– 220 n. u. Z.	Han		

Zeit	Dynastie	Philosophen und philosophische Schulen	Wichtige Texte
206 v. u. Z.–24 n. u. Z.	Westliche Han	Dong Zhongshu (180–115)	*Chunqiu fanlu*, „Üppiger Tau [der Annalen] von Frühling und Herbst"
25–220	Östliche Han	Wang Chong (27–97). Kritischer Vertreter der *rujia*	*Lunheng*
1. Jh.	Anfänge des Buddhismus		
220–280	Drei Reiche		
265–420	Jin	Herausbildung buddhistischer Schulen	
386–581	Nördliche Dynastien		
420–589	Südliche Dynastien		
581–618	Sui	Jizang (549–623). Begründer der (buddh.) *Sanlun*-Schule	
618–907	Tang	Xuanzang (600?–664). 630–645 in Indien. Begründer der (buddh.) *Weishi*- oder *Faxiang*-Schule sowie sinoasiatischer Begründungstheorien (*yinming*)	Übersetzer zahlreicher Sanskrit-Texte wie von *Abhidharmakośa*, *Nyāyamukha* und *Nyāyapraveśa*. Verfasser von an Sanskrit-Vorlagen orientierten Kompilationen wie des *Cheng weishi lun*
		Kuiji (632–682). 1. Patriarch der *Weishi*-Schule. Herausragender Begründungstheoretiker	U. a. Verfasser einer grundlegenden Schrift zur Begründungstheorie, *Yinming dashu*, „Großer Kommentar [zum *Nyāyapraveśa*]"
		Fazang (643–712). Wegbereiter der *Huayan*-Schule	U. a. Kommentare zum *Avataṃsakasūtra*, chin. *Huayan jing*
		Han Yu (768–824). Buddhismus-Kritiker. Wegbereiter der neueren *rujia*	*Yuan dao*, „Ergründung des Weges"
907–960	Fünf Dynastien		

Zeit	Dynastie	Philosophen und philosophische Schulen	Wichtige Texte
960–1279	Song		
916–1125	Liao		
1115–1234	Jin	Zhu Xi (1130–1200)	*Jin si lu*, „Reflexionen über Naheliegendes" *Sishu*, „Die Vier Bücher"
1271–1368	Yuan (Mongolen)		
1368–1644	Ming	Wang Yangming (1472–1529)	*Chuan xi lu*, Ratschäge zur Lebensgestaltung
1644–1911	Qing (Mandschu)	Wang Fuzhi (1619–1692)	*Du sishu daquan shuo*, „Großer gesamter Kommentar zu den Vier Büchern"
		Huang Zongxi (1610–1695)	*Mingyi daifang lu*, „Warten auf die Morgendämmerung"
		Dai Zhen (1723–1777)	*Mengzi ziyi shuzheng*, „Über die Bedeutungen der Begriffe im *Menzius*"
		Kang Youwei (1858–1927)	*Datongshu*, „Buch von der Großen Gemeinschaft"
1912–1949	Republik China	Liang Shuming (1893–1988) Sun Yat-sen [Sun Yixian] (1866–1925) Mao Zedong (1893–1976)	*Dongxi wenhua ji qi zhexue*, „Östliche und westliche Kulturen und ihre Philosophien"
seit 1949	Volksrepublik China	Fung Yu-lan [Feng Youlan] (1895–1990)	*A History of Chinese Philosophy* (Übers. D. Bodde)

6.4 Philosophie in Japan

Die Übersicht ist umfangreicher als die zur Philosophie in Indien und China, bietet aber dennoch eine nur eng begrenzte Auswahl. Nichtsdestoweniger sollte sie dazu beitragen, wenigstens die gröbsten Informationsdefizite zu beseitigen, die über Geschichte und Charakter der Philosophie in Japan kursieren. Sinn und Zweck eines komparativen Ansatzes entsprechend liegt ein Akzent der Übersicht auf der jap. Rezeption ind., chin. und westlicher Philosophie. Zugleich kann sie als programmatische Skizze einer umfassenderen Darstellung jap. Philosophie verstanden werden. Ergänzende und weiterführende Informationen liefern das Literaturverzeichnis und dabei insbesondere Paul 1993 und http://www.eko-haus.de/menzius/j00.htm sowie de Bary 1958, Lu 1997 und Piovesana 1997. Zum Teil ebenfalls hilfreich: Pörtner/Heise 1995 und Hamada 1994. Bestes Nachschlagewerk zu Japan in westl. Sprachen: *Kodansha Encyclopedia of Japan*.

Zeit und Epoche	Personen und Schulen	Wichtige Texte
300 v. u. Z.–300 Yayoi-Zeit		
bis ca. 300 Jōmon-Zeit	3. Jh. Himiko Herrscherin von Yamatai. Einführung einzelner *rujia-* (jap. *jūkyō-*) Konzepte wie *zhong*, „Loyalität"	Ältester nachweisbarer Austausch diplomatischer Noten mit „China". Setzt *rujia-*Konzepte wie z. B. *zhong*, „Loyalität", ein
ca. 300–552 Kofun-Zeit	um 400: Wani-kishi. Kor. Gelehrter. 5.–6. Jh. Anfänge des Buddhismus	Soll u. a. das *Lunyu* nach Japan gebracht haben
552–710 Asuka-Zeit	Um 600. Kor. Gelehrte in Japan. (?–626) Soga no Umako. Begründer der Vormachtstellung des Soga-Klans und wie seine Nachfahren Förderer des Buddh. 574–624 Shōtoku Taishi. Regent. Förderer des Buddh. 7.–8. Jh. Buddhismus der Asuka- und Nara-Zeit. Insbesondere der „Sechs Schulen" *Kusha-, Jōjitsu-, Sanron-, Hossō-* (oder *Jōyuishiki-*), *Kegon-shū* und *Risshū.* Vertreter der (buddh.) *Sanron-shū* im 7. Jh.: Chitatsu, Chitsū, Chizō, Fukuryō. Vertreter der (buddh.) *Hossō-shū*: Dōshō, Gien.	604. *Jūshichi jō no kempō,* „Verfassung in 17 Artikeln". Mit Lehrstücken der *rujia* und des Buddh. Fortgesetzter Austausch dipl. Noten Längere Aufenthalte jap. Gelehrter in China, die zahlreiche Abschriften chin. Texte mit zurückbringen 7.–8. Jh. Einführung von Abschriften zahlreicher chin. nicht-buddh. Klassiker. Außerdem von ca. 2000 chin. Übersetzungen und Werken buddh. Lit. Darunter besonders einflussreich: Chin. Übersetzungen von *Lotos-Sūtra* (jap. *Hokke-kyō*), *Avatamsaka-sūtra* (jap. *Kegon-kyō*), *Abhidharma-kośa* (jap. *Kusha-ron*), der *Mūlamadyamakakārikā* (jap. *Chū-ron*) und des chin. *Cheng weishi lun* (jap. *Jōyuishiki-ron*)

Zeit und Epoche	Personen und Schulen	Wichtige Texte
		Zahlreiche Traktate jap. buddh. Gelehrter, darunter auch solche zur Begründungstheorie
710–794 Nara-Zeit	Wichtige Vertreter der *Hossō-shū*: Jinei, Gembō, Gyōki oder Gyōhi, Zenshu und Gomyō. Vertreter der *Sanron-shū*: Dōji, Kyōshun. Ein Vertreter der *Kegon-shū*: Rōben. 767–822 Saichō, Begründer der (jap.) *Tendai*-Schule. 774–835 Kūkai, Begründer der (jap.) *Shingon*-Schule.	Zahlreiche scholastische Sūtren-Kommentare, Traktate über die Grundlagen der einzelnen Schulen, darunter begründungstheoretische Studien
		U.a. Traktate von Relevanz für Sprachphilosophie und Ästhetik
	Lehrstücke klassischer chin. nicht-buddh. Schulen wie der *rujia* und *fajia*. Der *rujia* verpflichtete Gelehrte und Staatsmänner: Ki no Ason Kiyondo, Kibi no Makibi, Ōmi no Mifune.	U.a. Geschichtswerke wie das *Nihon-shoki*, Rechtstexte und Poetologien, die die Rezeption chin. nicht-buddh. Philosophie reflektieren
794–1192 Heian-Zeit	Epoche der „Acht (buddh.) Schulen", d.h. der Nara-Schulen und der *Tendai*- und *Shingon-shū*.	
	Vertreter der *Hossō-shū*: 789–868 Myōsen, 935?–976? Chūsan, 1104–1180 Zōshun, 1131–1212 Kakuken Vertreter der *Tendai-shū*: 792–862 Ennin, 794–868 Anne, 814–891 Enchin, 841–889 Annen, 912–985 Ryōgen, 942–1017 Genshin. Vertreter der *Sanron-shū*: ?–864 Gangyō. Vertreter der *Shingon-shū*: 894–974 Kanri, 934–1004 Shingō.	Sūtren-Kommentare. Weitere Traktate über die Grundlagen der einzelnen Schulen. Erneut auch begründungstheoretische Traktate
	Der *rujia* (jap. *jūkyō*) verpflichtete Gelehrte und Staatsmänner: 845–903 Sugawara no Michizane 847–918 Miyoshi no Kiyoyuki	Nicht-buddh. Lehrstücke u.a. in Geschichts- und Rechtstexten, Erzählungen (*monogatari*), Tagebüchern (*nikki*), Memoranden und Poetologien

Zeit und Epoche	Personen und Schulen	Wichtige Texte
1192–1333 Kamakura-Zeit	Weitere buddh. Schulen: *Jōdo-shū, Jōdo-shinshū, Nichiren-shū, Rinzai-* und *Sōtō-Zen* 1133–1212 Hōnen. Begründer der *Jōdo-shū* 1141–1215 Eisai oder Yōsai. Begründer des *Rinzai-Zen.* Etablierte die Tee-Zeremonie in Japan 1173–1262 Shinran, Begründer der *Jōdo-shinshū,* der „Wahren Schule des Reinen Landes". 1173–1232 Myōe, Vertreter der *Kegon-shū.* 1200–1253 Dōgen, Begründer des *Sōtō-Zen.* 1222–1282 Nichiren, Begründer der *Nichiren-shū.* 1240–1321 Gyōnen	Sūtren-Kommentare. Traktate zu Schulfragen und erneut zur Begründungstheorie *Tannishō* *Shōbōgenzō* *Hasshū-kōyō* (1268). Instruktive Einführung in die „Acht Schulen" der Heian-Zeit sowie *Zen* und *Jōdo*-Buddh.
1138–1573 Muromachi-Zeit	1414–1499 Rennyo, Vertreter der *Jōdo-shinshū*	Seit Ende des 16. Jhs. scharfe Kritik an der Irrationalität des Christentums durch jap. Gelehrte der *jūkyō* und des Buddhismus
1573–1600 Azuchi-Momoyama-Zeit	1561–1619 Fujiwara Seika, Wegbereiter der Edo-zeitlichen *rujia-* (jap. *jūkyō-*) Rezeption in Japan	
1600–1868 Edo- oder Tokugawa-Zeit	Verschiedene Richtungen der *jūkyō,* u. a.: *Shushigaku,* Schule Zhu Xis, mit Hayashi Razan (1583–1657) *Yōmeigaku,* Schule Wang Yangmings, mit Kumazawa Banzan (1619–1691) *Kogaku-ha,* Schule des klassischen *rujia* von *Lunyu, Menzius* und *Xunzi,*	

Zeit und Epoche	Personen und Schulen	Wichtige Texte
	mit Itō Jinsai (1627–1705) und Ogyū Sorai (1666–1628)	*Gomōjigi, Lunyu-* und *Menzius*-Rekonstruktionen als universale Ethik *Bendō* und *Bemmei. Shujing, Chunqiu, Zuozhuan* und *Xunzi* verpflichtete Ethik, Staats- und Gesellschaftstheorien
	Kokugaku, „Schule des (Heimat)landes". Wichtigste Vertreter: 1640–1701 Keichū 1697–1769 Kamo no Mabuchi 1730–1801 Motoori Norinaga 1734–1809 Ueda Akinari 1776–1843 Hirata Atsutane	Schriften gegen Rationalität und kritischen Geist chin. Kultur Auseinandersetzung Norinagas und Akinaris über Fragen und Methoden des Verstehens und Bewertens eigener und fremder Kulturen Seit Ende des 17. Jhs. kunsttheoretische Texte von zahlreichen Künstlern und Gelehrten wie z. B. Chikamatsu (1653–1725) und Norinaga
1868–1912 Meiji-Zeit	Vertreter der Bewegung *bummei kaika,* „Zivilisation und Aufklärung", und Beiträger zur Zeitschrift *Meiroku-zasshi,* „Journal des 6. Jahres Meiji": 1828–1902 Nishimura Shigeki 1829–1897 Nishi Amane 1829–1903 Tsuda Mamichi 1835–1901 Fukuzawa Yukichi 1836–1916 Katō Hiroyuki	Übersetzungen westlicher philosophische Klassiker. Studien zur Philosophie der Menschenrechte und zu Staats- und Gesellschaftsphilosophie. Dabei auch Berücksichtigung von Lehrstücken der klass. *rujia.*
1912–1926 Taishō-Zeit 1926–1989 Shōwa-Zeit	1847–1901 Nakae Chōmin, krit. Sozialphilosoph 1855–1944 Inoue Tetsujirō, Historiker der *jūkyō,* nationalistischer Staats- und Gesellschaftsphilosoph 1861–1930 Uchimura Kanzō, Christ 1870–1944 Nishida Kitarō, Metaphysiker, Kultur- und Religionsphilosoph, „Begründer" der Kyōto-Schule 1871–1911 Kōtoku Shūsui, Marxist und Anarchist	Einführung westlicher Kategorisierungen phil. Disziplinen und entsprechende Studien wie z. B. Beiträge zur Ästhetik. Wörterbücher der Philosophie.

Zeit und Epoche	Personen und Schulen	Wichtige Texte
	1879–1946 Kawakami Hajime, Marxist 1885–1962 Tanabe Hajime, Vertreter der Kyōto-Schule 1889–1960 Watsuji Tetsurō, Vertreter der Kyōto-Schule 1897–1945 Miki Kiyoshi, Sozialphilosoph 1900–1990 Nishitani Keiji, Kyōtoer Religionsphilosoph	
	1914–1996 Maruyama Masao, Soziologe, Politologe, Analytiker jap. Ideengeschichte 1914– Takemura Shōhō, Buddhologe. Begründungstheoretiker 1919– Katō Shūichi, Kultur- und Sozialkritiker 1921–1999 Nakamura Hajime, Indologe, Buddhologe, Komparatist.	
seit 1989 Heisei-Zeit		

6.5 Herausragende Philosophen der islamischen Welt

Die Tabelle listet insbesondere die islamischen Philosophen auf, die den größten Einfluss auf die Geschichte der Philosophie in Europa ausgeübt haben dürften. Gesamtdarstellungen islamischer Philosophie bieten u. a.: Corbin 1989 (der auch die islamische Philosophie nach dem 13. Jh. ausführlich erörtert), Daiber 1999 (Bibliographie), Fakhry 1983, Nasr/Leaman 1996, Sharif 1966, Adamson/Taylor 2004 und Rudolph 2004 (der in ungemein klarer und dabei knapper Form in islamische Philosophie einführt). Zur Logik: Gabbay/Woods 2004. Eine ausgezeichnete Darstellung islamischer Geschichte und Kultur bietet Hourani 2000. Instruktiv auch: Küng 2006.

Zeit	Philosophen und philosophische Schulen	Biographische und soziopolitische Daten	Philosophische Ansätze und wichtige Texte
800?– 873?	Alkindus bzw. al-Kindi bzw. Ya'qūb ibn Isḥāq al-Kindī	Geb. in Kufa, gest. in Bagdad. Auch Mathematiker, Arzt und Musiker. U. a. von Aristoteles beeinflusst.	Ließ philosophische Schriften von Aristoteles, Platon, Alexander von Aphrosias und Johannes Philoponos

Zeit	Philosophen und philosophische Schulen	Biographische und soziopolitische Daten	Philosophische Ansätze und wichtige Texte
		Bagdad war seinerzeit eines der Zentren islamischer Politik und Kultur.	aus dem Griechischen ins Arabische übersetzen. Verfasste u. a.: *Fī Hudūd al-ashyā' wa-rusūmihā*, „Über die Definitionen und die Beschreibungen der Dinge"; *Fī l-Falsafa al-ūlā*, „Über die Erste Philosophie", und *Fī l-'Aql*, „Über den Intellekt". Plädierte für eine Art Nebeneinander von Offenbarung und Philosophie. Entwickelte eine philosophische Theologie.
865–ca. 930	Abū Bakr ar-Rāzī bzw. Muhammad ibn Zakariyā' ar-Rāzī	Geb. und gest. in Ray in der Nähe des heutigen Teheran. Auch Arzt. In seiner Ontologie und Ethik durch Platonismus und womöglich auch durch indische Heilslehren beeinflusst.	Plädierte für die Autonomie der Philosophie und ihre Überlegenheit gegenüber jeder Offenbarung. Philosophische Theologie.
um 870–950	Alpharabius bzw. al-Farabi bzw. Abū Naṣr Muḥammad al-Fārābī	Gest. in Damaskus, einem der Zentren islamischer Kultur. Auch Mathematiker, Arzt und Musiker. Als „Zweiter Lehrer nach Aristoteles" bezeichnet. Großer Einfluss auf die europäische Scholastik.	Behauptete die Universalität der auf Logizität gegründeten Philosophie. Behauptete, dass Philosophie und Offenbarung verschiedene Erkenntnis- bzw. Vermittlungsformen derselben Wahrheit seien. Entwickelte eine philosophische Theologie.

Zeit	Philosophen und philosophische Schulen	Biographische und soziopolitische Daten	Philosophische Ansätze und wichtige Texte
980–1037	Avicenna oder ibn Sina bzw. Abū 'Alī al-Husayn ibn 'Abd Allāh ibn Sīnā al-Balkhī	Perser. Geb. in Afshana nahe Bukhara (im damaligen Persien und heutigen Uzbekistan), gest. in Hamadan in Persien. Auch Arzt. Von Aristoteles und al-Fārābī beeinflusst. Mit großer Wirkung auf die europäische Scholastik. Führte ein unstetes Wanderleben.	U. a. Studien über Logik und Metaphysik. Vereinbarkeit von Philosophie und Offenbarung bzw. religiöser Theologie. Entwickelte eine philosophische Theologie. Verfasste u. a.: *aš-šifā'*, „Die Heilung" (der Seele vom Irrtum); *al-Ischārāt wa-t-tanbīhāt*, „Die Hinweise und Mahnungen".
1058?–1111	Algazel bzw. al-Ghazali bzw. Abū Hamid Muhammad ibn Muhammad al-Ghazālī	Perser. Geb. in Tus in der Nähe des heutigen Maschhad. Ebenfalls u. a. von Aristoteles beeinflusst.	*al-Munqidh min ad-dalāl*, „Der Erretter aus dem Irrtum", eine Autobiographie; *Mi'yār al-'ilm*, „Die Richtschnur der Erkenntnis"; *Mihakk an-nazar*, „Der Prüfstein des Denkens", zwei Texte zur Befürwortung der Logik; *Tahāfut al-falāsifa*, „Die Inkohärenz der Philosophen", vor allem eine Kritik der metaphysischen Theologie muslimischer Philosophen.
ca. 1105–1185	Abubacer bzw. ibn Tufail bzw. ibn Tufail Abu Bakr Muhammad ibn Abd al-Malik ibn Muhammad ibn Tufail al-Qaisi al-Andalusi	Geb. in Wadi-Asch bei Granada, gest. in Marrakesch. Arabisch-andalusischer Philosoph. Auch Arzt und Mathematiker. U. a. vom Neuplatonismus beeinflusst.	*Hayy ibn Yaqzān*, u. a. übers. als „Der Philosoph als Autodidakt", Roman über einen einsamen Inselbewohner namens Hayy ibn Yaqzān.

Zeit	Philosophen und philosophische Schulen	Biographische und soziopolitische Daten	Philosophische Ansätze und wichtige Texte
1126?– 1198	Averroës bzw. ibn Ruschd oder Abū l-Walīd Muhammad ibn Ahmad ibn Muhammad ibn Rušd	Geb. in Córdoba, gest. in Marrakesch. Auch Arzt. Von Aristoteles, al-Fārābī und ibn Sīnā beeinflusst. Übte große Wirkung auf die europäische Scholastik aus. Es bildete sich der Averroismus, eine Richtung, die sich den Aristoteles-Interpretationen von ibn Rušd anschloss. Wichtige Vertreter waren Siger von Brabant (1235/ 1240–ca. 1282) und Boetius von Dazien (13. Jh.).	Zahlreiche Aristoteles-Kommentare. Werke zur Logik und zur philosophischen Theologie. Zwei Titel: *Tahāfut at-tahāfut*, „Die Inkohärenz der Inkohärenz", Kritik an al-Ghazalis islamischer Theologie; *Fasl al-maqāl*, „Die entscheidende Abhandlung" [über die Frage, ob man aus religiöser Sicht philosophieren dürfe].

7 Register mit Namen- und Begriffserklärungen und mit chinesischen und japanischen Zeichen

Abhidharmakośa. Einflussreiches Kompendium buddh. Scholastik aus dem 5. Jh. 63, 84, 127, 130, 132

Abhinavagupta (ca. 975–1025). Ind. Philosoph, Poetologe und Ästhetiker 84

Ackermann, Wilhelm (1896–1962). Mathematiker und Logiker 53, 69

Adorno, Th. W. (1903–1969). Philosoph 81, 83, 84, 86, 94, 95, 96

Afrikanische Philosophie 44 f., 123 f.

Agnostizismus. Insbes. die erkenntnistheoretische Position, dass man nicht erkennen könne, ob es einen Gott gebe oder nicht 48, 120

Ägypten und Altägyptisches 42, 43 f., 88 ff., 121, 122, 125

al-Fārābī [um 870–950]. Islamischer Philosoph und Logiker 46, 67, 70 ff., 137, 139

al-Ghazālī (1058?–1111). Islamischer Philosoph und Theologe 138, 139

al-Kindī (800?–873?). Islamischer Philosoph 136

Allah bzw. Allāh. „[der einzige] Gott". Name des Gottes der Muslims 20, 48, 105

Allgemeine Erklärung der Menschenrechte (der Generalversammlung der Vereinten Nationen vom 10. Dezember 1948) 25, 74, 77 f., 108, 112

Ānandavardhana (9. Jh.). Indischer Poetologe und Ästhetiker 84 f.

ar-Rāzī (865–ca. 930). Islamischer Philosoph 137

Aristoteles (384–322). Philosoph 22 f., 44, 46, 47, 50, 54, 65, 67, 71 ff., 81, 84, 85, 87, 94, 101, 109, 136 ff.

Āryadeva (3. Jh.). Vertreter des ↗ Madhyamaka 63, 127

asiatische Werte. Angeblich spezifisch asiatische Tugenden und Normen wie z. B. Gemeinsinn, Gruppenorientierung, Familiensinn, Harmonie, Spiritualität, Naturverbundenheit, aber auch Gehorsam, Fleiß und Sparsamkeit 49, 103

Ästhetik 80–102, 123, 134 f.
  ästhetische Erziehung 82, 117, 120
  ästhetisches Urteil 81, 82
  Begriffsbestimmung 83, 94
  bei Aristoteles 81, 85, 94, 101
  bei Baumgarten 83 f.
  bei Burke 84, 94 f.
  bei Kant 81, 84, 94 f., 97, 101

bei Plato 83, 84, 94
  indische Ä. 81 f., 84 f., 99, 100, 101, 125
  Wahrheitsästhetik 83

Atheismus. Auffassung, dass es keine Götter gebe 38, 47, 48, 119, 120

ātman, skt. Chin. *wo*, jap. *ga* 我. Ich, Selbst 118

Augustinus (354–430). Kirchenlehrer, Bischof und Philosoph 86

Avataṃsakasūtra, skt., chin. *Huayan jing*, jap. *Kegonkyō* 華嚴經. Sūtra, das in verschiedenen chin. Versionen zwischen 4. und 8. Jh. einflussreich wurde 130, 132

Averroës ↗ Ibn Rušd

Avicenna ↗ Ibn Sīnā

Baumgarten, Alexander Gottlieb (1714–1762). Philosoph, Ästhetiker 83 f.

Beethoven, Ludwig van (1770–1827) 88

Begründungstheorie ↗ *hetuvidyā*

Bernstein, Leonhard (1918–1990). Komponist und Dirigent 100

Beschneidung 106 f., 115

Bharata Muni (zwischen 5. Jh. v. u. Z.? und 2. Jh.?). Autor des *Nāṭyaśāstra*, eines Traktats über das (indische) (Tanz-und-Musik-)Drama 84 f.

bingjia 兵家. Bis ins 5. Jh. v. u. Z. zurückgehende chin. Schule der Kriegskunst 118, 129

Brahmā. Gott des ↗ Brahmanismus und ↗ Hinduismus

Brahmanismus. Sammelname für Lehren, Systeme und Praktiken, die sich vor allem den ↗ Veden verpflichtet sehen. I. E. ↗ Vedānta, ↗ Mīmāṃsā, ↗ Sāṃkhya, ↗ Yoga, ↗ Nyāya und ↗ Vaiśeṣika 46, 118, 119

Brancusi (Brâncuşi), Konstantin (1876–1957). Bildhauer 90

Brecht, Bertolt (1898–1956). Dramatiker, Lyriker, Prosaist und Dramentheoretiker 86

Bronze-Inschriften der Zhou. Inschriften auf großen Bronzegefäßen von mitunter auch philosophischer Relevanz 128

Buddhaghosa (um 400). Buddh. Scholastiker. Verfasser des *Vissudhimagga* 63, 127

Buddhismus 32, 38, 44, 46, 47, 48, 66, 84, 103, 105, 110, 111, 116, 118, 119, 120, 125, 126

Yu 禹. Legendärer (?) Begründer der ↗ Xia-Dynastie 80

Yueji 樂記, „Aufzeichnungen über die Musik". Teil des ↗ *Liji* 85

Zeami Motokiyo 世阿弥元清 (1363–1443). Verfasser von Puppenspielen. Theatertheoretiker 85, 95

Zeit der Streitenden Reiche (475–221). Chin. *zhanguo* 戰國. Epoche der chin. Geschichte 64 ff.

Zen 禅, jap. Ind. *dhyāna*. Chin. *chan*. Sammelname für verschiedene Richtung des Meditationsbuddhismus 31, 35 f., 50, 82, 134

Zhanguo ce 戰國策, „Anekdoten der Streitenden Reiche". Chin. Klassiker aus dem 2. (?) Jh. v. u. Z., der die Auseinandersetzungen in der ↗ Zeit der Streitenden Reiche darstellt 64 f., 66

Zhonglun 中論, chin. ↗ *Mūlamadhyamakakārikā*

Zhou 紂. Letzter Herrscher der ↗ Shang. Gilt in der trad. chin. Geschichtsschreibung i. A. als besonders grausamer Tyrann, dessen Macht mit Recht gewaltsam beendet wurde 79 f.

Zhu Xi 朱熹 (1130–1200). Chin. Philosoph. Einflussreichster Vertreter der neueren ↗ *rujia*, des so genannten Neo-Konfuzianismus 23, 34, 131, 134

Zhuangzi 莊子 (4. Jh. v. u. Z.). Dem daoistischen Philosophen Zhuangzi zugeschriebener Klassiker 47, 79, 95, 129

8 Literatur

Abhidharmakośa ↗ Pruden.

Adamson, Peter, und Richard C. Taylor (Hg.)
2004 *The Cambridge Companion to Arabic Philosophy*, Cambridge 2004.

Adorno, Th. W.
1974 *Ästhetische Theorie.* Frankfurt a. M. ²1974.
1981 *Noten zur Literatur*, Frankfurt: Suhrkamp 1981.

Ägyptische und moderne Kunst: Skulptur. Aufbruch und Dauer. Katalog der Ausstellungen in Morbroich und München 1986, München 1986.

al-Fārābī
↗ Zimmermann 1981.
2006 *Über die Wissenschaften. De scientiis* Lateinisch-Deutsch. Übers. und eingeleit. von Jakob Hans Josef Schneider, Freiburg 2006.

al-Ghazālī
1987 *Die Nische der Lichter. Miskat al-anwar.* Aus dem Arabischen übers. und hg. von Abd-Elsamad Abd-Elhamid Elschazli, Hamburg 1987.
1994 *Der Erretter aus dem Irrtum. al-Munqid min ad al-dalal.* Aus dem Arabischen übers. und hg. von Abd-Elsamad Abd-Elhamid Elschazli, Hamburg 1994.
1997 *Tahāfut al-falāsifa. The incoherence of the philosophers.* Arabisch und Englisch. Übers., eingef. und komm. von Michael E. Marmura, Provo. Utah 1997.
2004 *Das Elixier der Glückseligkeit*, Braunschweig (Neuveröffentlichung) 2004.

Améry, Jean
2004 *Hand an sich legen: Diskurs über den Freitod*, Stuttgart ¹²2004.

Anand, Mulk Raj, und Nehru-Hutheesing
1981 *The Book of Indian Beauty*, Tokyo ²1981.

Aoyama Takao; Paul, Gregor u. a. (Hg.)
2004 *Hōrin* 11, München 2004. Mit Beiträgen zur Begründungstheorie.

Aristoteles
1950 *Poetik. Von der Dichtkunst.* In: Ders.: *Vom Himmel. Von der Seele. Von der Dichtkunst.* Hg. und übertr. von O. Gigon, Zürich 1950.
1958 *Peri hermeneias.* In: *Kategorien, Lehre vom Satz (Organon I/II).* Übers. von Eugen Rolfs. Hamburg 1958.
1966 *Metaphysik*, übers. von Hermann Bonitz, Reinbek 1966.

Āryadeva
1929 Tucci, Giuseppe (Übers.): *Pre Dignāga Texts on Buddhist Logic from Chinese Sources*, Baroda 1929. Mit einer Übersetzung des *Śataśāstra*.

Assmann, Jan (Hg. und Übers.)
1975 *Ägyptische Hymnen und Gebete*, Zürich 1975.

Battacharya, Kamaleswar; Johnston, E. H.; Kunst, Arnold (Hg. und Übers.)
1990 *The Dialectical Method of Nāgārjuna: Vigrahavyāvartanī.* Ed., trans., and commentary. 3rd revised and enlarged ed., Delhi 1990.

Becker, Carl B.
1991 Language and Logic in Modern Japan. In: Fendos, Paul George Jr. (Hg.): *Cross-Cultural Communication: East and West*, Vol. 3, Tainan, Taiwan 1991: 203–234.
1993 *Breaking the Circle: Death and the Afterlife in Buddhism*, Carbondale and Edwardsville 1993.

Bernstein, Leonhard
1981 *Musik – die offene Frage: Vorlesungen an der Harvard-Universität*, Wien u. a. 1981.

Bhagavadgītā
1974 Übers. von Robert Boxberger, hg. von Helmuth von Glasenapp, Stuttgart 1974.

Bissing, Fr. W. von (Hg. und Übers.)
1955 *Altägyptische Lebensweisheit*, Zürich 1955.

Bocking, Brian (Übers.)
1995 *Nāgārjuna in China: A Translation of the Middle Treatise [Zhonglun]*, Lewiston (USA) 1995.

Bokenkamp, S. R.
1997 *Early Daoist Scriptures*, Berkeley 1997.

Braisted, William Reynolds (Hg. und Übers.)
1976 *Meiroku zasshi*, Tōkyō 1976.

Brooks, E. Bruce, und A. Takeo Brooks
1998 *The Original Analects. Sayings of Confucius and his Successors.* New York 1998.

Brüll, Lydia
1989 *Die japanische Philosophie*, Darmstadt 1989.

Brunner, Hellmut
1986 *Grundzüge einer Geschichte der altägyptischen Literatur*, Darmstadt ⁴1986.

Buddhaghosa
1993 *Visuddhi-Magga oder Der Weg zur Reinheit*, aus dem Pali übers. von Nyanatiloka, Konstanz ⁶1993.

Burke, Edmund
  1968 *A philosophical enquiry into the origin of our ideas of the sublime and the beautiful*, London 1968.
Butterworth, Charles E., und Blake A. Kessel (Hg.)
  1994 *The Introduction of Arabic Philosophy into Europe*, Leiden 1994.
Chaitanya, Krishna
  1965 *Sanskrit Poetics: A Critical and Comparative Study*, Bombay u. a. 1965.
Chan, Wing-tsit (Übers.)
  1963 *Instructions for Practical Living and Other Neo-Confucian Writings by Wang Yang-Ming*, New York 1963.
  1967 *Reflection on Things at Hand: The Neo-Confucian Anthology Compiled by Chu Hsi [Zhu Xi] and Lü Tsu-Ch'ien [Lü Zuqian]*, New York 1967.
  1969 *A Source Book in Chinese Philosophy*, Princeton 1969.
Chattopadhyaya, Debiprasad (Hg.)
  1995 ff. *History of Science, Philosophy and Culture in Indian Civilization*, 47 Bde., New Delhi 1995–2006.
Chattopadhyaya, Debiprasad, und Hans Lenk (Hg.)
  2006 *Ethics Facing Globalization*, Berlin 2006.
Cheng Hsueh-li (Übers.)
  1982 *Nāgārjuna's ‚Twelve Gate Treatise'*, Dortrecht 1982.
Cheng weishi lun ↗ Wei Tat 1973, ↗ Cook 1999.
Chikamatsu Monzaemon ↗ Hozumi Ikan: Chikamatsu on the Art of the Puppet Stage (trans. Donald Keene), In: *Anthology of Japanese Literature from the Earliest Era to the Mid-nineteenth Century*, ed. Donald Keene, New York 1955: 386–390.
Chin, Ann-ping, und M. Freeman (Übers.)
  1990 *Tai Chen [Dai Zhen] on Mencius. Explorations in Words and Meaning. A Translation of the Meng-tzu-i shu-cheng [Menzi ziyi shuzheng]* with Critical Introduction, New Haven, London 1990.
Choi, Min-hong
  1978 *A Modern History of Korean Philosophy*, Seoul 1978.
Chomsky, Noam
  1965 *Knowledge of language: Its nature, origin and use*, New York 1965.
  1971 *Cartesianische Linguistik*, Tübingen 1971.
  1973 *Sprache und Geist*, Frankfurt a. M. 1973.
  1977 *Reflexionen über Sprache*, Frankfurt a. M. 1977.
Coetzee, P. H., und A. P. J. Roux (Hg.)
  1998 *The African Philosophy Reader*, London 1998.
Confucius Sinarum Philosophus, hg. von Philippo Couplet u. a., Paris 1687. Schließt lateinische Übersetzungen von *Lunyu*, *Zhongyong* und *Daxue* ein.

Cook, Francis H. (Übers.)
  1999 *Three Texts in Consciousness Only [eingeschlossen das* Cheng weishi lun*]*, Berkeley 1999.
Corbin, Henry
  1989 *Histoire de la philosophie islamique*, Paris 1989.
Crump. J. I. (Übers.)
  1996 *Chan-kuo Ts'e [Zhanguo ce]*. Translated and Annotated and with an Introduction by J. I. Crump. Revised Edition, Ann Arbor 1996.
Dai Zhen ↗ Chin/Freeman 1990.
Daiber, Hans
  1999 *Bibliography of Islamic Philosophy*, 2 Bde., Leiden 1999.
Dale, Peter
  1986 *The Myth of Japanese Uniqueness*, London & Sidney 1986.
Daniel, N.
  1997 *Islam and the West: the Making of an Image*, Edinburgh 1960, Neudruck Oxford 1997.
Daode jing ↗ Debon 1979.
de Bary, Wm. Th. (Hg.)
  1958 *Sources of Japanese Tradition*, New York 1958.
  1960 *Sources of Chinese Tradition*, 2 Bde., New York 1960.
de Bary, Wm. Th. (Übers. und Einl.)
  1993 *Waiting for the Dawn: A Plan for the Prince. Huang Tsung-hsi's [Huang Zongxi's] Ming-i-tai-fang lu [Mingyi daifang lu]*. New York 1993.
de Bary, Wm. Th., und Tu Weiming (Hg.)
  1998 *Confucianism and Human Rights*, New York 1998.
De, S. K.
  1963 *Sanskrit Poetics as a Study of Aesthetics*, University of California Press 1963.
Debon, Günther (Übers.)
  1979 *Tao-Tê-King [Daode jing]*, Stuttgart 1979.
Deeg, Max
  2005 *Das Gaoseng-Faxian-Zhuan als religionsgeschichtliche Quelle: Der älteste Bericht eines chinesischen buddhistischen Pilgermönchs über seine Reise nach Indien mit Übersetzung des Textes*, Wiesbaden 2005.
Deussen, Paul
  1905 *Sechzig Upanishads des Veda*, Leipzig ²1905. Nachdruck: Bielefeld 1980.
  1906 a *Allgemeine Geschichte der Philosophie mit besonderer Berücksichtigung der Religionen*, Leipzig 1906 ff.
  1906 b *Das System des Vedānta nach den Brahma-Sūtras des Bādarāyaṇa und dem Kommentare des Çañkara [Śaṃkara] über dieselben als ein Kompendium der Dogmatik des Brahmanismus vom Standpunkte des Çañkara aus*, Leipzig ²1906.

Dihle, Albrecht
1962 *Die Goldene Regel,* Göttingen 1962.
Dōgen
1994 *Master Dogen's Shobogenzo.* 4 Bde. Übers. von Gudo Nishijima & Chodo Cross, London 1994.
Dong Zhongshu ↗ Gassmann, Robert H.: *Tung Chung-shu [Dong Zhongshu]: Üppiger Tau des Frühling-und-Herbst-Klassikers. Übersetzung und Annotation der Kapitel eins bis sechs,* Bern u. a. 1988.
Elberfeld, Rolf, und Wohlfart, Günter (Hg.)
2000 Komparative Ästhetik. Künste und ästhetische Erfahrungen in Asien und Europa, Köln 2000.
Elison, George
1988 *Deus Destroyed: The Image of Christianity in Early Modern Japan,* Harvard University Press 1988.
Embree, Ainslie, T. (Hg.)
1988 *Sources of Indian Tradition,* 2 Bde., New York [2]1988.
Etzioni, Amitai
1997 *The New Golden Rule,* New York 1997.
Fahr-Becker, Gabriele (Hg.)
1998 *Ostasiatische Kunst,* Köln 1998.
Fakhry, Majid
1983 *A history of Islamic philosophy,* New York 1983.
Findeis, Annakutty V. K.
2000 *Indische Ästhetik im interkulturellen Kontext.* In: Elberfeld/Wohlfart 2000: 77–107.
Flaßpöhler, Svenja
2007 *Mein Wille geschehe: Sterben in Zeiten der Sterbehilfe,* Berlin 2007.
Forke, Alfred
1907 (Übers.)*Lun-Heng [Lunheng]. Part I. Philosophical Essays of Wang Ch'ung [Wang Chong].* New York 1962. Nachdruck der Ausgabe 1907.
1962 (Übers.) *Lun-Heng [Lunheng]. Part II. Miscellaneous Essays of Wang Ch'ung [Wang Chong].* New York 1962. Nachdruck der Ausgabe 1911.
1964a *Geschichte der alten chinesischen Philosophie,* Hamburg [2]1964.
1964b *Geschichte der mittelalterlichen chinesischen Philosophie,* Hamburg [2]1964.
1964c *Geschichte der neueren chinesischen Philosophie,* Hamburg 1964.
Fornet-Betancourt, Raúl
1997 *Lateinamerikanische Philosophie zwischen Intkulturation und Interkulturalität,* 1. Bd. der von Fornet-Betancourt hg. Reihe *Studien zur Befreiung und Interkulturalität,* Frankfurt/M. 1997.
Franke, Otto
2001 *Geschichte des chinesischen Reiches.* 5 Bde. Neuausgabe der 2. Aufl. Berlin, New York 2001.
Frankenhauser, Uwe
1996 *Die Einführung der buddhistischen Logik in China,* Wiesbaden 1996.
Frauwallner, Erich
1953 *Geschichte der indischen Philosophie,* 2 Bde., Salzburg 1953–56.
1956 *Die Philosophie des Buddhismus,* Berlin (DDR) 1956.
Freytag-Löringhoff, Bruno Baron von
1972 *Logik I,* Stuttgart, Berlin u. a. [5]1972.
1985 *Neues System der Logik,* Hamburg 1985.
Fujiwara Seika
↗ Boot, Willem Jan: *The Adoption and Adaption of Neo-Konfuzianism in Japan: the role of Fujiwara Seika and Hayashi Razan,* Leiden 1982.
Fukuzawa Yukichi
1969 *An Encouragement of Learning (Gakumon no susume).* Übers. von David A. Dilworth und Umeyo Hirano, Tōkyō 1969.
1973 *An Outline of a Theory of Civilisation (Bummeiron no gairyaku).* Übers. von David A. Dilworth und Cameron Hurst, Tōkyō 1973.
Fung Yu-lan
1973 *A History of Chinese Philosophy,* 2 Bde, Princeton 1973.
Gabbay, Dov, und John Woods (Hg.)
2004 *The Handbook of the History and Philosophy of Logic,* Amsterdam 2004.
Garfield, Jay L., and Graham Priest
2003 Nāgārjuna and the Limits of Thought. *Philosophy East and West,* Vol. 53, No. 1, 2003: 1–21.
Geiger, Heinrich
2005 *Die große Geradheit gleicht der Krümmung: Chinesische Ästhetik auf ihrem Weg in die Moderne,* Freiburg 2005.
Geldsetzer, Lutz, und Hong Han-ding
1998 *Grundlagen der chinesischen Philosophie,* Stuttgart 1998.
Giles, H. A.
1905 *An Introduction to the History of Chinese Pictorial Art,* Shanghai, Leiden 1905.
Glasenapp, Helmuth von
1956 (Hg. und Übers.) *Der Pfad der Erleuchtung: Buddhistische Texte,* Düsseldorf, Köln 1956.
1960 *Das Indienbild deutscher Denker,* Stuttgart 1960.
1974 *Die Philosophie der Inder,* Stuttgart [3]1974.
1986 (Hg.) *Indische Geisteswelt,* 2 Bde., Hanau [2]1986.
Goldschneider, Ludwig
1934 *Zeitlose Kunst,* Wien 1934.
Gombrich, Ernst H.
1978 *Kunst und Illusion,* Stuttgart 1978.

Gosh, Manomohan (Übers.)
1950 *The Natyasastra, A treatise on Hindu Dramaturgy and Historics*, Calcutta 1950.
Graham, A. C.
1978 (Hg. und Übers.) *Later Mohist Logic, Ethics and Science*. Chin. und Englisch, Hong Kong 1978.
1981 (Übers.) *Chuang Tzu [Zhuangzi]: The Inner Chapters*. London 1981.
1986 The Nung-chia [Nongjia] „School of the tillers" and the origins of peasant utopism in China. In: Ders.: *Studies in Chinese Philosophy & Philosophical Literature*. National University of Singapore 1986: 67–110.
1989 *Disputers of the Dao: Philosophical Argument in Ancient China*, La Salle 1989.
Gupta, Shyamala
1979 *The Beautiful in Indian Arts*, New Delhi 1979.
Gyönen
1994 *[Hasshū-kōyō] The Essentials of the Eight Traditions*, übers. von Leo M. Pruden, Berkeley 1994.
Halbfass, Wilhelm
1981 *Indien und Europa. Perspektiven ihrer geistigen Begegnung*, Basel/Stuttgart 1981.
Hall, David, und Roger Ames
1987 *Thinking Through Confucius*, Albany 1987.
Hamada, Junko
1994 *Japanische Philosophie nach 1868*, Leiden 1994.
Han Feizi ↗ Mögling 1994.
Harbsmeier, Christoph
1998 *Logic and Language [in China]*. In: Needham, Joseph (Hg.): *Science and Civilisation in China*, Volume 7, Part I, Cambridge 1998.
Hartmann, Nicolai
1966 *Ästhetik*, Berlin [2]1966.
Hayashi Razan
↗ Boot, Willem Jan: *The Adoption and Adaption of Neo-Konfuzianism in Japan: the role of Fujiwara Seika and Hayashi Razan*, Leiden 1982.
↗ Kracht, Klaus: *Studien zur Geschichte des Denkens im Japan des 17. bis 19. Jahrhunderts. Chu-Hsi[Zhuxi]-konfuzianische Geist-Diskurse*. Wiesbaden 1986.
Hegel, G. W. F.
1970 *Vorlesungen über die Ästhetik*. In: *Werke in zwanzig Bänden*, Bd. I–III, hg. von Eva Moldenhauer und Karl Markus Michel, Frankfurt a.M. 1970.
Heidegger, Martin
1970 *Der Ursprung des Kunstwerks*, Stuttgart 1970.
Heisig, James W., und John C. Maraldo (Hg.)
1994 *Rude Awakenings: Zen, the Kyoto School, and the Question of Nationalism*, Honolulu 1994.

Herder, J. G.
1967 *Kalligone*. In: Suphan, B. (Hg.): *Herder: Sämtliche Werke*, Bd. XXII, Hildesheim 1967.
Hilbert, D., und W. Ackermann
1972 *Grundzüge der theoretischen Logik*, Berlin [6]1972.
Hirakawa Akira
1990 *A History of Indian Buddhism. From Śākyamuni to Early Mahāyāna*, Honolulu 1990.
Hirano Umeyo (Übers.)
1963 *The Tsutsumi Chūnagon Monogatari: A Collection of 11th-Century Short Stories of Japan*, Tokyo 1963.
Holenstein, Elmar
1998 *Kulturphilosophische Perspektiven*, Frankfurt a. M.: Suhrkamp 1998.
2004 *Philosophie-Atlas*, Zürich 2004.
Holz, Harald, und Konrad Wegmann (Hg.)
2005 *Rechtsdenken: Schnittpunkte West und Ost*, Münster 2005.
Hornung, Erik (Hg. u. Übers.)
1979 *Meisterwerke altägyptischer Dichtung*, Zürich [2]1979.
1993 *Der Eine und die Vielen: Ägyptische Gottesvorstellungen*, Darmstadt [5]1993.
Hountondji, Paulin J.
1983 *African Philosophy: Myth and Reality*, London 1983.
Hourani, Albert
2000 *Die Geschichte der arabischen Völker*, Frankfurt a. M. 2000.
Hsia, Adrian (Hg.)
1985 *Deutsche Denker über China*, Frankfurt a. M. 1985.
Huang Chun-chieh
1998 Die Besonderheiten chinesischer Hermeneutik – verdeutlicht am Beispiel der Geschichte der Menzius-Exegese. In: Moritz, Ralf, und Lee Ming-huei (Hg.), *Der Konfuzianismus*, Leipzig 1998: 64–75.
2001 *Mencian Hermeneutics: A History of Interpretations in China*, New Brunswick, London 2001.
Hubbard, Jamie, und Paul L. Swanson
1997 *Pruning the Bodhi Tree*, Honolulu 1997.
Huntington, Samuel P.
1996 *Kampf der Kulturen*, München, Wien 1996.
Hurvitz, Leon (Übers.)
1976 *Scripture of the Lotos Blossom of the Fine Dharma*, translated from the Chinese of Kumārajīva, New York 1976.
Ibn Rušd (Averroës)
1913 *Die Widerlegung der Widerlegung [Tahāfut al-tahāfut]*, übers. v. M. Horten, Bonn 1913.
1954 *Tahafut al Tahafut. The incoherence of the*

incoherence. Übers. und eingeleit. von Simon van den Bergh, Oxford 1954.
1961 Hourani, G. F. (Übers.): *Averroes on the Harmony of Religion and Philosophy [Fasl al-maqal]*, London 1961.
1999 *Die Hauptlehren des Averroes nach seiner Schrift: Die Widerlegung des Ghazali*, Frankfurt a. M. 1999.
Ibn Ṭufail, Abū Bakr (in Übers.)
2004 *Der Philosoph als Autodidakt. Ḥayy ibn Yaqẓān*, Hamburg 2004.
Itō Jinsai
1998 Tucker, John Allen (Übers.): *Ito Jinsai's „Gomo Jigi" and the Philosophical Definition of Early Modern Japan*, Leiden 1998.
↗ Paul, Gregor: http://www.eko-haus.de/menzius/j08.htm.
Jacobi, Hermann
1969 *Schriften zur indischen Poetik und Ästhetik*, Darmstadt 1969.
Jhā Gaṅgānātha (Übers.)
1983 *The Nyāyasūtras of Gautama. With Vātsyāyana's Bhāṣya and Uddyotakaras's Vārttika*, 4 Bde., Kyoto (Nachdruck der Ausgabe von 1915) 1983.
Kaltenmark, M.
1979 The Ideology of the T'ai-p'ing ching. In: Welch, Holmes, und Anna Seidel (Hg.): *Facets of Taoism: Essays in Chinese Religion*, New Haven 1979: 19–52.
Kalupahana, David
1986 *Nāgārjuna: The Philosophy of the Middle Way*, Albany1986. Sanskrit text, translation, and interpretation of the *Mūlamadhyamakakārikā*.
Kamo Mabuchi ↗ Paul, Gregor: http://www.eko-haus.de/menzius/j09.htm.
Kant, Immanuel
1968 *Werke in zwölf Bänden*, hg. von Wilhelm Weischeldel, Frankfurt a. M. 1968.
Katō Shūichi
1979 *A History of Japanese Literature*, 3 Bde., Tokyo u. a. 1979 ff.
Keith, Arthur Berridale
1970 *The Religion and Philosophy of the Veda and Upanishads*, 2 Bde., Delhi (Nachdruck der Ausgabe von 1925) 1970.
Keown, Damien V., u. a. (Hg.)
1998 *Buddhism and Human Rights*, Richmond 1998.
Kern, Iso
1992 *Buddhistische Kritik am Christentum im China des 17. Jahrhunderts*, Bern 1992.
Kimmerle, Heinz
1991 *Philosophie in Afrika – afrikanische Philosophie. Annäherungen an einen interkulturellen Philosophiebegriff*, Frankfurt a. M. 1991.

Kleine, Christoph, Li Xuetao und Michael Pye
1999 *A Multilingual Dictionary of Chinese Buddhism*, München 1999.
Knoblock, John
1988 *Xunzi. A Translation and Study of the Complete Works*. 3 Vols. Stanford 1988 ff.
Kodansha Encyclopedia of Japan, 9 Bde., Toyko, New York 1983.
Koloss, H.-J.
1990 Traditionen afrikanischer Kunst. In: *Paideuma* 36/1990.
1999 (Hg.) *Afrika – Kunst und Kultur*, München u. a. 1999.
2002 *World-View and Society in Oku (Cameroon)*, Berlin 2000.
Korean Philosophy: Its Tradition and Modern Transformation, hg. von der Korean National Commission for UNESCO, Seoul 2004.
Köster, Hermann (Übers.)
1967 *Hsün-tzu [Xunzi]*, Kaldenkirchen 1967.
Kotoku Shūsui
Notehelfer, F. G.: *Kotoku Shusui – Portrait of a Japanese Radical*, Harvard University Press 1971.
Kubin, Wolfgang
1999 Only the Chinese Can Understand China – The Problem of East-West-Understanding. In: Pohl 1999.
2002 ff. (Hg.) *Geschichte der chinesischen Literatur*, 10. Bde., München: 2000 ff. Bis Januar 2007 6 Bde.
Kūkai
↗ Hakeda Yoshito S. (Übers.): *Kūkai: Major Works*, New York 1984.
↗ Paul, Gregor 1987. Mit einer Kūkai-Übers. und einer Kūkai-Studie.
1992 Kawahara Eihō und Yūhō Jobst (Übers.): *Kōbō Daishi Kūkai: Ausgewählte Schriften*, München 1992.
↗ Paul, Gregor: http://www.eko-haus.de/menzius/j05.htm.
Kumazawa Banzan
1999 McMullen, James: *Idealism, Protest, and the „Tale of Genji": The Confucianism of Kumazawa Banzan (1619–91)*, Oxford 1999.
↗ Paul, Gregor: http://www.eko-haus.de/menzius/j08KumazawaBanzan.htm.
Küng, Hans
2006 *Der Islam*, München, Zürich 2006.
Lambert, Wilfred G.
1996 *Babylonian Wisdom Literature*, Oxford 1963. Nachdruck Winona Lake 1996.
Lamotte, Étienne
1988 *History of Indian Buddhism*, Louvain-la-Neuve 1988.
Lee, Eun-Jeong
2003 *„Anti-Europa": Die Geschichte der Rezep-*

tion des Konfuzianismus und der konfuzianischen Gesellschaft seit der frühen Aufklärung, Münster 2003.

Legge, James
1983 *The Chinese Classics*. Chinesisch und Englisch. Bd. I *[Lunyu, Daxue, Zhongyong]*, II *[Menzius]*, III *[Shujing]*, IV *[Shijing]*, V *[Chunqiu und Zouzhuan]* Taipei 1983.

Leibniz, G. W.
1961 *Neue Abhandlungen über den menschlichen Verstand*, hg. und übers. von Wolf von Engelhardt und Hans Heinz Holz, 2 Bde., Frankfurt a. M. 1961.
1979 *Novissima Sinica (1697): Das Neueste von China* (Latein und Deutsch), hg., übers. und erläutert von H.-G. Nesselrath und H. Reinbothe, Köln 1979: DCG (c/o G.Paul, Klauprechtstr. 41, 76137 Karlsruhe).
2006 *Der Briefwechsel mit den Jesuiten in China (1689–1714)*. Französisch/Lateinisch–Deutsch. Hg. und mit einer Einleitung versehen von Rita Widmaier. Textherstellung und Übers. von Malte-Ludolf Babin, Hamburg 2006.

Lenk, Hans:
1973 *Metalogik und Sprachanalyse*, Freiburg 1973.

Li Zehou
1994 *The Path of Beauty: A Study of Chinese Aesthetics*, Hong Kong, Oxford 1994.

Lindtner, Christian
1982 *Nagarjuniana: Studies in the Writings and Philosophy of Nāgārjuna*, Copenhagen 1982.
1997 *Master of Wisdom: Writings of the Buddhist Master Nāgārjuna*. Berkeley, revised ed. 1997.

Lommel, Andreas
1967 *Vorgeschichte und Naturvölker. Schätze der Weltkunst*, Gütersloh 1967.

Lopez, Donald S. Jr. (Hg.)
1995 *Curators of the Buddha*, Chicago 1995.

Lorenz, Kuno
1993 *Indische Denker*, München 1998.

Lorenzen, Paul
1962 *Metamathematik*, Mannheim 1962.

Löwith, Karl
1971 *Unterschied von Ost und West*, Tokyo 1971.

Lu, David J.
1997 *Japan: A Documentary History*, New York, Armonk 1997. Enthält Übersetzungen auch philosophisch instruktiver Quellentexte.

Lühmann, Werner
2003 *Konfuzius: Aufgeklärter Philosoph oder reaktionärer Moralapostel? Der Bruch in der Konfuzius-Rezeption der deutschen Philosophie des ausgehenden 18. und beginnenden 19. Jahrhunderts*, Wiesbaden 2003.

Lunyu ↗ *Confucius Sinarum* 1697, ↗ Moritz 1998, ↗ Legge 1983, ↗ Brooks/Brooks 1998. Auch ↗ Hall/Ames 1987, ↗ Roetz 1995, ↗ Paul 2001, ↗ Simson 2006.

Lüth, Paul
1944 *Die japanische Philosophie*, Tübingen 1944.

Main Currents of Korean Thought, hg. von der Korean National Commission for UNESCO, Seoul 1983.

Malek, Roman (Hg.)
1998 *Western Learning and Christianity in China. The Contribution and Impact of Johann Adam Schall von Bell (1592–1666)*. 2 Bde. Nettetal 1998.

Marcuse, Herbert
1978 *Die Permanenz der Kunst*, München [2]1978.

Maruyama Masao
1974 *Studies in the Intellectual History of Tokugawa Japan [Nihon seiji shisō kenkyū]*, übers. von Mikiso Hane, Tōkyō, Princeton 1974.
1996 *Loyalität und Rebellion (Chusei to hangyaku, 1960)*, übers. von Wolfgang Schamoni und Wolfgang Seifert, München 1996.

Mayer, Ann Elisabeth
1999 *Islam and Human Rights: Tradition and Politics*, Boulder [3]1999.

Mehlig, Johannes (Hg.)
1987 *Weisheit des alten Indien*, 2 Bde, Leipzig u. a. (DDR) 1987.

Meiroku zasshi ↗ Braisted.

Menzius ↗ Wilhelm 1982, ↗ Legge 1983, ↗ Huang 1998, 2001, ↗ http://www.eko-haus.de/menzius.uebersicht.htm.

Minois, Georges
1996 *Geschichte des Selbstmords*, Düsseldorf, Zürich 1996.

Mögling, Wilmar (Übers.)
1994 *Die Kunst der Staatsführung: Die Schriften des Meisters Han Fei [Han Feizi]*, Leipzig 1994.

Möller, Hans-Georg
1998 Zum Problem der Universalität der Logik. Mit besonderer Berücksichtigung der altchinesischen Philosophie. In: *minima sinica* 1/1998: 70–81.

Moore, Charles A. (Hg.)
1973 *The Japanese Mind*, Tokyo u. a. 1973.

Moritz, Ralf (Übers.)
1998 *Konfuzius. Gespräche [Lunyu]*, Stuttgart 1998.

Motoori Norinaga ↗ Paul, Gregor: http://www.eko-haus.de/menzius/j09.htm.

Mozi ↗ Schmidt-Glintzer.

Müller, Max (Hg.)
1964 *Sacred Books of the East*, 50 Bde., Delhi (Nachdrucke der Oxford-Ausgabe) 1964 ff.

Murasaki Shikibu ↗ Waley, Arthur (Übers.): *The Tale of Genji* [von Murasaki Shikibu], 2 Bde., Tokyo 1970.

Murty, K. Satchidananda
1976 *Far Eastern Philosophies*, Mysore 1976.

Nāgārjuna ↗ Walleser 1912, ↗ Battacharya 1990, ↗ Bocking 1995, ↗ Cheng 1982, ↗ Lindtner 1982, 1997, ↗ Kalupahana 1986, ↗ Weber-Brosamer 1997, ↗ Garfield/Priest 2003.

Nakamura Hajime
1964 *Ways of Thinking of Eastern People*, hg. von Philip P. Wiener, Hawaii 1964.
1980 *Indian Buddhism*, Tokyo 1980.
1992 *A Comparative History of Ideas*, Delhi 1992.

Nasr, Seyyed Hosein, und Oliver Leaman (Hg.)
1996 *History of Islamic Philosophy*, New York 1996.

Needham, Joseph (Hg.)
1954 *Science and Civilisation in China*, 7 Bde., Cambridge University Press 1954 ff.

Nietzsche, Friedrich
1966 *Der Fall Wagner*. In: *Werke in drei Bänden*, hg. von Karl Schlechta, München 1966, Bd. 2: 901–938.

Nofretete – Echnaton. Katalog der Ausstellung im „Haus der Kunst München", München 1976.

Nyanaponika Thera (Hg. und Übers.)
1995 *Milindapañha: Ein historisches Gipfeltreffen im religiösen Weltgespräch. Fragen des Griechenkönigs Milinda an den buddhistischen Mönch Nagasena*, München 1998 oder Interlaken 1995.

Nyāyamukha ↗ Tucci 1930.
Nyāyapraveśa ↗ Tachikawa 1971.
Nyāyasūtras ↗ Jhā.

Ogyū Sorai ↗ Tucker 2006.

Oldenberg, Hermann
1917 *Die Religion des Veda*, Stuttgart und Berlin ²1917.

Opitz, Peter J.
1999 *Der Weg des Himmels: Zum Geist und zur Gestalt des politischen Denkens im alten China*, München 1999.

Pandit, Sneh
1977 *An Approach to the Indian Theory of Art and Aesthetics*, New Delhi 1977.

Paul, Gregor
1976 *Die Kantische Geschmacksästhetik als Philosophie der Kunst*, Diss. an der Universität Mannheim, Bonn 1976.
1984a *Asien und Europa – Philosophien im Vergleich*, Frankfurt a. M. 1984.
1984b Gehirn, Sprache und Verslänge. In: *The Japanese Journal of Constitutional Medicine* 48 (2): 111–130.
1985 *Der Mythos von der modernen Kunst und die Frage nach der Beschaffenheit einer zeitgemäßen Ästhetik*, Wiesbaden 1985.
1987 (Hg.): *Klischee und Wirklichkeit japanischer Kultur*, Frankfurt a. M. 1987.
1988a *Mythos, Philosophie und Rationalität*, Frankfurt a. M. 1988.
1988b Philosophical Theories of Beauty and Scientific Research on the Brain. In: Rentscher, Ingo, u. a. (Hg.): *Beauty and the Brain: Biological Aspects of Aesthetics*, Basel – Boston – Berlin 1988.
1990a *Aspects of Confucianism*, Frankfurt a. M. 1990.
1990b *Zur Literatur der Tokugawa-Zeit*, Tokyo 1990.
1993 *Philosophie in Japan*, München 1993.
1994 Argumente für die Universalität der Logik. Mit einer Darstellung äquivalenter Axiome aristotelischer Syllogistik, spätmohistischer Logik und buddhistischer Begründungstheorie. In: *Hōrin* 1 (München) 1994: 57–86.
1995 Das Śāstra der zwölf Tore und dessen Kritik an Gottesvorstellungen. In: *Hōrin* 2 (München) 1995: 93–111.
1996a Die Ontologisierung der Ethik: Fundamentale Probleme idealistischer und neokonfuzianischer Philosophie. In: *Dialektik* 2/1996: 140–153.
1996b Systematik, Stichhaltigkeit und Relevanz. In: Schönrich, Gerhard, und Kato Yasushi (Hg.): *Kant in der Diskussion der Moderne*, Frankfurt a. M. 1996, S. 526–550.
1996c Zum Begriff des ästhetischen Scheins im „Genji monogatari". Oder: Von der Vergeblichkeit der Suche nach einer „spezifisch japanischen Ästhetik". In: *Hōrin* 3 (München) 1996: 57–74. Der Bd. enthält weitere Beiträge zur jap. Ästh.
1997 Tradition und Norm: Ein Beitrag zur Frage nach der Universalität moralischer Werte. In: *Hōrin* 4 (München) 1997: 13–47.
1998a Kulturelle Identität: ein gefährliches Phänomen? In: *Interkulturelle Philosophie und Phänomenologie in Japan*, hg. von M. Lazarin, T. Ogawa und G. Rappe, München 1998: 113–138.
1998b Probleme, Ziele und Relevanz einer Theorie universaler Logik, Unter besonderer Berücksichtigung sinologischer Interessen. In: *minima sinica* 1998: 40–69.
1999a *Abiturkurs Philosophische Ästhetik*, Stuttgart 1999.
1999b Kausalität [Kausalitätsbegriffe in interkulturellem und komparativem Kontext]. Eine Problemskizze. In: *Hōrin* 6 (München) 1999: 11–36.
1999c Menschenrechtsrelevante Traditionskritik in der Geschichte der Philosophie in China. In:

Menschenrechte in Ostasien: Zum Streit um die Universalität einer Idee II, hg. von G. Schubert, Tübingen 1999: 75–108.

1999d Neuere Literatur zur (buddhistischen) Begründungstheorie. In: *Hōrin* 6 (München) 1999: 249–259. Auch eine kommentierte Bibliographie.

2000a Global Ethics and Chinese Resources. In: Pohl und Müller (Hg.): 78–92.

2000b Komparative und interkulturelle Philosophie und ihr Szenario im deutschsprachigen Raum. In: *Jahrbuch Deutsch als Fremdsprache 2000*, München: 381–412.

2001 *Konfuzius*, Freiburg 2001.

2002 Buddhistische Philosophie in Japan. Methodologische Reflexionen. In: *Dōgen als Philosoph*, hg. von Christian Steineck, Guido Rappe und Kōgaku Arifuku, Wiesbaden 2002: 97–128.

2003 Sprachliche und logische Form. In: *Urteil, Erkenntnis, Kultur*, hg. von Hans Lenk, Mirko Skarica u.a., Münster: 35–46.

2004a Der Mensch als Maß aller Dinge: ein eurozentrisches Vorurteil? In: *Ist der Mensch das Maß aller Dinge?* Hg. von Otto Neumeier, Möhnesee 2004: 109–129.

2004b Ethik in kulturellem Kontext. Die Relevanz der Philosophie im Streit um Menschenrecht und kulturelle Identität. In: *Ethisch-Philosophisches Grundlagenstudium*, hg. von Matthias Maring, Münster 2004: 126–140.

2004c Konzepte der Menschenwürde in der klassischen chinesischen Philosophie. In: Siegetsleitner, Anne, und Nikolaus Knöpffler 2004: 67–89.

2004d Logic and Culture. In: Shoun Hino and Toshiro Wada (Hg.): *Three Mountains and Seven Rivers*, Delhi 2004: 463–485.

2004e Logic in Buddhist texts. With particular reference to the *Zhonglun*. In: *Hōrin* 11 (München) 2005: 39–56.

2004f Personal Integrity, Democracy, and Power: Speculations on the Confluence of Chinese and Non-Chinese Notions of Ideal Government. In: *Newsletter for the Study of East Asian Civilizations* 5/2004 (National Taiwan University): 9–16.

2005 Nach dem 11. September. Die öffentliche Auseinandersetzung um den Terrorismus und den Afghanistan-Krieg: Opportunismus, Propaganda und Einschüchterung statt menschenrechtsbestimmter argumentativer Diskussion. In: Caroline Y. Robertson-von Trotha (Hg.): *Konflikt – Trauma – Neubeginn* (= *Problemkreise der Angewandten Kulturwissenschaft*, Heft 10, Jg. 8). Karlsruhe 2005: 57–74.

2006a Der Krieg gegen den Terrorismus: Menschenrechte zwischen Wirtschaft, Recht und Ethik. In: *Polylog* 14, Wien 2006: 41–57.

2006b Motoori Norinagas (1730–1801) Selbstporträts und die Menzius-Skulptur der Ritsumeikan-Universität: Japanische Menzius-Kritik und Menzius-Verehrung im Spiegel Bildender Kunst. In: *Mitteilungsblatt der Deutschen China-Gesellschaft*, 1/2006: 45–60.

Paul, Gregor, Thomas Göller, Hans Lenk und Guido Rappe (Hg.)
2001 *Humanität, Interkulturalität und Menschenrecht*, Frankfurt a.M. 2001.

Paul, Gregor, und Caroline Robertson-Wensauer (Hg.)
1998 *Traditionelle chinesische Kultur und Menschenrechtsfrage*, Baden-Baden [2]1998.

Piovesana, Gino
1997 *Recent Japanese Philosophical Thought 1862–1996*, Richmond [3]1997.

Platon
1957 *Sämtliche Werke*, hg. von Walter F. Otto und Ernesto Grassi, 6 Bde., Hamburg 1957.

Pohl, Karl-Heinz (Hg.)
1999a *Chinese Thought in a Global Context: A Dialogue Between Chinese & Western Philosophical Approaches*, Leiden 1999.
1999b Communitarism and Confucianism – in Search for a Common Ground. In: Pohl 1999a: 262–286.
2007 *Ästhetik und Literaturtheorie in China: Von der Tradition bis zur Moderne*, 5. Bd. der von Kubin hg. *Geschichte der chinesischen Literatur*, München 2007.

Pohl, Karl-Heinz, und Anselm W. Müller (Hg.)
2002 *Chinese Ethics in a Global Context – Moral Bases of Contemporary Societies*, Leiden 2002.

Pollis, Adamantia, und Peter Schwab (Hg.)
Human Rights: Cultural and Ideological perspectives, New York: Praeger 1979.

Popper, K. R.
1966 *The Open Society and its Enemies*, 2 Bde., London und Henley [5]1966.

Pörtner, Peter, und Jens Heise
1995 *Philosophie in Japan*, Stuttgart 1995.

Pruden, L. M. (Übers.)
1989f. *Abhidharmakośabhāṣyam by L. de la Vallée Poussin* [Vasubandhus *Abhidharmakośa*], Berkeley 1989f.

Quine, Willard van Orman
1963 Two dogmas of empiricism. In: Ders.: *From a logical point of view*, New York 1963: 20–46.

Roetz, Heiner
1984 *Mensch und Natur im alten China. Zum Subjekt-Objekt-Gegensatz in der klassischen chinesischen Philosophie*, Frankfurt a.M. 1984.
1992 *Die chinesische Ethik der Achsenzeit*, Frankfurt a.M. 1992.

1995 *Konfuzius*, München 1995. [2]1998.
Ruben, Walter
1928 (Übers.) *Die Nyāyasūtra's. Text, Übersetzung, Erläuterung und Glossar*, Leipzig 1928.
1955 *Beginn der Philosophie in Indien*, Berlin (DDR) 1955.
1971 *Die gesellschaftliche Entwicklung im alten Indien: IV. Die Entwicklung der Philosophie*, Berlin (DDR) 1971.
Rudolph, Ulrich
2004 *Islamische Philosophie: Von den Anfängen bis zur Gegenwart*, München 2004.
Saichō ↗ Groner, Paul 1984: Saichō: *The Establishment of the Japanese Tendai Sect*, Berkeley 1984.
Śaṃkara ↗ Deussen 1906 b, ↗ Shankara 1981.
Schätze der Himmelssöhne. Katalog der Kunst- und Ausstellungshalle der Bundesrepublik Deutschland, Bonn 2003.
Schinzinger, Robert, und Albrecht Magnus
1963 Gibt es nur eine Logik?. In: *MOAG [Mitteilungen der Deutschen Gesellschaft für Natur- und Völkerkunde Ostasiens*, Hamburg], Bd. XLIV, Teil 2: 106–119.
Schleichert, Hubert
1990 *Klassische chinesische Philosophie*, Frankfurt a. M. [2]1990.
Schmidt-Glintzer, Helwig
1975 a (Übers.) *Mo Ti [Mozi]: Gegen den Krieg*, Düsseldorf und Köln 1975.
1975 b (Übers.) *Mo Ti [Mozi]: Solidarität und allgemeine Menschlichkeit*, Düsseldorf und Köln 1975.
1992 (Übers.) *Mo Ti [Mozi]: Von der Liebe des Himmels zu den Menschen*, München 1992.
Schöfthalter, Traugott
1983 Kultur und Logik: Ansätze zu einem Konzept bi-kognitiven Denkens und bi-kultureller Erziehung. In: *Interkulturelle Kommunikation und Fremdverstehen*, hg. von Josef Gerighausen u. a., Goethe Institut München 1983.
Schönheit im alten Ägypten – Sehnsucht nach Vollkommenheit [Katalog einer Ausstellung in Hildesheim und Karlsruhe], hg. von Katja Lembke und Bettina Schmitz, Hildesheim 2006.
Schwarz, Ernst (Übers.)
1994 *Die Weisheit des alten China: Mythos – Religion – Philosophie – Politik*, München 1994.
Schweizer, Hans Rudolf
1973 *Ästhetik als Philosophie der sinnlichen Erkenntnis: Eine Interpretation der Aesthetica A.G. Baumgartens mit teilweiser Wiedergabe des lateinischen Textes und deutscher Übersetzung*, Basel, Stuttgart 1973.
Seidel, Anna K.
1969 *La Divination de Lao Tseu dans le Taoisme de Han*, Publications de l' École Française d'Extrême-Orient vol. 71, Paris 1969.
Shang Yang
1974 *Shangjun shu. The Book of Lord Shang*, übers. von J. J. L. Duyvendak, San Francisco (Nachdruck) 1974.
Shankara
1981 *Das Kleinod der Unterscheidung (Vivekachudamani und Tattva-bodha, Erkenntnis der Wahrheit)*, Bern u. a. 1981.
Sharif, M. M. (Hg.)
1966 *A History of Muslim Philosophy*, 2 Bde., Wiesbaden 1966.
Shimomura Toratarō
1990 Mentalität und Logik der Japaner. In: Ōhashi Ryosuke (Hg.): *Die Philosophie der Kyōto-Schule*, Freiburg 1990: 369–385.
Shinran
1992 *Tannishō, Klage über die abweichenden Ansichten*. Übers. von Gerhard Kell, Kyoto 1992.
Simson, Wojciech Jan
2006 *Die Geschichte der Aussprüche des Konfuzius (Lunyu)*, Frankfurt a. M. 2006.
Snellgrove, David L.
1987 *Tibetan Buddhism. Indian Buddhists and their Tibetan Successors*, London 1987.
Snellgrove, David L., und Hugh Richardson
1980 *A Cultural History of Tibet*, Boulder, Col. 1980 ([1]1968).
Spee, Friedrich von
2000 *Cautio Criminalis oder Rechtliches Bedenken wegen der Hexenprozesse*, übers. von Joachim-Friedrich Richter, München 2000.
Sprenger, Jakob, und Heinrich Institoris
1985 *Der Hexenhammer (Malleus maleficarum)*. Aus dem Lateinischen übertr. und eingel. von J. W. R. Schmidt, München [3]1985.
Stcherbatsky, F. Theodore
1962 *Buddhist Logic*, 2 Bde., New York 1962. Mit einer Übersetzung von Dharmakīrtis *Nyāyabindu*.
Strauß, Victor von (Übers.)
1969 *Schi-King [Shijing]: Das kanonische Liederbuch der Chinesen*, Darmstadt (Nachdruck der Ausgabe Heidelberg 1880) 1969.
Sturm, Hans P.
1996 *Weder Sein noch Nichtsein: Der Urteilsvierkant (catuṣkoṭi) und seine Korrolarien im östlichen und westlichen Denken*, Würzburg 1996.
Sunzi
1993 Ames, Roger (Übers.): *Sun-tzu [Sunzi]: The Art of Warfare*. Chinesisch und Englisch, New York 1993.
Suzuki Daisetz
1978 *Die große Befreiung: Einführung in den Zen-Buddhismus*, München [8]1978.

1990 *Ost und West*. In: Erich Fromm (Hg.): Zen-Buddhismus und Psychoanalyse, Frankfurt/M. 1990.

Tachikawa Musashi (Hg. und Übers.)
1971 *A Sixth-Century Manual of Indian Logic* [eine Übersetzung des *Nyāyapraveśa*]. Sanskrit und Englisch. In: *Journal of Indian Philosophy*, Vol. 1, No. 2: 111–145. Dortrecht 1971.

Takakusu J. und Watanabe K. (Hg.)
Taishō shinshū daizōkyō [Der *Tripiṭaka* in chinesischischer Sprache], Tokyo.

Takakusu Junjiro
1947 *The Essentials of Buddhist Philosophy*, Honolulu 1947.

Takasaki Jikidō
1987 *An Introduction to Buddhism*, Tokyo 1987.

Tempels, Placide
1956 *Bantu Philosophie*, Heidelberg 1956.

Tillemans, Tom J. F.
1999 *Scripture, Logic, Language*, Boston 1999.

Tsukamoto Zenryū
1985 *A History of Early Chinese Buddhism*, 2 Bde., Tokyo, New York 1985.

Tucci, Giuseppe (Übers.)
1930 *The Nyāyamukha*. In: *Jahrbuch des Instituts für Buddhismuskunde*, Bd. I, S. 1–72, Heidelberg 1930.

Tucker, John Allen (Hg. und Übers.)
2006 *Ogyū Sorai's Philosophical Masterworks: The* Bendō *and* Benmei, Honolulu 2006.

Turney, Alan (Übers.)
2003 *The Three Cornered World* (Natsume Sōsekis *Kusa makura*), London 2003.

Ueda Akinari
1977 „White Peak (Shiramine)" In: Ueda Akinari, *Ugetsu monogatari: Tales of Moonlight and Rain*. Übers. von Leon Zolbrod, Tōkyō 1977: 98–108.

Unger, Ulrich
2000 *Grundbegriffe der altchinesischen Philosophie*, Darmstadt 2000.

Victoria, Brian
1997 *Zen at War*, New York 1997.

Wada Toshihiro
1990 *Invariable Concomitance in Navya-Nyāya*, Delhi 1990. Mit einer Übers. von Gaṅgeśas und Raghunāthas *Siddhāntalakṣaṇa*.

Wakabayashi, Bob Tadashi (Übers.)
1995 *Japanese Loyalism Reconstructed: Yamagata Daini's Ryūshi shinron of 1759*, Honolulu 1995.

Walleser, Max (Übers.)
1912 *Die Mittlere Lehre des Nāgārjuna*. Nach der chinesischen Version übertragen, Heidelberg 1912.

Walzer, Richard
1970 *Greek into Arabic: Essays on Islamic Philosophy*, University of South Carolina Press 1970.

Wang Yang-Ming ↗ Chan 1963.

Weber-Brosamer, Bernhard, und Dieter M. Back, (Übers. und Komm.)
1997 *Die Philosophie der Leere: Nāgārjunas Mūlamadhyamaka-Kārikās,*, Wiesbaden 1997.

Wegmann, Konrad, Wolfgang Ommerborn und Heiner Roetz (Hg.)
2001 *Menschenrechte: Rechte und Pflichten in Ost und West*, Münster 2001.

Wei Tat (Übers.)
1973 *Ch'eng Wei-Shih Lun [Cheng weishi lun], The Doctrine of Mere-Consciousness*, By Hsüan Tsang [Xuanzang] [Chin. mit engl. Übers.], Hong Kong 1973.

Weinmayr, Elmar
1989 Denken im Übergang – Nishida Kitarō und Martin Heidegger. In: Buchner, Hartmut (Hg.): *Japan und Heidegger*, Sigmaringen 1989: 39–61.

Wenxin diaolong
1983 Shin, Vincent Yu-chung (Hg., Übers. und Komm.): *The Literary Mind and the Carving of Dragons* [Chinesisch und Englisch], Hongkong 1983.

Wilhelm, Richard (Hg. und Übers.)
1969 *Dschuang Dsi [Zhuangzi]*, Düsseldorf, Köln 1969.
1979 *Frühling und Herbst [Chunqiu] des Lü Bu We [Lü Buwei]*, Düsseldorf und Köln (Neuausgabe) 1979.
1981 a *Kungfutse. Schulgespräche: Gia Yü [Kongzi jiayu]*. Düsseldorf (Neuausgabe) 1981.
1981 b *Li Gi [Liji]: Das Buch der Sitten und Gebräuche*, Düsseldorf, Köln 1981.
1982 *Mong Dsi [Mengzi]: Die Lehrgespräche des Meisters Meng K'o*, Köln (Neuausgabe) 1982.

Willetts, William
1970 *Das Buch der chinesischen Kunst*, Leipzig (DDR) 1970.

Wimmer, Franz
2004 *Interkulturelle Philosophie*, Wien 2004.

Wittgenstein, Ludwig
1971 *Vorlesungen und Gespräche über Ästhetik, Psychologie und Religion*, hg. von C. Barret, Göttingen ²1971.

Wolff, Christian
1985 *Oratio de Sinarum philosophica practica (1721). Rede über die praktische Philosophie der Chinesen* (Lateinisch-Deutsch), übers., eingeleitet und hg. von Michael Albrecht, Hamburg 1985.

Wong, Siu-kit (Übers.)
1983 *Early Chinese literary criticism*, Hong Kong 1983. Chinesisch und Englisch.

Xuanzang
1996 *The Great Tang Dynasty Record of the Western Region*, übers. von Li Rongxi, Berkeley 1996.
↗ Wei Tat 1973, ↗ Cook 1999.

Xunzi ↗ Köster 1967, ↗ Knoblock 1988.

Yamagata Daini 山県大弐.
1970 *Ryūshi shinron* 柳子新論 [Lehrmeister Ryūs ‚Neue Theorie']. In: Nihon no shisō 本の思想, Tō-kyō 1970, Bd. 17: 341–428.

Yamauchi Tokuryō
1974 *Rogusu to remma* [Logos und Lemma], To-kyo 1974.

Yao Xinzhong (Hg.)
2003 *Routledge Curzon Encyclopedia of Confucianism*, 2 Bde., London, New York 2003.

Yates, Robin D. S. (Hg. und Übers.)
1997 *Five Lost Classics: Tao, Huang-Lao, and Yin-Yang in Han-China* [Chinese and English.], New York 1997.

Zeami
1984 Rimer, J. Thomas, und Yamazaki Masakazu (Übers.): *On the Art of No Drama: The Major Treatises of Zeami*, Princeton 1984.

Zhu Xi ↗ Chan 1967.

Zhuangzi ↗ Wilhelm 1969, ↗ Graham 1981,

Ziegler, Leopold
1922 *Der Ewige Buddho*, Darmstadt 1922.

Zimmermann, F. W.
1981 *Al-Farabi's Commentary and Short Treatise on Aristotle's „De Interpretatione"*. Trans. with an Introduction and Notes by F. W. Zimmermann, Oxford 1981.

Zintgraff, Eugen
1895 *Nord-Kamerun*, Berlin 1895.

Zürcher, E.
1972 *The Buddhist Conquest of China*, 2 Bde., Leiden 1972.